Videoüberwachung von Arbeitnehmern

Europäische Hochschulschriften

European University Studies

Publications Universitaires Européennes

Reihe II **Rechtswissenschaft**

Series II Law

Série II Droit

Band/Volume **5969**

Weiwen Zhang

Videoüberwachung von Arbeitnehmern

PETER LANG

Bibliografische Information der Deutschen Nationalbibliothek
Die Deutsche Nationalbibliothek verzeichnet diese Publikation in der Deutschen Nationalbibliografie; detaillierte bibliografische Daten sind im Internet über http://dnb.d-nb.de abrufbar.

Zugl.: Passau, Univ., Diss., 2016

D 739
ISSN 0531-7312
ISBN 978-3-631-70821-7 (Print)
E-ISBN 978-3-631-70822-4 (E-PDF)
E-ISBN 978-3-631-70823-1 (EPUB)
E-ISBN 978-3-631-70824-8 (MOBI)
DOI 10.3726/b12425

PL Academic Research ist ein Imprint der Peter Lang GmbH.
Peter Lang – Frankfurt am Main · Bern · Bruxelles · New York · Oxford · Warszawa · Wien

Diese Publikation wurde begutachtet.

www.peterlang.com

Inhaltsverzeichnis

Literaturverzeichnis

Literatur im deutschen Rechtsbereich

Bäcker, Matthias: Unions –und verfassungsrechtliche Grundlagen des Beschäftigtendatenschutzes, in Maschmann, Frank, Beschäftigtendatenschutz in der Reform, Mannheimer Arbeitsrechtstag 2012, Mannheim 2012, S. 15.

Bateson, Gregory: Ökologie des Geistes: Anthropologische, psychologische, biologische und epistemologische Perspektiven 1981.

Bauer, Jobst-Hubertus/Schansker, Mareike: (Heimliche) Videoüberwachung durch den Arbeitgeber, notwendige Maßnahme oder unzulässige Bespitzelung? NJW 2012, S. 3537.

Bayreuther, Frank: Videoüberwachung am Arbeitsplatz, NZA 2005, S. 1038.

Bayreuther, Frank: Zulässigkeit und Verwertbarkeit heimlicher Videoaufzeichnungen am Arbeitsplatz, DB 2012, S. 2222.

Bayreuther, Frank: Anmerkung zu BAG v. 21.11.2013 – 2 AZR 797/11, AP BGB § 626, Verdacht strafbarer Handlung Nr. 53.

Beckedahl, Markus: EU-Datenschutzgrundverordnung passiert erste Lesung im EU-Parlament, https://netzpolitik.org/2014/eu-datenschutzgrundverordnung-passiert-erste-lesung-im-eu-parlament/.

Beckschulze, Martin/Natzel, Ivo: Das neue Beschäftigtendatenschutzgesetz – Eine Darstellung des aktuellen Gesetzentwurfs vom 25.8.2010, BB 2010, S. 2368.

Briegleb, Volker/Krempl, Stefan: EU-Parlament gibt grünes Licht für Datenschutzreform, http://www.heise.de/newsticker/meldung/EU-Parlament-gibt-gruenes-Licht-fuer-Datenschutzreform-1983124.html.

Bergwitz, Christoph: Prozessuale Verwertungsverbote bei unzulässiger Videoüberwachung, NZA 2012, S. 353.

Bergwitz, Christoph: Verdeckte Videoüberwachung weiterhin zulässig, NZA 2012, S. 1205.

Britz, Gabriele: Europäisierung des grundrechtlichen Datenschutzes, EuGRZ 2009, S. 1.

Brüssel: EU-Ministerrat bremst Datenschutzreform, http://www.spiegel.de/netzwelt/netzpolitik/bruessel-eu-ministerrat-bremst-datenschutzreform-a-904266.html.

Byers, Philipp: Die Videoüberwachung am Arbeitsplatz unter besonderer Berücksichtigung des neuen § 32 BDSG, München 2010.

Byers, Philipp/Pracka, Joanna: Die Zulässigkeit der Videoüberwachung am Arbeitsplatz, BB 2013, S. 760.

Datenschutzreform: Der Fahrplan zur EU-Datenschutz-Grundverordnung, https://www.datenschutzbeauftragter-info.de/datenschutzreform-der-fahrplan-zur-eu-datenschutz-grundverordnung/

Däubler, Wolfgang/Klebe, Thomas/Wedde, Peter/Weichert, Thilo: Bundesdatenschutzgesetz Kompaktkommentar, 4 Auflage, Frankfurt a.M. 2014.

Der Landersbeauftragte für den Datenschutz und die Informationsfreiheit Rheinland-Pfalz (LfD RLP) : Rasante Ausbreitung der Videoüberwachung, Pressemitteilung vom 15. Juli 2009 http://www.datenschutz.rlp.de/de/presseartikel.php?pm=pm2009071501

Die deutsche Bundesregierung http://www.tatsachen-ueber-deutschland.de/de/politisches-system/inhaltsseiten/hintergrund/die-deutsche-bundesregierung.html?type=1

Dietz, Rolf: Kommentar zum Betriebsverfassungsgesetz, 4 Auflage, Berlin, München 1967.

Duhr, Elisabeth/Naujok, Holga/Peter, Martina/Seiffert, Evelyn: Neues Datenschutzrecht für die Wirtschaft: Erläuterungen und praktische Hinweise zu § 1 bis § 11 BDSG, DuD 2002, S. 5.

Düwell, Franz Josef/Brink, Stefan: Die EU-Datenschutz-Grundverordnung und der Beschäftigtendatenschutz, NZA 2016, S. 665.

Dzida, Boris/Grau, Timon: Verwertung von Beweismitteln bei Verletzung des Arbeitnehmerdatenschutzes, NZA 2010, S. 1201.

EU-Datenschutz-Grundverordnung, Amtsblatt der Europäischen Union am 4.5.2016, L 119/1, http://eur-lex.europa.eu/legal-content/DE/TXT/PDF/?uri=CELEX:32016R0679&from=DE

EU-Datenschutzgrundverordnung: EU-Minister einigen sich auf Datenschutzreform, http://www.zeit.de/digital/datenschutz/2015-06/datenschutz-eu-reform-justizminister-luxemburg

Fitting, Karl/Kraegeloh, Walter/Auffarth, Fritz: Betriebsverfassungsgesetz nebst Wahlordnung, Handkommentar für die Praxis, 9 Auflage, München 1971.

Fitting, Karl/Auffarth, Fritz /Engels, Gerd: Betriebsverfassungsgesetz Handkommentar mit Wahlordnung, 26 Auflage, München, Vahlen, 2012.

Franzen, Martin: Arbeitnehmerdatenschutz – rechtspolitische Perspektiven, RdA 2010, S. 257.

Garstka, Hansjürgen: Videoüberwachung: Allheilmittel oder Gift für die Freiheitsrechte, DuD 2000, S. 192.

Spiecker gen. Döhmann, Indra/Eisenbarth, Markus: Kommt das „Volkszählungsurteil“ nun durch den EuGH? – Der Europäische Datenschutz nach Inkrafttreten des Vertrags von Lissabon, JZ 2011, S. 169.

Gola, Peter/Klug, Christoph/ Körffer, Barbara/Schomerus, Rudolf: Bundesdatenschutzgesetz Kommentar, 12 Auflage, München 2015.

Gola, Peter/Wronka, Georg: Handbuch zum Arbeitnehmerdatenschutz, München 2013.

Grimm, Detlef/Schiefer, Jennifer: Videoüberwachung am Arbeitsplatz, RdA 2009, S. 329.

Haratsch, Andreas/Kugelmann, Dieter/Repkewitz, Ulrich: Herausforderungen an das Recht der Informationsgesellschaft: 26. Tagung der Wissenschaftlichen Mitarbeiterinnen und Mitarbeiter der Fachrichtung Öffentliches Recht 1996.

Hebeler, Timo: Anmerkung zu BVerwG, 27.02.2014 – 2 C 1/13: Streikverbot für Beamte, JA 2014, S. 718.

Höld, Florian: Die Überwachung von Arbeitnehmern: Nicht-technische Überwachungsmethoden, technische Überwachungsmethoden und ärztliche Untersuchungen (Studienreihe Arbeitsrechtliche Forschungsergebnisse), Hamburg 2006.

Hufen, Friedhelm: Rechtsprechungsübersicht zu BVerwG v. 27.02.2014 – 2 C 1.13: Verfassungsrecht und Beamtenrecht: Streikverbot, JuS 2014, S. 670.

Hundt, Dieter: Arbeitnehmerdatenschutz muss praxistauglich und rechtsklar sein. http://www.arbeitgeber.de/www/arbeitgeber.nsf/id/C0805AD30A9AFC A5C125778A0030AB61

Hunold, Wolf: BAG: Videoüberwachung am Arbeitsplatz, BB 2005, S. 102.

Institut der Wirtschaftsprüfer(IDW): Stellungnahme zum Umsetzungsgesetz der EU-Datenschutz-Grundverordnung, BB 2016, S. 1833

Junker, Abbo: Grundkurs Arbeitsrecht, 7. Auflage, München 2008.

Kirchhof, Ferdinand: Grundrechtsschutz durch europäische und nationale Gerichte, NJW 2011, S. 3681.

Kirsch, Marcus: Die datenschutzrechtliche Beurteilung von Kamera-Attrappen im Betrieb, MMR-Aktuell 2011, 317919.

Körner, Marita: Regierungsentwurf zum Arbeitnehmerdatenschutz, AuR 2010, S. 416.

Krause, Rüdiger: Ordentliche verhaltensbedingte Kündigung – Zulässigkeit des Diebstahlsnachweises durch verdeckte Videoüberwachung, JA 2013, S. 787.

Kreutz, Peter: Grenzen der Betriebsautonomie, München 1979.

Lang, Markus: Private Videoüberwachung im öffentlichen Raum: Eine Untersuchung der Zulässigkeit des privaten Einsatzes von Videotechnik und der

Notwendigkeit von § 6b BDSG als spezielle rechtliche Regelung, München 2008.

Lang, Markus/Lachenmann, Matthias: Kein Mitbestimmungsrecht bei Videokamera-Attrappen, NZA 2015, S. 591.

Lunk, Stefan: Prozessuale Verwertungsverbote im Arbeitsrecht, NZA 2009, S. 457.

M. Huber, Peter: Auslegung und Anwendung der Charta der Grundrechte, NJW 2011, S. 2385.

Monjau, Herbert: Mitwirkungs- und Mitbestimmungsrecht des Betriebsrates, BB 64, S. 887.

Müller, Arnold: Die Zulässigkeit der Videoüberwachung am Arbeitsplatz – In der Privatwirtschaft aus arbeitsrechtlicher Sicht, Baden-Baden 2008.

Müller-Glöge, Rudi/Preis, Ulrich/Schmidt, Ingrid: Erfurter Kommentar zum Arbeitsrecht, 10. Auflage, München 2010.

Musa, Wilhelm: Arbeits- und verfassungsrechtliche Grenzen bei der Einführung mechanischer Arbeitskontrollgeräte, AuR 1961, S. 357.

Otto, Hansjörg: Anmerkung zu BAG v. 27.03.2003- 2 AZR 51/02, AP BetrVG 1972 § 87 Überwachung Nr. 36.

Pfalzgraf, Patrick: Arbeitnehmerüberwachung, Hamburg 2003.

Pressemitteilung der Europäischen Kommission vom 25. Januar 2012: Kommission schlägt umfassende Reform des Datenschutzrechts vor, um Nutzern mehr Kontrolle über ihre Daten zu geben und die Kosten für Unternehmen zu verringern. http://europa.eu/rapid/press-release_IP-12-46_de.htm?locale=en

R. Grosjean, Sascha: Überwachung von Arbeitnehmern – Befugnisse des Arbeitgebers und mögliche Beweisverwertungsverbote, DB 2003, S. 2650.

Reimer, Helmut: 54. Konferenz der Datenschutzbeauftragten des Bundes und der Länder vom 23./24. Oktober 1997: Entschließungen : Novellierung des Bundesdatenschutzgesetzes und Modernisierung des Datenschutzrechts, DuD 1997, S. 733.

Reimer, Helmut: 59. Konferenz der Datenschutzbeauftragten des Bundes und der Länder vom 14./15. März 2000: Entschließungen, DuD 2000, S. 304.

Reimer, Helmut: 60. Konferenz der Datenschutzbeauftragten des Bundes und der Länder vom 12./13. Oktober 2000: Beschlüsse, DuD 2000, S. 683.

Richardi, Reinhard/Thüsing, Gregor/Annuß, Georg/Dietz, Rolf: Betriebsverfassungsgesetz mit Wahlordnung, 14 Auflage, München 2014.

Richardi, Reinhard/Kortstock, Ulf: BAG: Videoüberwachung am Arbeitsplatz – allgemeines Persönlichkeitsrecht – Grundsatz der Verhältnismäßigkeit – Besprechung des Beschlusses BAG v. 29. 6. 2004 – 1 ABR 21/03, RdA 2005, S. 381.

Simitis, Spiros/Bizer, Johann: Kommentar zum Bundesdatenschutzgesetz, 6 Auflage, Baden-Baden 2006.

Simitis, Spiros/Dammann, Ulrich/Arendt, Anne: Kommentar zum Bundesdatenschutzgesetz, 7 Auflage, Baden-Baden 2011.

Stellungnahme des DIHK vom 29.09.2010 zum Entwurf der Bundesregierung zu einem Gesetz zur Regelung des Beschäftigtendatenschutzes, S. 10, zu § 32e IV. https://www.google.de/?gws_rd=ssl#q=Stellungnahme+des+DIHK+vom+29.09.2010+zum+Entwurf+der+Bundesregierung+zu+einem+Gesetz+zur+Regelung+des+Besch%C3%A4ftigtendatenschutzes%2C+S.+10%2C+zu+%C2%A7+32e+IV

Stellungnahme des DGB vom 03.09.2010 zum Entwurf eines Gesetzes zur Regelung des Beschäftigtendatenschutzes, S. 12, zu Abs. 1. http://www.heise.de/newsticker/meldung/Schwarz-Gelb-stoppt-Reform-des-Arbeitnehmerdatenschutzes-1793450.html

Streinz, Rudolf/Michl, Walther: Die Drittwirkung des europäischen Datenschutzgrundrechts (Art. 8 GRCh) im deutschen Privatrecht, EuZW 2011, S. 384.

Sörup, Thorsten/Marquardt, Sabrina: Auswirkungen der EU-Datenschutzgrundverordnung auf die Datenverarbeitung im Beschäftigungskontext, ArbRAktuell 2016, S. 103.

Taeger, Jürgen/Rose, Edgar: Zum Stand des deutschen und europäischen Beschäftigtendatenschutzes, BB 2016, S. 819.

Tinnefeld, Marie-Theres/Viethen, Hans-Peter: Das Recht am eigenen Bild als besondere Form des allgemeinen Persönlichkeitsrechts Grundgedanken und spezielle Fragen des Arbeitnehmerdatenschutzes, NZA 2003, S. 468.

Thüsing, Gregor: Verbesserungsbedarf beim Beschäftigtendatenschutz, NZA 2011, S. 16.

Thüsing, Gregor: Beschäftigtendatenschutz und Compliance: effektive Compliance im Spannungsfeld von BDSG, Persönlichkeitsschutz und betrieblicher Mitbestimmung, 2. Auflage, München, 2014.

V. Zezschwitz, Friedrich: in Roßnagel, Alexander: Handbuch Datenschutzrecht: Die neuen Grundlagen für Wirtschaft und Verwaltung, München 2003.

Vietmeyer, Katja/Byers, Philipp: Zulässige heimliche Videoüberwachung an öffentlich zugängilchen Arbeitsplätzen? DB 2010, S. 1462.

Viotto, Regina: Arbeitnehmerdatenschutz und Verfassungsrecht, AuR 2010, S. 422.

Wiese, Günther/Kreutz, Peter/Oetker, Hartmut/Raab, Thomas/Weber, Christoph/Franzen, Martin: Gemeinschaftskommentar zum Betriebsverfassungsgesetz, Band I, 9. Auflage, Neuwied 2009.

Wiese, Günther/Kreutz, Peter/Oetker, Hartmut/Raab, Thomas/Weber, Christoph/Franzen, Martin: Gemeinschaftskommentar zum Betriebsverfassungsgesetz, Band II, 9. Auflage, Neuwied 2009.

Ziegler, Jochen: Das Hausrecht als Rechtfertigung einer Videoüberwachung, zum Begriff des Hausrechts in § 6b Abs. 1 BDSG, DuD 2003, S. 337.

Literatur im chinesischen Rechtsbereich

Binding, Jörg: Das Gesetz der VR China über die deliktische Haftung, Schriften zum chinesischen Recht- Band 6, Berlin 2012.

China verabschiedet Arbeitsvertragsgesetz, http://www.bdo.de/dateien/user_upload/chinadesk/Neues_chinesisches_Arbeitsvertragsgesetz.pdf

Das Gesetz der VR China zum Schutz der Rechte und Interessen von Verbrauchen, revidierte Fassung abgedruckt in: Amtsblatt des Ständigen Ausschusses des Nationalen Volkskongresses 2013, Nr. 6, S. 789, ZChinR 2014, Bd. 21, Nr. 1, 69.

Däubler, Wolfgang/Wang, Qian: Bestandsschutz des Arbeitsverhältnisses in der Volksrepublik China, RdA 2008, S. 141.

Der Antwortbrief des Obersten Volksgerichts an das Volksgerichts der Oberstufe Shanghai, der Betriff: Verletzung des Rechts am eigenen Bild, Beklagten: Shanghai Wissenschaft und Technologie Zeitung und Chen, Guanyi, Klägerin, Zhu, Hong http://123.57.172.207/laws/63719.

Feuerstein, Mario: Grundlagen und Besonderheiten des Außervertraglichen Haftungsrechtes der VR China, Schriften zum Internationalen Privatrecht und zur Rechtsvergleichung- Band 13, Osnabrück 2001.

Forschungsbüro des Obersten Volksgerichts, Erklärung zum Entwurf der „Auslegung des Obersten Volksgerichts zu einigen Fragen der Feststellung der Haftung auf Ersatz seelischer Schäden bei zivilrechtlichen Rechtsverletzungen(ZuigaoRenminFayuanguanyuqueding

Minshiqinquanjingshensunhaipeichangzerenruoganwentidejieshideqicaoshuoming) https://books.google.de/books?id=hOER2pPNw4kC&pg=PP39&lpg=PP39&dq=%E4%B8%80%E8%88%AC%E4%BA%BA%E6%A0%BC%E6%9D%83+%E6%A1%88%E4%BE%8B&source=bl&ots=MatHj48iDC&sig=PljwRwqdm7Pjx1RNQhDQ_SpDxFw&hl=zh-CN&sa=X&ved=0CEUQ6AEwCWoVChMI6v_n4K3eyAIVBlUsCh1hMgY-#v=onepage&q=%E4%B8%80%E8%88%AC%E4%BA%BA%E6%A0%BC%E6%9D%83%20%E6%A1%88%E4%BE%8B&f=false.

Huang, He: Konflikt und Koordination des Arbeitgeberrechts auf Auskunft und des Arbeitnehmerrechts auf Privatsphäre, Universitätszeitung von Yunnan Universität (Rechtwissenschaftsversion) im Jahr 2005, Vol. 18, Nr. 2, S. 82.

Li, Lingli: Die Analyse über die fehlenden Schutzpflichte des Arbeitgebers an persönlichen Informationen von Arbeitnehmern, Akademischer Austausch vom 04.2014, Gesamtsammlung Band-Nr.241, Nr. 4, S. 61.

Li, Guang/Frik, Roman: Das neue Arbeitsvertragsgesetz Chinas, NZA 2008, S. 86.

Liang, Huixing: Fragen zum chinesischen Zivil- und Wirtschaftsrecht, 1991, Juristischer Verlag.

Liu, Zhangjing/Liu, Li: Einführung und Anwendung von Abhörgeräte und Kameras durch den Arbeitgeber führen dazu, dass sich Arbeitnehmer unwohl fühlen, Sanxiang Zeitung(SanxianDushibao) vom 12.05.2011.

Münzel, Frank: Chinas Recht: Übersetzungen aus dem Recht der Volksrepublik China.

Ni, Ning: Der Schutz des Persönlichkeitsrechts, vor allem bei Arbeitnehmern, in der VR China, verglichen mit dem BGB und AGG, Tübingen 2011.

Ni, Ningjun/Simon, Oliver: Einführung in das chinesische Deliktsrecht, hrsg. von. Jiandong Shao/Eva Drewes: Chinesisches Zivil- und Wirtschaftsrecht: ausgewählte Rechtsgebiete, dargestellt im Vergleich zum deutschen Recht, Institut für Asienkunde Hamburg 2001.

Pan, Feng: Ein Analyserahmen für den rechtlichen Schutz der Privatsphäre von Arbeitnehmern, Hebei Rechtswissenschaft vom 07. 2008, Vol. 26, Nr.7, S. 108.

Peking, Fengtai District Court, „Spion" Management: Wer gibt Unternehmen das Recht vor, Arbeiter Zeitung(GongrenRibao) vom 15.09.2012.

Reim, Regine: Ersatz für Immateriellen Schaden infolge unerlaubter Handlungen, ZChinR 2001 Heft 4, S. 182.

Schucher, Günter: Chinas neues Arbeitsvertragsgesetz – Stärkung der Schwachen oder nur Beruhigungspille?, China aktuell 4/2006, S. 62.

Tian, Ye: E-Mail Überwachung am Arbeitsplatz und Privatsphärenschutz von Mitarbeitern, Universitätszeitung von Universität für Wissenschaft und Technologie Beijing (Version für Sozialwissenschaft) vom 03. 2008, Vol.24, Nr. 1, S. 65.

Vollständige Sammlung der justiziellen Auslegungen(Sifajieshiquanji), für die Jahre 1949–1993, Beijing 1994, Verlag des Volksgerichts.

Vollständige Sammlung der justiziellen Auslegung Chinas, Ergänzungsband(XinZhongguo sifajieshiquanji, Zengbuben), für die Jahre 1990–1992, Beijing 1993, Verlag des Volksgerichts.

Wang, Liming: Kommentar zum Gesetz der VR China über die deliktische Haftung, 2010, Verlag der Justiz Chinas.

Wang, Liming: Die chinesische Prägung des Gesetzes über die deliktische Haftung. http://117.28.242.66/media/020712/content/kzxx/ydwz/08.pdf.

Wang, Liming/Yang, Lixin/Yao, Hui: Das Gesetz zu den Persönlichkeitsrechten, 1997, Juristischer Verlag.

Werthwein, Simon: Das Persönlichkeitsrecht im Privatrecht der VR China, Schriften zum chinesischen Recht – Band 4, Berlin 2009.

Yang, Wenzhan: Verletzung der Privatsphäre von Mitarbeitern durch den Arbeitgeber bei der Einführung der Videoüberwachung? Shanghai Legal News(Shanghaifazhixinwen) von 02.12.2013, B06.

Yang, Lixin: Anspruch auf Ersatz für den immateriellen Schaden bei der Verletzung des allgemeinen Persönlichkeitsrechts von Arbeitnehmern durch die auf der Toilette angebrachte Videokamera, Tageszeitung der Staatsanwaltschaft(JianchaRibao) vom 15.03.2004.

Yang, Lixin: Gesetze über die Persönlichkeitsrechte, 2006, Verlag der Justiz Chinas.

Yang, Lixin: Gesetz über die deliktische Haftung, 2010, Juristischer Verlag.

Yang, Lixin: Erklärung über das Gesetz des Persönlichkeitsrechts, 1996, chinesischer Staatanwaltsverlag.

Zhang, Xinbao: Schutz und Einschränkung des Rechts auf Privatsphäre von Arbeitnehmern am Arbeitsplatz, Moderne Rechtswissenschaft im Jahr 1996, Heft. 5, S. 4.

Zhang, Xinbao: Chinesisches Deliktsrecht, 1 Auflage. 1995, 2 Auflage. 1998, chinesisch sozialwissenschaftlicher Verlag.

Zhang, Xinbao: Grundlage des Gesetzes über die deliktische Haftung, 2005, Verlag der Renmin Universität Chinas.

Zhu, Huifang/Tang, Xiaotian/Chen, Donghu/Xia, Chunqin/Wang, Jian/Jin, Ligang/Guan, Lijuan: Forschungsbericht über die Bildaufnahme durch die Videoüberwachung in der Öffentlichkeit, Anwendung der in der Form von Daten gespeicherten Bildaufzeichnungen, und Schutz der Privatsphäre(Gonggongchangsuo JiankongtuxiangcaijiliyongyuYinsiquanbao)

huYanjiubaogao), Regierungsforschung über Rechtsstaatsprinzip(ZhengfuFazhiYanjiu), Shanghai 2009, Heft. 8. (Gesamtanzahl Heft. 204). http://www.chinalaw.gov.cn/article/dfxx/dffzxx/sh/zffzjb/201003/20100300195748.shtml.

Abkürzungsverzeichnis

a.A.	Anderer Ansicht/Auffassung
Abs.	Absatz
AGZ	Allgemeine Grundsätze des Zivilrechts der VR China
AOG	Gesetz zur Ordnung der nationalen Arbeit
Art.	Artikel
ArbG	Arbeitsgericht
ArbRAktuell	Arbeitsrecht Aktuell
ArbuR/AuR	Arbeit und Recht
Aufl.	Auflage
AVG	Arbeitsvertragsgesetz der VR China
BAG	Bundesarbeitsgericht
BB	Betriebs-Berater
BeckRS	Beck online Rechtsprechung
BetrVG	Betriebsverfassungsgesetz
BDSG	Bundesdatenschutzgesetz
BDSG-RegE	Entwurf eines Gesetzes zur Regelung des Beschäftigtendatenschutz
BGB	Bürgerliches Gesetzbuch
BGH	Bundesgerichtshof
BGHZ	Entscheidungen des Bundesgerichtshofs in Zivilsachen
BMAS	Bundesministerium für Arbeit und Soziales
BMI	Bundesministerium des Inneren
BMJ	Bundesministerium der Justiz
BRG	Betriebsrätegesetz
BT-Dr.	Bundestagsdrucksache
BVerfG	Bundesverfassungsgericht
BVerfGE	Entscheidungen des Bundesverfassungsgerichts
BVerwG	Bundesverwaltungsgericht
BVerwGE	Entscheidungen des Bundesverwaltungsgerichts
bzw.	Beziehungsweise
ca.	Circa
CDU	Christlich Demokratischen Union Deutschlands
CSU	Christlich –Soziale Union Deutschlands
DB	Der Betrieb
DGB	Deutsche Gewerkschaftsbund

d.h.	Das heißt
DIHK	Deutsche Industrie- und Handelskammertag
DNotZ	Deutsche Notar-Zeitschrift
DuD	Datenschutz und Datensicherheit
EMRK	Europäische Menschenrechtskonvention
EU-DSGVO	EU-Datenschutzgrundverordnung
EuGH	Europäischer Gerichtshof
EuGRZ	Europäische Grundrechte-Zeitschrift
EuR	Europarecht
EuZW	Europäische Zeitschrift für Wirtschaftsrecht
ff.	Fortfolgende
gem.	Gemäß
GewO	Gewerbeordnung
GdH	Gesetz der VR China über die deliktische Haftung
GG	Grundgesetz
GRUR	Gewerblicher Rechtsschutz und Urheberrecht
h.M.	Herrschende Meinung
i.H.v.	In Höhe von
i.S.	Im Sinne
i.V.m.	In Verbindung mit
JA	Juristische Arbeitsblätter
JuS	Juristische Schulung
JZ	JuristenZeitung
KOM	Kom-Dokumente, Kommission der Europäischen Gemeinschaften
LAG	Landesarbeitsgericht
LMRR	Lebensmittelrecht Rechtsprechung
MMR-Aktuell	MultiMedia und Recht- Aktuell
MMR	MultiMedia und Recht
m.w.N.	Mit weiteren Nachweisen
NJW	Neue Juristische Wochenschrift
NZA	Neue Zeitschrift für Arbeitsrecht
PostG	Postgesetz
RdA	Recht der Arbeit
Rn.	Randnummer
S.	Seite

SeelSE-Auslegung	Auslegung des Obersten Volksgerichts zu einigen Fragen der Feststellung der Haftung auf Ersatz seelischer Schäden bei zivilrechtlichen Rechtsverletzungen
sog.	Sogenannt
SPD	Sozialdemokratische Partei Deutschlands
StGB	Strafgesetzbuch
TVG	Tarifvertragsgesetz
u.a.	Unter anderem
Urt.	Urteil
usw.	Und so weiter
vgl.	Vergleiche
VwVfG	Verwaltungsverfahrensgesetz
VerwRspr	Verwaltungsrechtsprechung
z.B.	Zum Beispiel
ZPO	Zivilprozessordnung
ZUM-RD	ZUM Rechtsprechungsdienst

Kapitel 1. Einführung

A. Grundlagen

I. Überblick der betrieblichen Videoüberwachung in Deutschland durch Darstellung von Praxisfällen und Problemaufriss

1. Überblick

Seit einiger Zeit befassen sich deutsche Arbeitsgerichte mit Fällen, in denen es um die Videoüberwachung von Arbeitnehmern geht. In dieser Arbeit werden einige Sachverhalte solcher Fälle kurz dargestellt, um zu verdeutlichen, dass die Videoüberwachung von Arbeitnehmern in der deutschen Gesellschaft gegenwärtig nicht selten ist.

Dem Urteil des BAG von 21.11.2013[1] liegt folgender Sachverhalt zugrunde: Die Arbeitgeberin führt ein Einzelhandelsunternehmen, in dem sie mehr als zehn Mitarbeiter beschäftigt. Eine Mitarbeiterin davon war seit 1991 bei ihr beschäftigt und zuletzt im Getränkemarkt G tätig. Aufgrund von Leergutdifferenzen i. H. v. mehr als 7.000 Euro in der ersten Jahreshälfte im Jahr 2009 vermutete die Arbeitgeberin, dass im Kassenbereich ohne Entgegennahme von Leergut „falsche" Bons gedruckt und entsprechende Gelder der Kasse entnommen wurde, nachdem aus Kontrollen der anderen Bereichen keine Hinweise auf die Ursache gefolgt waren. Kurz nach dem Vorfall vereinbarte sie mit dem Vorsitzenden des Betriebsrats eine vier Wochen dauernde verdeckte Videoüberwachung des Kassenbereichs. Sie beauftragte eine Fachfirma zur Aufzeichnung der Kassenvorgänge. In der Aufzeichnung wurde ein Plastikbehälter unter der Leergutkasse eines Getränkemarkts entdeckt. Die Arbeitnehmerin wurde dabei gefilmt, wie sie in drei Dienstschichten jeweils Geld aus dem Plastikbehälter entnommen und in ihre Hosentasche gesteckt hatte. Einen Monat später hat die Arbeitgeberin der Arbeitnehmerin nach Stellungnahme des Betriebsrats, eine beabsichtigte fristlose, hilfsweise fristgerechte Kündigung wegen des Verdachts der Untreue und der Unterschlagung ausgesprochen.

In dem Urteil des LAG Rheinland-Pfalz vom 23.05.2013[2] geht es um einen als Weber beschäftigten Arbeitnehmer. Er erledigte ordnungsgemäß seine Arbeit in der Produktionshalle der Weberei, in welcher vier Videokameras zur

1 BAG v. 21.11.2013. – 2 AZR 797/11.
2 LAG Rheinland-Pfalz. v.23.05.2013. – 2 Sa12/13.

Überwachung installiert wurden. Von der Überwachung wurde u. a. der Halleneingang bis zum Rolltor am Ende der Halle erfasst ebenso wie die den Gang säumenden Produktionsmaschinen in den Überwachungsradius fielen. An einer dieser Maschinen arbeitete der Arbeitnehmer. Die Halle ist nicht öffentlich zugänglich mit Ausnahme von Altmetall- und Schrotthändler.

Dem Urteil des LAG Hamm(Westfalen) von 30.10.2012[3] ist zu entnehmen, dass der Arbeitgeber ein Handelsunternehmen für Geschenkartikel betreibt. Der Arbeitnehmer war Mitglied des Betriebsrates seines Unternehmens. Er war bei dem Arbeitgeber als Lagerarbeiter mit den Schwerpunkten Kommissionier- und Packarbeiten beschäftigt. Auf dem Betriebsgelände des Arbeitgebers sind 22 Videokameras installiert. Zwei der Kameras wurden im Bereich des Eingangstores der Lager- und Kommissionierhalle installiert, wo der Arbeitnehmer seine Arbeit verrichtete.

Der 2. Senat des BAG hat am 21.06.2012 ein Urteil erlassen.[4] Im Folgenden wird allgemein der Sachverhalt des Urteils geschildert. Die Arbeitgeberin hat ein bundesweit tätiges Einzelhandelsunternehmen. Die Arbeitnehmerin war bei ihr als Verkäuferin tätig, zuletzt als stellvertretende Filialleiterin. Ein von der früheren Arbeitgeberin beauftragtes Überwachungsunternehmen installierte für einen kurzen Zeitraum Videokameras in den Verkaufsräumen der Filiale, in welcher die Arbeitnehmerin arbeitete, und hatte der Arbeitgeberin anschließend Filmmaterial übergegeben. In dem Filmmaterial wurde aufgezeichnet, dass die Arbeitnehmerin heimlich Zigaretten gestohlen hatte, was die Arbeitgeberin der Arbeitnehmerin nach der Sichtung des Filmmaterials vorwarf.

Aus der Entscheidung des ArbG Düsseldorf von 03.05.2011[5] geht hervor, dass die Arbeitgeberin eine Hausbrauerei besitzt, in der insgesamt ca. 80 Arbeitnehmern beschäftigt sind. In der Hausbrauerei werden nicht nur Speisen sondern auch das selbstgebraute Bier und alkoholfreie Getränke angeboten. Darüber hinaus unterhält sie jährlich im Sommer auf der E. ein Brauerei-Zelt. Der Arbeitnehmer ist bei ihr als Zapfer tätig. Es stellte sich der Verdacht, dass Zapfer und Kellner gemeinsam einen Teil der Plus-Biere in die eigene Tasche wirtschafteten. Da eine weitere Konkretisierung des Verdachts auf einzelne Zapfer und Kellner nicht möglich war, installierte die Arbeitgeberin heimlich Videokameras im Thekenbereich. Der Arbeitnehmer wurde durch die versteckte Videokamera gefilmt. Nachdem das Videomaterial ausgewertet wurde, ging die Arbeitgeberin davon

---

3 LAG Hamm (Westfalen) v. 30.10.2012 – 9 Sa 158/12.

4 BAG v. 21.06.2012 – 2 AZR 153/11.

5 ArbG Düsseldorf v. 03.05.2011 – 11 Ca 7326/10.

aus, dass der Arbeitnehmer an mehreren Tagen mehr Biere gezapft als Bons entgegen genommen habe. Dies könne nur zu dem Zweck erfolgt sein, die Gelder für die Plus-Biere für sich zu entwenden bzw. gemeinschaftlich mit anderen Kellnern zu teilen. Zudem bestand der dringende Verdacht, dass der Arbeitnehmer zahlreiche Biere an Kellner ohne Bon ausgeschenkt habe. Diese seien dann von dem jeweiligen Kellner auf eigene Rechnung an den jeweiligen Gast herausgegeben worden. Vermutet wurde außerdem, dass er dieses Geld dann mit dem Arbeitnehmer und/oder weiteren Mitarbeitern geteilt habe. Der Arbeitnehmer wurde entlassen.

In dem Urteil des LAG Hessen vom 25.10.2010[6] streiten die Parteien in der Berufungsinstanz um einen Anspruch der Klägerin (Arbeitnehmerin) auf Zahlung einer Geldentschädigung. Die Arbeitnehmerin war auf der Grundlage eines Anstellungsvertrages als kaufmännische Angestellte in der Niederlassung der Beklagten (Arbeitgeber) in A beschäftigt. Ihre Arbeitsaufgabe bestand darin, zusammen mit einer Arbeitskollegin Zeitarbeitnehmer zu vermitteln und deren Arbeitsverhältnisse zu verwalten. Das Arbeitsverhältnis der Parteien endete durch einen Aufhebungsvertrag. Ab diesem Zeitpunkt war an der hinteren Rückwand gegenüber der Eingangstür des ca. 12 Meter langen Büroraums eine Videokamera installiert. Der Monteur, der die Kamera vor Ort installierte, zeigte auf seinem Laptop die von der Kamera aufgenommenen Bilder, die nicht nur den Eingangsbereich zeigten, sondern im Vordergrund die Arbeitsplätze der Arbeitnehmerin und ihrer Kollegin. Daher hat die Arbeitnehmerin beim Arbeitsgericht gegenüber dem Arbeitgeber einen Schadensersatzanspruch wegen Persönlichkeitsverletzung geltend gemacht.

Aus dem Beschluss des BAG vom 29.06.2004[7] geht hervor, dass die Wirksamkeit eines Einigungsstellenspruchs zur Einführung einer Videoüberwachung umstritten ist. die Arbeitgeberin betreibt u.a. das Briefzentrum B. Bei den über das Briefzentrum B. laufenden Briefsendungen kommt es kontinuierlich zu Verlusten. Als die von der Arbeitgeberin ergriffene Kontrollmaßnahme keinen Hinweis für die Ursache der verschwindenden Sendungen ergeben hatte, versuchte sie vergeblich, den für das Briefzentrum B. zuständigen Betriebsrat zu der Einführung einer entsprechenden Überwachungsanlage zu bewegen . Die von der Arbeitgeberin angerufene Einigungsstelle beschloss gegen die Stimmen des Betriebsrates, die Einführung einer Videoüberwachung zu veranlassen. Der Betriebsrat ist der

6 Hessisches LAG v. 25.10.2010 – 7 Sa 1586/09.

7 BAG v. 29.06.2004 – 1 ABR 21/03.

Auffassung, der Einigungsstellenspruch sei unwirksam, da in unzulässiger Weise in die Persönlichkeitsrechte der Arbeitnehmer eingegriffen werde.

Das Urteil des BAG 2 AZR 51/02[8] fokussiert sich auf die Streitigkeit über die Wirksamkeit einer verhaltensbedingten Kündigung und Vergütungsansprüche. Der Arbeitgeber betreibt die Warenhäuser mit angeschlossenen Getränkemärkten. Die Arbeitnehmerin war u.a. an der Kasse des Getränkemarktes in U eingesetzt. Dort traten überdurchschnittlich hohe Inventurdifferenzen auf. Zur Aufklärung der Unregelmäßigkeit installierte der Arbeitgeber eine Videokamera unmittelbar über der Kasse. Eine weitere Kamera wurde danach zur Beobachtung des Gangs im Getränkemarkt angebracht. Bei der Auswertung der Videoaufzeichnungen wurde deutlich, dass die Arbeitnehmerin fiktive Gutschriftsbons für Leergut erzeugt und diese sodann eingescannt hatte. Den entsprechenden Geldbetrag habe sie der Kasse entnommen, um ihn im Gang des Getränkemarkts einzustecken. Nach der Anhörung des Betriebsrates kündigte der Arbeitgeber der Arbeitnehmerin wegen des Verdachts der Unterschlagung bzw. Veruntreuung von Firmengeldern. Der zuvor angehörte Betriebsrat hatte der Kündigung zugestimmt. Die Arbeitnehmerin ist jedoch der Meinung, dass die Videoüberwachung ihr allgemeines Persönlichkeitsrecht verletzt, und hat sich u.a. gegen die Kündigung ausgesprochen.

Videoüberwachung von Arbeitnehmern ist ein aktuelles Thema. Hier wurden der Einfachheit halber nur Fälle aus dem Zeitraum von 2011 bis 2013 und zwei Rechtsprechungen des BAG im Jahr 2003 und 2004 erläutert, welche als Meilensteine bei der Falllösung zur Videoüberwachung von Arbeitnehmern gelten.

DerDarstellung dieser Streitigkeiten aus der Rechtspraxis ist zu entnehmen, dass der Gebrauch von Videokameras zu unterschiedlichen Zwecken im Betrieb sehr üblich ist. Dadurch dass sich die Informations- und Kommunikationstechnologien rasch entwickeln, wird dem Arbeitgeber eine umfassende Kontrolle und Überwachung der Arbeitsplätze ermöglicht. Der Arbeitgeber kann theoretisch jeden betrieblichen Vorgang lückenlos und ständig überwachen und die betriebliche Kontrolle wird auf diese Weise perfektioniert.[9]

Die Gründe für die Videoüberwachung durch Arbeitgeber können vielfältig sein. Videokameras können in Kaufhäusern oder Supermärkten zur Abschreckung bzw. zur Aufdeckung von Ladendiebstählen eingesetzt werden. Sie können auch bei Banken oder Tankstellen zur Verbeugung von Raubüberfällen und zum

---

8 BAG v. 27.03.2003 – 2 AZR 51/02.

9 Höld, Florian: Die Überwachung von Arbeitnehmern S. 1 f.; Pfalzgraf, Patrick: Arbeitnehmerüberwachung S. 1.

Schutz der eigenen Arbeitnehmer verwendet werden.[10] Des Weiteren können sie zur Absicherung der Effektivität der Produktionsabläufe oder zur Überwachung der technischen Arbeitsvorgänge installiert werden. Darüber hinaus eignet sich die Videoüberwachung zur Sicherstellung des ordnungsgemäßen Betriebs von Maschinen. Dabei ist es wohl aber unvermeidbar, dass der Arbeitnehmer gelegentlich gegen seinen eigenen Willen gefilmt wird.[11] Wie in den obigen Fällen dargestellt, werden Arbeitnehmer häufig gezielt überwacht, da es im Interesse des Arbeitgebers liegt, zu wissen, ob der Arbeitnehmer seine arbeitsvertraglichen Haupt- und Nebenpflichten ordnungsgemäß erfüllt. Unter diese Verhaltenskontrolle fallen vor allem Straftaten, die von den eigenen Arbeitnehmern im Betrieb begangen werden. Daher setzt der Arbeitgeber, wie in den geschilderten Sachverhalten gezeigt, in solchen Fällen die Videokamera zur Aufklärung von betrieblichen Straftaten ein.

Zwar sieht sich der Arbeitgeber aufgrund der Grundrechte (Art. 12, 14 GG) zu einer Überwachung befähigt, aber umgekehrt hat der Arbeitnehmer auch ein Recht auf den Schutz seiner allgemeinen Persönlichkeit, der ebenfalls im GG festgelegt wird (Art.2 I i. V. m. Art.1 I GG).

2. Problemaufriss

Derzeit gibt es für die betriebliche Videoüberwachung kein einheitliches Gesetz. Die Interessen des Arbeitnehmers werden vielmehr durch qualitativ und quantitativ sehr unterschiedliche Rechtssätze geschützt. Sie können beispielsweise sowohl durch das Bundesdatenschutzgesetz (BDSG) als auch Betriebsverfassungsgesetz (BetrVG) geschützt werden. Diese Vielzahl an gesetzlichen Regelungen, die sich auf die Videoüberwachung beziehen, führt allerdings zur erheblichen Unüberschaubarkeit, die den großen Schwierigkeiten bei der praktischen Handhabung der Videoüberwachung zugrunde liegt. Aus diesem Grund wird seit langem die Schaffung eines speziellen Arbeitnehmerdatenschutzgesetzes gefordert, wodurch eine einheitliche gesetzliche Regelung bewirkt werden soll. Im Jahre 2007 verlangten die Datenschutzbeauftragten des Bundes und der Länder von der Bundesregierung einen Entwurf des Arbeitnehmerdatenschutzgesetzes. Schließlich hatte der Bundesrat als Staatsorgan diese Forderung

10 Garstka, Hansjürgen: DuD 2000, 192(193); Tinnefeld, Marie-Theres/Viethen, Hans-Peter: NZA 2003, 468(471); Höld, Florian: Die Überwachung von Arbeitnehmern S. 101f.

11 Tinnefeld, Marie-Theres/Viethen, Hans-Peter: NZA 2003, 468(471); Höld, Florian: Die Überwachung von Arbeitnehmern S. 102 f.

in einem Entschluss im Jahre 2008 erhoben. Der Gesetzgeber hat daraufhin mit § 32 BDSG eine Grundsatzregelung geschaffen, die erstmals den Datenschutz im Arbeitsverhältnis explizit regelt.[12] Des Weiteren legte der Gesetzgeber im Jahr 2010 den Entwurf zur Regelung des Beschäftigtendatenschutzes[13] vor, wobei §§ 32 a – i BDSG-RegE zum Beschäftigtendatenschutz in § 32 BDSG eingefügt wurden. Da der Entwurf zur Regelung des Beschäftigtendatenschutzes nicht zur Rechtssicherheit und Praxistauglichkeit führte[14], bemüht sich der Gesetzgeber seit 2010 ihn zu verbessern.

II. Videoüberwachung von Arbeitnehmern in der chinesischen Praxis

Wie in Deutschland in der jüngsten Vergangenheit geschehen, hat auch in China die Videoüberwachung in den vergangenen Jahren stark zugenommen. In viel stärkerem Maße als in Deutschland werden hier sowohl öffentliche Plätze durch Sicherheitsbehörden als auch Geschäfte, Büroräume und Fabrikarbeitsplätze durch Arbeitgeber kontrolliert. So hat die Stadtverwaltung Beijing im Jahr 2012 die Einrichtung von 16.000 Videokameras in Schnellimbiss-Restaurants beschlossen, um die Einhaltung von Lebensmittelvorschriften zu überwachen.

Ein Arbeitnehmer wurde vom Arbeitgeber auf der Toilette videoüberwacht. Der Arbeitnehmer fotografierte die Überwachungseinrichtung und erhob gemeinsam mit 18 weiteren Mitarbeitern Klage gegen dem Arbeitgeber bei einem Zivilgericht. Das Gericht sprach jedem der 19 Arbeitnehmer 5,000 Yuan (ungefähr 400 Euro) nach § 22 des Gesetzes über die deliktische Haftung der VR China (GdH) als Ersatz für den immateriellen Schaden zu.[15]

Das Problem der chinesischen Regelungen besteht vor allem darin, dass der Schutz des allgemeinen Persönlichkeitsrechts und der Arbeitnehmerdatenschutz im Arbeitsrecht bisher unzureichend normiert sind. So gewährt § 8 des Arbeitsvertragsgesetzes der VR China (ArbVertrG) zwar dem Arbeitgeber beim Vertragsabschluss ein Auskunftsrecht zu persönlichen Daten des Arbeitnehmers, doch besteht keine Regelung gegen den Missbrauch dieses Rechts durch den Arbeitsgeber. Für die Videoüberwachung am Arbeitsplatz besteht bisher keine rechtliche Grundlage. Hier existiert eine Lücke in der Gesetzgebung zum Arbeitnehmerschutz, die auch durch analoge Anwendung anderer Rechtsnormen nicht geschlossen werden kann, so dass dringender Regelungsbedarf besteht. Auch der

12 Byers, Philipp: Die Videoüberwachung am Arbeitsplatz S. 8 ff.

13 BT-Dr. 535/10, S. 1.

14 Thüsing, Gregor: NZA 2011, 16(17); BT-Dr. 535/10.

15 Yang, Lixin: Tageszeitung der Staatsanwaltschaft(JianchaRibao) vom 15.03.2004.

Rechtsschutz des Arbeitnehmers bei der Verletzung des allgemeinen Persönlichkeitsrechts ist bisher unvollständig.

Im Zivilrecht bestehen vielmehr einzelne gesetzliche Normen für Teilbereiche des allgemeinen Persönlichkeitsrechtes. So sind das Recht auf Ehre und das Recht auf den Namen in den §§ 101 und 106 als allgemeine Grundsätze des Zivilrechts der VR China (AGZ) geregelt. Hierdurch werden allerdings nur bestimmt konkrete Persönlichkeitsrechte garantiert, während das allgemeine Persönlichkeitsrecht bisher nicht unter Rückgriff auf gesetzliche Regelungen geschützt werden kann.

Das Recht auf Privatheit wird im § 2 GdH ausdrücklich geregelt und als ein konkretes Persönlichkeitsrecht geschützt. Ein zivilrechtlicher Unterlassungs- und Entschädigungsanspruch besteht aus § 15GdH. Für Verletzungen des allgemeinen Persönlichkeitsrechts bietet § 22 GdH eine Anspruchsgrundlage für immaterielle Schäden.

III. Gang der Darstellung

Im ersten Kapitel wird mit acht ausgewählten Fällen aus der Praxis das Thema illustriert. Im Anschluss wird auf die Entwicklung der betrieblichen Videoüberwachung in Deutschland eingegangen. Basierend auf den vorher erläuterten Praxisfällen wird allgemein dargestellt, wo und wie Videoüberwachung von Arbeitnehmern in Deutschland durchgeführt wird. Nach der Schilderung des Sachverhaltes in Deutschland wird kurz die Videoüberwachung von Arbeitnehmern in der chinesischen Praxis angesprochen.

Im zweiten Teil geht es um die grundrechtlichen Vorgaben für Videoüberwachung von Arbeitnehmern. Im weiteren Verlauf sollen erst rechtliche Vorgaben für Videoüberwachung von Arbeitnehmern sowohl auf EU Ebene, als auch auf der Ebene des deutschen Grundgesetzes (GG) überprüft werden.

Das dritte Kapitel setzt sich mit gesetzlichen Vorschriften für die Videoüberwachung von Arbeitnehmern, sowie den Rechtsprechungen des deutschen Bundesarbeitsgerichts (BAG), Landesarbeitsgerichts (LAG) und Arbeitsgerichts (ArbG) zu diesem Thema auseinander. Hierbei werden drei wesentliche Aspekte erläutert: nämlich die Videoüberwachung von öffentlich zugänglichen Arbeitsplätzen, die Videoüberwachung von nicht öffentlich zugänglichen Arbeitsplätzen und die Bewertung des Entwurfes des Beschäftigtendatenschutzrechtes in Bezug auf Videoüberwachung. Basierend auf der Analyse der Rechtsprechung des BAGs geht es vor allem im ersten und zweiten Abschnitt darum, welche gesetzlichen Vorschriften für die Videoüberwachung von Arbeitnehmern überhaupt existieren, ob es momentan in der Literatur neue Fragestellungen gibt, etc.

Anschließend beschäftigt sich der dritte Abschnitt mit dem Entwurf des Bundesbeschäftigtendatenschutzrechtes bezüglich der Videoüberwachung von Arbeitnehmern. Weiterhin wird im vierten Abschnitt auf das Mitbestimmungsrecht des Betriebsrats bei der Videoüberwachung eingegangen. Der letzte Ansatzpunkt in diesem Abschnitt befasst sich mit den prozessualen Verwertungsverboten bei unzulässiger Videoüberwachung.

Am Schluss wird auf den chinesischen Rechtszustand im Bereich Videoüberwachung von Arbeitnehmern eingegangen. Es wird dargestellt, wie sich der Arbeitnehmerschutz bei der Videoüberwachung am Arbeitsplatz im chinesischen Arbeitsrecht gestaltet. Ein Rechtsvergleich mit dem deutschen Recht soll hierbei erfolgen. Anschließend wird untersucht, ob rechtliche Vorgaben für Videoüberwachung von Arbeitnehmern am Arbeitsplatz in der chinesischen Verfassung vorhanden sind. Des Weiteren wird geprüft, ob das chinesische Recht in Bezug auf die Videoüberwachung von Arbeitnehmern durch andere Auslegungsmethoden, wie etwa die deutsche rechtliche Denkweise, Anwendung findet.

B. Begrifflichkeiten im Zusammenhang mit der Videoüberwachung

Die Videoüberwachung von Arbeitnehmern am Arbeitsplatz umfasst den zentralen Begriff der Videoüberwachung, der durch die Videoüberwachung von Arbeitnehmern spezifiziert wird.

I. Begriff der Videoüberwachung

Der Begriff der Videoüberwachung ist bislang noch nicht einheitlich geregelt. § 6b I BDSG definiert ihn als Beobachtung öffentlich zugänglicher Räume mit optisch-elektronischen Einrichtungen. Das BAG ist der Auffassung[16], dass eine Videoüberwachungsanlage eine technische Einrichtung ist, die dazu bestimmt ist, das Verhalten und die Leistung der Arbeitnehmer zu überwachen. Hier wird ersichtlich, dass beide Aussagen bezüglich der Videoüberwachung nicht einheitlich sind. § 6b I BDSG beabsichtigt, durch die Definition den sachlichen Anwendungsbereich bei der Videoüberwachung öffentlich zugänglicher Räume zu schaffen. Das BAG betreibt aber eine eigenständige Begriffsbildung, um Sachverhalte außerhalb des Anwendungsbereiches des § 6b BDSG zu umschreiben. Trotzdem kann das BAG im Anwendungsbereich des § 6b BDSG nicht von

---

16 BAG v. 29.6.2004 – 1 ABR 21/03, NZA 2004, 1278(1279).

dessen zwingender Legaldefinition abweichen.[17] Für diesen Begriff ist daher dogmatisch § 6b I BDSG zu beachten. § 6b I BDSG wird im Kapitel 3 A I ausführlich dargestellt. Deshalb befasst sich dieser Abschnitt damit nicht weiter.

II. Begriff der Videoüberwachung von Arbeitnehmern

Das BAG hat die Videoüberwachung auch in seinen Rechtsprechungen[18] definiert. Diese Definition geht teilweise über den gesetzlichen Begriff des § 6b I BDSG hinaus. Hierbei ist jede technische Einrichtung erfasst, ohne dass eine optisch-elektronische Einrichtung zusätzlich verlangt wird. Die Definition des BAG ist insofern restriktiver als die gesetzliche Definition im § 6b I BDSG, dort nur solche Einrichtungen als Videoüberwachung erfasst sind, die der Überwachung des Verhaltens und der Leistung der Arbeitnehmer dienen. Bei der Entwicklung der Definition der Videoüberwachung lehnt sich das BAG an § 87 I Nr. 6 BetrVG an. Hieraus resultiert der Begriff der Videoüberwachung von Arbeitnehmern. Daher ist es unumgänglich, auf die entsprechende Definition der Überwachung im Rahmen des § 87 I Nr. 6 BetrVG zurückzugreifen, um die Voraussetzungen für die Videoüberwachung am Arbeitsplatz abwägen zu können. Eine ausführliche Interpretation des § 87 I Nr. 6 BetrVG liefert das Kapitel 3 D VI.

17 BAG v. 26.8.2008 – 1 ABR 16/07, NZA 2008, 1187(1189).

18 BAG v. 29.6.2004 – 1 ABR 21/03, NZA 2004, 1278(1279); BAG v. 26.8.2008 – 1 ABR 16/07, NZA 2008, 1187(1189).

Kapitel 2. Rechtliche Grundlagen der Videoüberwachung von Arbeitnehmern

A. Die europäische Menschenrechtskonvention (EMRK), Unionsrechte

I. EMRK in Bezug auf den Datenschutz bei der Videoüberwachung von Arbeitnehmern

Mit dem Anwendungsbereich des Art. 8 EMRK im Privatleben und dessen Zusammenhang mit Datenerhebung und Datenspeicherung hat sich der europäische Gerichtshof für Menschenrechte (EGMR) in den Rechtsprechungen Leander gegen Schweden, Lundvall gegen Schweden, Reyntjens gegen Belgien, Hilton gegen Vereinigtes Königreich auseinandergesetzt. Die Tendenz zu einem Recht auf Datenschutz wird durch Entscheidungen der Kommission zur Erhebung, Verarbeitung und Speicherung von Daten, Lupker gegen die Niederlande, Friedl gegen Österreich, Campion gegen Frankreich, Tsavachidis gegen Griechenland, Herbecq gegen Belgien entwickelt. Der Gerichtshof hat in seinen Rechtsprechungen Amann gegen die Schweiz, Rotaru gegen Rumänien, P:G: und J:H: gegen das Vereinigte Königreich, Peck gegen das Vereinigte Königreich, Perry gegen dasVereinigte Königreich auch das Thema des Datenschutzes angesprochen.

Da sich aus der Konvention gem. Art. 8 II i.V.m. Art. 1 nur Rechte der Bürger gegenüber dem Staat herleiten lassen, sind aus diesem Grund der Konvention zunächst keine Regelungen für den Einsatz von Videotechnik durch Privatpersonen zu entnehmen. Allerdings gehört die Berücksichtigung der Gewährleistungen der Konvention sowie der Entscheidungen des Europäischen Gerichtshofs für Menschenrechte zur Bindung an Gesetz und Recht gem. Art. 20 III GG. Inhalt und Entwicklungsstand der Europäischen Menschenrechtskonvention sind bei der Auslegung des Grundgesetzes und des einfachen Gesetzesrechts zu berücksichtigen.[19] Bei der EMRK handelt es sich aber nicht um Europarecht, sondern um ein völkerrechtliches Abkommen. In Deutschland gilt sie nur auf der Ebene eines einfachen Bundesgesetzes (Art. 59 II 1 GG). Bei einem Wertungskonflikt

19 Lang, Markus: Private Videoüberwachung im öffentlichen Raum S. 203.

zwischen der Verfassung und der EMRK genießt das GG den Vorrang.[20] Die Wertungen der EMRK sind im Sinne eines möglichst schonenden Einpassens in das vorhandene dogmatisch ausdifferenzierte nationale Rechtssystem zu verstehen. Jedoch endet die konventionsfreundliche Auslegung dort, wo diese nach den anerkannten Methoden der Gesetzesauslegung und Verfassungsinterpretation nicht mehr vertretbar erscheint.

II. Unionsrechte

1. Die Grundrechtecharta der EU (GrCh)

Art. 8 der Charta der Grundrechte der Europäischen Union schreibt den Schutz personenbezogener Daten vor. Die Charta gilt jedoch nur für die Organe der EU und für die nationalen Organe der Mitgliedstaaten, die Unionsrecht durchführen ebenso wie bei der Anwendung von Unionsrecht (Art. 51 IGrCh).

Um den Gewährleistungsgehalt des Art. 8 der Charta der Grundrechte der Europäischen Union zu konkretisieren, hat sich der Europäische Gerichtshof in seiner bisherigen Rechtsprechung zum Unionsgrundrecht auf Datenschutz wiederholt auf Art. 8 EMRK berufen und auf die dazu ergangenen Rechtsprechungen des Europäischen Gerichtshofs für Menschenrechte zurückgegriffen.[21]

Das Datenschutzgrundrecht kann weiter auch auf private Rechtsverhältnisse einwirken. Der Europäische Gerichtshof hat dieses Grundrecht mehrfach ohne nähere Begründung in Vorabentscheidungen herangezogen, die zu privatrechtlichen Ausgangsverfahren ergangen sind.[22]

Aussagen über den materiellen Gewährleistungsgehalt von Art. 8 der Charta lassen sich lediglich in Ansätzen den bisherigen Rechtsprechungen des Europäischen Gerichtshofs entnehmen.[23] Bisher gibt es nur wenige Entscheidungen zu diesem Grundrecht. Der Gerichtshof befasst sich in seiner Rechtsprechung zudem primär damit, das datenschutzrechtliche Sekundärrecht auszulegen. Das heißt, dass der europäische Gerichtshof eben kein reines Grundrechtsgericht

---

20 BVerwG v. 27.02.2014 – 2 C 1/13, NZA 2014, 616(620); BVerfG v. 22.10.2014 – 2 BvR 661/12, NZA 2014, 1387(1394); Hufen, Friedhelm: JuS 2014, 670(671); Hebeler, Timo: JA 2014, 718(720).

21 EuGH v. 20.05.2003 – C-465/00, EuR 2004, 276(285); EuGH v. 29.01.2008 – C- 275/06, NJW 2008, 743(746); EuGH v. 09.03.2010 – C- 518/07, NJW 2010, 1265(1266).

22 EuGH v. 29.01.2008 – C-275/06, NJW 2008, 743(746); EuGH v. 24.11.2011 – C- 70/10, GRUR 2012, 265(267); EuGH v. 10.02.2012 – C- 360/10, EuZW 2012, 261(263).

23 Britz, Gabriele: EuGRZ 2009, 1(6); Spiecker gen. Döhmann, Indra/Eisenbarth, Markus: JZ 2011, 169(174); Streinz, Rudolf/Michl, Walther: EuZW 2011, 384(388).

ist, sondern er ist vielmehr dazu berufen, das gesamte Unionsrecht verbindlich auszulegen. Folglich besteht aber für den Gerichtshof kaum Anlass, autonom grundrechtlich zu argumentieren, so dass er eine ausgefeilte und in sich konsistente Grundrechtsdogmatik nicht entwickeln muss. Das Datenschutzgrundrecht erscheint in der Rechtsprechung vor allem als Abwägungsposten.[24] Dabei hat der Gerichtshof für Datenverarbeitungen hoheitlicher Stellen teilweise dichte Anforderungen aufgestellt.[25] Hingegen hat er die Konfliktentscheidung in privatrechtlichen Fällen mitunter weitgehend an das nationale Recht und dessen Vollzug delegiert.[26] Auf diese Weise hat sich der Gerichtshof bislang allenfalls bereichsweise als maßgeblicher Akteur des grundrechtlichen Datenschutzes positioniert.[27]

Der Europäische Gerichtshof ist derzeit allerdings verfahrensrechtlich und konzeptionell nicht im Stande, anstelle der mitgliedstaatlichen Verfassungs- oder sonstigen Höchstgerichte eine umfassende und schlagkräftige Grundrechtsjudikatur zu entwickeln. So gibt es auf Unionsebene kein Rechtsschutzverfahren, das die Funktion einer Verfassungsbeschwerde übernehmen könnte, wie sie die meisten Mitgliedstaaten kennen. Insbesondere können Einzelpersonen nicht vor dem Gerichtshof gegen einen Mitgliedstaat vorgehen. Der Gerichtshof würde zudem rasch überlastet, wenn an ihn massenhaft Vorabentscheidungsersuche nach Art. 267 AEUV zu Grundrechtsfragen gerichtet werden würden. Eine dogmatisch schlüssige und praktikable Lösung des Problems, die mitgliedstaatlichen und unionalen Grundrechtssphären einander zuzuordnen, ist daher bislang nicht erkennbar.[28]

2. *Datenschutzrichtlinie 95/46/EG*

Die Richtlinie 95/46/EG zum Schutz natürlicher Personen bei der Verarbeitung personenbezogener Daten und zum freien Datenverkehr ist eine 1995 erlassene Richtlinie der Europäischen Gemeinschaft zum Schutz der Privatsphäre von

---

24 EuGH v. 06.11.2003 – C- 101/01, EuZW 2004, 245(251); EuGH v. 29.01.2008 – C-275/06, NJW 2008, 743(746); EuGH v. 24.11.2011 – C- 70/10, GRUR 2012, 265(267); EuGH v. 16.02.2012 – C-360/10, EuZW 2012, 261(263).

25 EuGH v. 20.05.2003 – C-465/00, EuR 2004, 276(288); EuGH v. 07.05.2009 – C-553/07, EuZW 2009, 546(549); EuGH v. 16.12.2008 – C-524/06, EuZW 2009, 183(186).

26 EuGH v. 06.11.2003 – C- 101/01, EuZW 2004, 245(251); EuGH v. 29.01.2008 – C-275/06, NJW 2008, 743(746); EuGH v. 24.11.2011 – C- 70/10, GRUR 2012, 265(268); EuGH v. 16.02.2012 – C-360/10, EuZW 2012, 261(263).

27 Spiecker gen. Döhmann, Indra/Eisenbarth, Markus: JZ 2011, 169(175).

28 Bäcker, Matthias: Beschäftigtendatenschutz in der Reform S. 18.

natürlichen Personen bei der Verarbeitung von personenbezogenen Daten. Die Richtlinie beschreibt Mindeststandards für den Datenschutz, die in allen Mitgliedstaaten der Europäischen Union durch nationale Gesetze sichergestellt werden müssen. In Deutschland ist die Europäische Datenschutzrichtlinie erst durch das Gesetz zur Änderung des Bundesdatenschutzgesetzes, das am 23. Mai 2001 in Kraft trat, und andere Gesetze umgesetzt worden.[29] Hierbei stellt sich die Frage, ob die Datenschutzrichtlinie 95/46/EG auf die Videoüberwachung von Arbeitnehmern Anwendung finden kann.

a) Anwendungsbereich der Datenschutzrichtlinie 95/46/EG

Der Datenschutz bei der Videoüberwachung unterliegt dem Anwendungsbereich der Datenschutzrichtlinie gemäß Art. 3 Datenschutzrichtlinie. In Erwägungsgrund 14 wird ausdrücklich darauf hingewiesen, dass die Richtlinie auch auf personenbezogene Bild- und Tondaten Anwendung finden muss, obwohl dieser Erwägungsgrund ausschließlich die in den nachstehenden Erwägungsgründen 15 bis 17 zum Ausdruck kommenden Grundsätze des Schutzes zusammenfassen soll,[30] so dass sämtliche Voraussetzungen für eine Eröffnung des Anwendungsbereichs vorliegen müssen.[31]

b) Zulässigkeit der Videoüberwachung in der Datenschutzrichtlinie95/46/EG

Für die Zulässigkeit der Videoüberwachung kommt Art. 7 der Datenschutzrichtlinie in Betracht.

Hier stellt sich die Frage, ob der Beschäftigtendatenschutz bei der Videoüberwachung durch den Arbeitgeber auf die Datenschutzrichtlinie übertragen werden kann. Bevor diese Frage beantwortet wird, soll erst die Frage nach einer Drittwirkung der Richtlinie erläutert werden.

---

29 Im Juli 2005 rügte die EU-Kommission eine unzureichende inhaltliche Umsetzung der Datenschutzrichtlinie in Deutschland. Sie kritisierte, dass den Stellen, die mit der Datenschutzaufsicht der Länder betraut sind, die erforderliche Unabhängigkeit von staatlicher Einflussnahme fehle. Die Kommission leitete daher ein weiteres Vertragsverletzungsverfahren ein. Im März 2010 urteilte EuGH – Urteil des Gerichtshofes (Große Kammer) vom 9. März 2010, Rechtssache C-518/07 – dass die Bundesrepublik die Vorgabe falsch umgesetzt habe.

30 Begründung zu Erwägungsgrund 14 des geänderten Vorschlags der Kommission, KOM (92) 422 endg. – SYN 287 v. 15.10.1992, S. 8.

31 Von Zezschwitz, Friedrich: in Roßnagel, Alexander: Handbuch Datenschutzrecht, Kap. 3.1, Rn. 9.

c) Drittwirkung der Datenschutzrichtlinie95/46/EG

Richtlinien können unter gewissen Voraussetzungen bei einer nicht rechtzeitigen oder unvollständigen Umsetzung unmittelbare Wirkung erlangen. Bei dieser sog. vertikalen Direktwirkung ist es dem Einzelnen möglich, sich gegenüber dem Staat direkt auf die in der Richtlinie festgesetzten Grundsätze zu berufen, ohne dass es eines Umsetzungsaktes bedarf.[32]

Neben der unzureichenden Umsetzung ist weiter vorausgesetzt, dass die Richtlinie hinreichend bestimmt ist, um die Rechte für den Betroffenen zu schaffen, und dass der Verpflichtete mit gewissen Einschränkungen auf staatlicher Seite hinreichend konkretisiert wird.[33]

Dagegen wird die sog. horizontale Direktwirkung, also eine unmittelbare Anwendbarkeit der Richtlinie zwischen Privatpersonen, vom EuGH abgelehnt.[34]

Die Mitgliedstaaten dürfen das in der Richtlinie vorgesehene Schutzniveau weder über- noch unterschreiten. Regelungsspielräume der Mitgliedstaaten ergeben sich nur, wenn die Richtlinie offene Formulierungen enthält, die durch das mitgliedstaatliche Recht präzisiert werden können.[35]

Hierbei stellt sich die Frage, ob aus der Anwendbarkeit der Richtlinie die Rechtsbindung der Mitgliedstaaten an der Europäischen Grundrechtecharta resultieren kann.

d) Rechtsbindung der Mitgliedstaaten an der Europäischen Grundrechtecharta

Nach Art. 51 I 1 der Charta werden die Unionsgrundrechte für die Mitgliedstaaten verbindlich, wenn sie das Unionsrecht umsetzen. Wann dies der Fall ist, wird im Europa- und Staatsrecht kontrovers diskutiert. In den Urteilen „ÄkerbergFransson“[36] und „Melloni“[37] hat der EuGH zu einer weiten Auslegung dieser Vorschrift tendiert. Danach üben die Mitgliedstaaten das Unionsrecht aus insofern eine nationale Vorschrift in dessen Geltungsbereich fällt. In der Folge hat ein beachtlicher Teil des Arbeitsrechts Berührungspunkte mit der GrCh, weil viele arbeitsrechtliche Einzelsachverhalte durch Richtlinien beeinflusst werden.

---

32 EuGH v. 19.01.1982 – 8/81, LMRR 1982, 58(Ls. 1).

33 EuGH v. 19.11.1991 – C – 6/90, C- 9/90, LMRR 1991, 60(Ls. 1).

34 EuGH v. 26.02.1986 – 152/84, NJW 1986, 2178(2180); EuGH v. 14.07.1994 – C – 91/92, NJW 1994, 2473(2474).

35 EuGH v. 29.01.2008 – C – 275/06, NJW 2008, 743(745); EuGH v. 24.11.2011 – C – 468/10, C – 469/10, NZA 2011, 1409(1410).

36 EuGH v. 26.02.2013 – C – 617/10, NJW 2013, 1415.

37 EuGH v. 26.02.2013 – C – 399/11, NJW 2013, 1215.

In der Rechtssache „AMS“[38] ist der EuGH der Ansicht, dass ein europäisches Grundrecht dann keinen direkten Einfluss auf die Wirksamkeit einer nationalen Norm nimmt, wenn dieses nicht hinreichend konkret ist, sondern lediglich festlegt, dass dessen Umfang oder Gebrauch durch das Sekundärrecht (europäische Richtlinien) oder einzelstaatliche Rechtsvorschriften und Gepflogenheiten hinreichend genau bestimmt wird. Dies ist der Fall, wenn eine Richtlinie in innerstaatliches Recht umgesetzt wird.

e) *Verhältnisse der Grundrechte des Grundgesetzes mit EU-Datenschutzrichtlinie 95/46/EG*

Wenn das deutsche Recht weitgehend durch Vorgaben einer EU-Richtlinie vorgeformt ist, ist der Anwendungsbereich der Grundrechte problematisch.

Das BVerfG kann deutsche Regelungen, die auf zwingenden unionsrechtlichen Vorgaben beruhen, zwar am Maßstab der deutschen Grundrechte überprüfen, jedoch kann das Gericht solche Normen grundsätzlich nicht verwerfen, solange die unionsrechtlichen Vorgaben fortbestehen und das Niveau des Grundrechtsschutzes auf Unionsebene nicht unter den verfassungsrechtlich unabdingbaren Standard gesunken ist.[39]

Im Gegensatz hierzu soll sowohl das deutsche Umsetzungsgesetz als auch seine Anwendung im Einzelfall an den Grundrechten des Grundgesetzes bemessen werden, sofern eine Richtlinie den Mitgliedstaaten einen Regelungsspielraum erlaubt[40] Die Rechtsprechung ist der Auffassung, dass der Gesetzgeber doppelt an Unions- und deutsche Grundrechte gebunden ist, wenn er einen Regelungsspielraum ausfüllt, den das sekundäre Unionsrecht ihm eröffnet. Soweit sich Unionsgrundrechte mit deutschen Grundrenten in Einklang bringen lassen, ist die doppelte Rechtsbindung sowohl unionsrechtlich als auch innerstaatlich bedenkenlos. Allerdings erzeugt oft eine solche Mehrfachbindung erhebliche Rechtsunsicherheit und schwächt letztlich den Schutz des Einzelnen anstattdiesen zu stärken.[41] Für Drittwirkungsfälle ist daher relevant, dass in ihnen kollidierende Grundrechte mehrerer Grundrechtsträger in Einklang gebracht werden müssen. Indem der Anwendungsbereich der Unionsgrundrechte aufgrund des

---

38 EuGH v. 15.01.2014 – C – 176/12, NZA 2014, 193(194).

39 BVerfG v. 02.03.2010 – 1 BvR 256/08, JuS 2010, 747(748); BVerfG v. 08.12.2011 – 1 BvR 1932/08, MMR 2012, 186(187).

40 BVerfG v. 13.03.2007 – 1 BvF 1/05, JuS 2007, 1052(1055); BVerfG v. 02.03.2010 – 1 BvR 256/08, JuS 2010, 747(748); BVerfG v. 19.07.2011 – 1 BvR 1916/09, NJW 2011, 3428(3433).

41 M. Huber, Peter: NJW 2011, 2385(2387); Kirchhof, Ferdinand: NJW 2011, 3681(3682).

Regelungsspielraums der Mitgliedstaaten begrenzt wird, drohen allerdings auch erhebliche Rechtsunsicherheiten und letztlich grundrechtliche Vollzugsdefizite.

3. EU- Datenschutz- Grundverordnung

Die Datenschutz-Grundverordnung ist eine geplante Verordnung der Europäischen Union, mit der die Regeln für die Verarbeitung von personenbezogenen Daten durch private Unternehmen EU-weit vereinheitlicht werden sollen. Sie soll in den nächsten Jahren die Richtlinie 95/46/EG ablösen. Dadurch soll einerseits der Schutz von personenbezogenen Daten innerhalb der Europäischen Union sichergestellt, andererseits der freie Datenverkehr innerhalb des Europäischen Binnenmarktes gewährleistet werden.[42] Die Datenschutzverordnung ist Teil der beabsichtigten EU-Datenschutzreform, welche die Europäische Kommission am 25. Januar 2012 vorstellte.[43] Geplant ist nach Durchlauf des Rechtssetzungsverfahrens in der EU, dass die Verordnung als unmittelbar geltendes Recht ab 2014 einheitlich in allen EU- Staaten gilt.[44]

Im Gegensatz zur Richtlinie 95/46/EG, die von den EU-Mitgliedsstaaten in nationales Recht umgesetzt werden musste, wird die Datenschutzverordnung ohne Umsetzungsakt unmittelbar in allen EU-Mitgliedsstaaten gelten. Daher ist die EU-Datenschutzverordnung eingetreten, um nach 17 Jahren die Datenschutzrichtlinie 95/46/EG abzulösen. Den Mitgliedsstaaten wird es daher nicht möglich sein, den von der Verordnung festgeschriebenen Datenschutz durch nationale Regelungen abzuschwächen oder zu verstärken.[45]

Im Juni 2013 hat der Ministerrat in Luxemburg über die geplante Datenschutzverordnung getagt. Vor der Sommerpause konnte über die wichtigsten Punkte der Datenschutzreform jedoch keine Einigung erzielt werden. Die Verhandlungen zur Verordnung werden weiter andauern.[46] Am 21. Oktober 2013 hat das Europäische Parlament im Innen- und Justizausschuss seinen durch den Grünen Europaabgeordneten Jan Philipp Albrecht als EP-Berichterstatter ausgearbeiteten Entwurf für eine neue Datenschutzs-Grundverordung in der zuvor bekannt gewordenen Kompromissfassung mit überwältigender Mehrheit

42 http://de.wikipedia.org/wiki/Datenschutz-Grundverordnung.
43 http://europa.eu/rapid/press-release_IP-12-46_de.htm?locale=en.
44 http://www.eu-datenschutzverordnung.de/.
45 http://de.wikipedia.org/wiki/Datenschutz-Grundverordnung.
46 http://www.spiegel.de/netzwelt/netzpolitik/bruessel-eu-ministerrat-bremst-daten schutzreform-a-904266.html.

angenommen[47] und am 12. März 2014 durch das Plenum bestätigt.[48] Im Juni 2015 haben sich die EU Justizminister auf einen Entwurf der EU-Datenschutz-Grundverordnung geeinigt. Anschließend erfolgte am 15. Dezember 2015 die Feinabstimmung zwischen Rat, Europäischem Parlament und Europäischer Kommission (sogenannter Trilog) für eine endgültige Fassung.[49] Die EU-Datenschutz-Grundverordnung ist am 24. Mai 2016 in Kraft getreten und wird ab dem 25. Mai 2018 in der EU unmittelbar gelten.[50] Die EU-Datenschutz-Grundverordnung betrifft umfangreiche und detaillierte Regelungen zur Verarbeitung personenbezogener Daten. Die Datenverarbeitung durch Arbeitgeber in Beschäftigungsverhältnissen unterwirft Art. 88 EU-DSGVO. Nach Art. 88 I EU-DSGVO können die Mitgliedstaaten durch Rechtsvorschriften oder durch Kollektivvereinbarungen spezifischere Vorschriften zur Gewährleistung des Schutzes der Rechte und Freiheiten hinsichtlich der Verarbeitung personenbezogener Beschäftigtendaten im Beschäftigungskontext verabschieden. Vorgesehen ist dies insbesondere für Zwecke der Einstellung, die Erfüllung des Arbeitsvertrags einschließlich der Erfüllung solcher Pflichten, die durch Rechtsvorschriften oder durch Kollektivvereinbarungen festgelegt wurden. Weiterhin werden solche detaillierten Vorschriften für das Management, die Planung und Organisation der Arbeit, die Gleichheit und Diversität am Arbeitsplatz, die Gesundheit und Sicherheit am Arbeitsplatz, den Schutz des Eigentums der Arbeitgeber oder der Kunden notwendig. Einen weiteren Bezugspunkt bildet die Inanspruchnahme der mit der Beschäftigung zusammenhängenden individuellen oder kollektiven Rechte und Leistungen im Falle der Beendigung des Beschäftigungsverhältnisses. Nach Art. 88 II EU-DSGVO umfassen diese Vorschriften angemessene und besondere Maßnahmen zur Wahrung der menschlichen Würde, der berechtigten Interessen und der Grundrechte der betroffenen Person, insbesondere im Hinblick auf die Transparenz der Verarbeitung und die Übermittlung personenbezogener Daten innerhalb einer Unternehmensgruppe oder einer Gruppe von Unternehmen, die eine gemeinsame Wirtschaftstätigkeit ausüben. Gleichzeitig enthalten diese Vorschriften die Überwachungssysteme am Arbeitsplatz. Nach Art. 88 III EU-DSGVO muss jeder Mitgliedstaat der Kommission bis zum

---

47 http://www.heise.de/newsticker/meldung/EU-Parlament-gibt-gruenes-Licht-fuer-Datenschutzreform 1983124.html.

48 https://netzpolitik.org/2014/eu-datenschutzgrundverordnung-passiert-erste-lesung-im-eu-parlament/.

49 http://www.zeit.de/digital/datenschutz/2015-06/datenschutz-eu-reform-justizminister-luxemburg.

50 Institut der Wirtschaftsprüfer: BB 2016, 1833.

25. Mai 2018 die Rechtsvorschriften, die er aufgrund von Absatz 1 erlässt ebenso wie alle späteren Änderungen dieser Vorschriften mitteilen[51] Daraus ergibt sich, dass Art. 88 EU-DSGVO auf die Videoüberwachung von Arbeitnehmern Anwendung findet. Allerdings enthält Art. 88 EU-DSGVO gerade keine dezidierte Regelungen zum Beschäftigtendatenschutz.[52] Art. 88 I EU-DSGVO zählt in einer nicht abschließenden, sondern illustrativen Aufzählung die für den Beschäftigungskontext arteigenen Regelungsthemen auf. Diese werden durch die jeweiligen Zwecke der Datenverarbeitung benannt. Dieser mit der Zwecknennung verbundene Regelungsrahmen kann von den Mitgliedstaaten ausgefüllt werden.[53] Daher bleibt der deutsche Gesetzgeber im Hinblick auf eine Neuregelung des Beschäftigtendatenschutzes bzw. des Erlasses eines entsprechenden Öffnungsgesetzes gefordert. Bestrebungen für ein solche „Öffnungsregelung" sollen beim BMI bereits laufen. Das Ergebnis bleibt abzuwarten.[54]

B. Verfassungsrechtlicher Rahmen der Videoüberwachung von Arbeitnehmern – (Informationshandlung des Arbeitgebers und Informationsschutz des Arbeitsnehmers bei der Videoüberwachung von Arbeitnehmern im GG)

Indem der Arbeitgeber Kamerageräte am Arbeitsplatz angebracht und benutzt hat, erlangt er technische Daten. Durch Auswertung solcher Daten erhält der Arbeitgeber Informationen über seine Mitarbeiter während ihrer Arbeitszeiten.

Hier stellt sich zunächst die Frage, was man allgemein unter Daten und Informationen in der Videotechnik versteht.

I. Daten, Informationen, Datenschutz

Die Begriffe „Daten" und „Informationen" sind voneinander zu unterscheiden. Daten sind Zeichen, die auf einem Datenträger verkörpert sind. Informationen sind Sinngehalte, die jemand in einem bestimmten sozialen Kontext bildet. Den Informationen liegen die Informationsgrundlagen zugrunde. Informationsgrundlagen richten sich nach Daten. Informationen lassen sich durch eine eigene Leistung des Beobachters erlangen, dieser Beobachter interpretiert diese

51 http://eur-lex.europa.eu/legal-content/DE/TXT/PDF/?uri=CELEX:32016R0679&from=DE.

52 Taeger, Jürgen/Rose, Edgar: BB 2016, 819(820).

53 Düwell, Franz Josef/Brink, Stefan: NZA 2016, 665(667).

54 Sörup, Thorsten/Marquardt, Sabrina: ArbRAktuell 2016, 103(105).

Informationsgrundlage vor einem bestimmten Wissenshorizont und aus dem Blickwinkel eines bestimmten Informationsinteresses.[55]

Zum einen sind Daten für sich genommen nicht so wichtig bei der Videoüberwachung durch Arbeitgeber, sondern erst die Informationen, die sich aus Daten ergeben und die sich auf Arbeitnehmer beziehen. In diesem Sinn sind Daten nur die Informationsgrundlagen. Darüber hinaus hängen Daten und Informationen miteinander eng zusammen, indem sie gespeichert und verarbeitet werden, und so (weitere) Informationen aus ihnen erzeugt werden. Daher haben Daten einen besonders hohen Informationswert. Dass Datenverarbeitungen als vergegenständlichte Prozesse eigenständig reguliert werden sollen, ist mithin rechtlich von Bedeutung. Hier wird eine solche Regulierung als grundrechtlicher Datenschutz bezeichnet, der einem Informationsgrundlageschutz gleichgestellt ist. Daraus wird abgeleitet, dass der grundrechtliche Datenschutz auch Teil des grundrechtlichen Informationsschutzes ist.[56]

Zusammen mit dem Begriff „Informationsschutz" muss auch der Begriff „Informationshandlungen" betrachtet werden. Der Begriff der Informationshandlung bezeichnet dabei jede Handlung, deren Schwerpunkt darin besteht, personenbezogene Informationen zu erzeugen oder personenbeziehbare Daten zu verarbeiten.[57]

II. Grundrechtlicher Informationsschutz

Das Grundgesetz schützt den Einzelnen gegen Informationshandlungen durch das allgemeine Persönlichkeitsrecht sowie durch das spezifische Recht auf informationelle Selbstbestimmung.

1. Allgemeines Persönlichkeitsrecht (Art. 2 I i.V.m. Art. 1 I GG)

Das allgemeine Persönlichkeitsrecht wird aus Art. 2 I i.V.m. Art. 1 I GG abgeleitet. Es schützt die persönliche Integrität des Menschen und vermittelt neben der allgemeine Handlungsfreiheit und den übrigen Grundrechten eine lückenschließende Gewährleistung sämtlicher Persönlichkeitsrechte. Inhalt und Umfang werden durch das Richterrecht im Blick auf das Leitprinzip des Art. 1 I GG

55 Bäcker, Matthias: Beschäftigtendatenschutz in der Reform S. 23.

56 Albers, Marion: in Haratsch, Andreas/Kugelmann, Dieter/Repkewitz, Ulrich: Herausforderungen an das Recht der Informationsgesellschaft S. 113, 121 ff., im Anschluss an den Informationsbegriff bei Bateson, Gregory: Ökologie des Geistes S. 488ff.

57 Vgl. einerseits etwa § 3 Abs. 1 BDSG, andererseits etwa BVerfG v. 15.12.1983 - 1 BvR 209/83, NJW 1984, 419 (Ls. 3).

konkretisiert. Dieses ergänzt als unbenanntes Freiheitsrecht die speziell benannten Freiheitsrechte, die alle auch mittelbar dem Schutz der Persönlichkeit dienen.[58] Insoweit kann es als Auffanggrundrecht bezeichnet werden, dessen Aufgabe darin besteht, i.S. der obersten Konstitutionsprinzips der „Würde des Menschen" (Art. 1 I GG) die engere persönliche Lebenssphäre und die Erhaltung ihrer Grundbedingungen zu gewährleisten.[59] Die Notwendigkeit einer solchen Ergänzung traditioneller Freiheitsgarantien besteht insbesondere im Hinblick auf Entwicklungen der Informationstechnologie und der mit ihnen verbundenen neuen Gefährdungen.[60] Solche Gefährdungen gehen auf keinen Fall nur von hoheitlicher Gewalt aus. Das allgemeine Persönlichkeitsrecht gilt nicht nur wie alle Freiheitsrechte als ein subjektives Abwehrrecht gegenüber Persönlichkeitsverletzungen durch Staatsorgane, sondern fordert auch den Schutz durch den Staat.[61] Der Schutzbereich dieses Freiheitsrechts ist aus der Rechtsprechung des BVerfG zu entnehmen. Drei Schutzfelder werden aus den bisher entschiedenen Fallgruppen abgeleitet: der Schutz der Privatsphäre, das Recht der Selbstdarstellung und der Ehrenschutz.[62]

2. Recht auf informationelle Selbstbestimmung

Das allgemeine Persönlichkeitsrecht umfasst unter anderem die soziale Identität. Es garantiert die erforderliche Freiheit bei der Darstellung der eigenen Person sowohl gegenüber Dritten als auch in der Öffentlichkeit. Der Einzelne darf selbst darüber befinden, was seinen sozialen Geltungsanspruch kennzeichnen soll und inwieweit Dritte seine Persönlichkeit zum Gegenstand öffentlicher Erörterungen machen dürfen.[63]

Die Verbreitung elektronischer Datenverarbeitung und daraus folgende Konflikte führten zur Ausformung des Rechts auf informationelle Selbstbestimmung. Das BVerfG leitet aus dem allgemeinen Persönlichkeitsrecht die Befugnis des Einzelnen ab, grundsätzlich selbst über die Preisgabe und Verwendung seiner persönlichen Daten zu bestimmen. Die zentrale Bedeutung dieses Rechts liegt in

---

58 Schmidt, Ingrid: in Müller-Glöge, Rudi/Preis, Ulrich/Schmidt, Ingrid: Erfurter Kommentar zum Arbeitsrecht, GG Art. 2 Rn. 36, 37.

59 BVerfG v. 11.12.2013 – 1 BvR 194/13, NJW 2014, 764(765).

60 BVerfG v. 13.05.1986 – 1 BvR 1542/84, DNotZ 1986, 629(632); BVerfG v. 31.01.1989 – 1 BvL 17/87, NJW 1989, 891(892).

61 BVerfG v. 11.12.2013 – 1 BvR 194/13, NJW 2014, 764(765).

62 Schmidt, Ingrid: in Müller-Glöge, Rudi/Preis, Ulrich/Schmidt, Ingrid: Erfurter Kommentar zum Arbeitsrecht, GG Art. 2 Rn. 38.

63 BVerfG v. 08.02.1983 – 1 BvL 20/81, GRUR 1983, 316(318).

der Beschränkung und Bindung der Datenerhebung, Datenverarbeitung und des Informationsflusses zwischen verschiedenen Stellen der Verwaltung.[64] Angesicht der Gefährdungen durch die Nutzung der automatischen Datenverarbeitung hat das BVerfG hervorgehoben, dass der Gesetzgeber organisatorische und verfahrensrechtliche Vorkehrungen zu treffen hat, die der Gefahr einer Verletzung des Persönlichkeitsrechts entgegenwirken.[65] Das Datenschutzgesetz dient der Erfüllung dieses Verfassungsgebots.[66]

Das informationelle Selbstbestimmungsrecht wurde vom BVerfG im so genannten Volkszählungsurteil als Grundrecht anerkannt.[67]

III. Grundrechtsschutz bei der Videoüberwachung von Arbeitnehmern

Welche Grundrechte des Arbeitnehmers werden bei der Videoüberwachung am Arbeitsplatz bedroht, sobald der Arbeitgeber in Betriebsstätten eine Videoüberwachung durchführt?

Das Bundesverfassungsgericht hat sich im Urteil „Mithörvorrichtung" darüber ausgesprochen.

Das von Art. 2 I i.V.m. Art. 1 I GG erfasste allgemeine Persönlichkeitsrecht schütze Elemente der Persönlichkeit, die nicht Gegenstand der besonderen Freiheitsgarantien des Grundgesetzes seien, diesen aber in ihrer konstituierenden Bedeutung für die Persönlichkeit nicht nachstehen. Eine solche lückenschließende Gewährleistung sei insbesondere vor dem Hintergrund neuartiger Gefährdungen der Persönlichkeitsentfaltung geboten, die in Begleitung des wissenschaftlich-technischen Fortschritts auftreten. Die Zuordnung eines konkreten Rechtsschutzbegehrens zu den verschiedenen Aspekten des Persönlichkeitsrechts müsse daher vor allem im Hinblick auf die Persönlichkeitsgefährdung erfolgen, die den konkreten Umständen des Anlassfalls zu entnehmen sei.[68]

Videotechnik zählt zu dem wissenschaftlich-technischen Fortschritt und bei der Anwendung dieser entsteht für die Arbeitnehmer am Arbeitsplatz möglicherweise eine neuartige Gefährdung der Persönlichkeitsentfaltung.

---

64 Schmidt, Ingrid: in Müller-Glöge, Rudi/Preis, Ulrich/Schmidt, Ingrid: Erfurter Kommentar zum Arbeitsrecht, GG Art. 2 Rn. 45.

65 BVerfG v. 15.12.1983 – 1 BvR 209/83, NJW 1984, 419(421) ; BVerfG v. 14.12.2000 – 2 BvR 1741/99, NJW 2001, 879(880).

66 Schmidt, Ingrid: in Müller-Glöge, Rudi/Preis, Ulrich/Schmidt, Ingrid: Erfurter Kommentar zum Arbeitsrecht, GG Art. 2 Rn. 45.

67 BVerfG v.15.12.1983 – 1BvR 209/83.

68 BVerfG v.09.10.2002 – 1 BvR 1611/96, 1 BvR 805/98, Rn. 31.

Das von Art. 2 I i.V.m. Art. 1 I GG erfasste allgemeine Persönlichkeitsrecht schütze neben dem Recht am eigenen Bild auch das Recht am gesprochenen Wort. Dieses gewährleiste die Selbstbestimmung über die eigene Darstellung der Person in der Kommunikation mit anderen. Der Schutz umfasse die Möglichkeit, sich in der Kommunikation nach eigener Einschätzung situationsangemessen zu verhalten und sich auf die jeweiligen Kommunikationspartner einzustellen. Zum Grundrecht gehöre die Befugnis selbst zu bestimmen, ob der Kommunikationsinhalt einzig dem Gesprächspartner, einem bestimmten Personenkreis oder der Öffentlichkeit zugänglich sein solle. Das Selbstbestimmungsrecht erstrecke sich also auf die Auswahl der Personen, die Kenntnis vom Gesprächsinhalt erhalten sollen.[69]

Dieses Selbstbestimmungsrecht finde einen Ausdruck in der Befugnis des Menschen, selbst und allein zu entscheiden, ob sein Wort auf einen Tonträger aufgenommen und damit möglicherweise Dritten zugänglich werden solle, womit Wort und Stimme von dem Kommunikationsteilnehmer losgelöst und in einer für Dritte verfügbaren Gestalt verselbstständigt werden.[70]

Das BAG hat die oben genannten Auffassungen des BVerfG[71] in seinen Rechtsprechungen für Videoüberwachung am Arbeitsplatz herangezogen.

Im Urteil 2 AZR 51/02 vom 27. 03. 2003 ist das BAG der Auffassung, dass das durch Art. 2 I i.V.m. Art. 1 I GG gewährleistete allgemeine Persönlichkeitsrecht im Arbeitsverhältnis zu beachten ist. Es umfasst das Recht am gesprochenen Wort, d.h. die Befugnis, selbst zu bestimmen, ob es allein dem Gesprächspartner oder auch Dritten oder sogar der Öffentlichkeit zugänglich sein soll, ferner ob es auf Tonträger aufgenommen werden darf. Darüber hinaus gewährleisten Art. 2 I i.V.m. Art. 1 I GG das Recht am eigenen Bild. Das allgemeine Persönlichkeitsrecht schützt den Arbeitnehmer vor einer lückenlosen technischen Überwachung am Arbeitsplatz durch heimliche Videoaufnahmen.

Im Urteil 1 ABR 34/03 vom 14. 12. 2004 ist das BAG der Meinung, dass das allgemeine Persönlichkeitsrecht neben dem Recht am gesprochenen Wort auch das Recht am eigenen Bild umfasst. Es gehört zum Selbstbestimmungsrecht eines jeden Menschen darüber zu entscheiden, ob Filmaufnahmen von ihm gemacht und möglicherweise gegen ihn verwendet werden dürfen. Dabei fällt schon die Herstellung von Abbildungen in den Schutzbereich des allgemeinen Persönlichkeitsrechts.

---

69 BVerfG v. 09.10.2002 – 1 BvR 1611/96, 1 BvR 805/98, Rn. 32.

70 BVerfG v. 09.10.2002 – 1 BvR 1611/96, 1 BvR 805/98, Rn. 33.

71 Vgl. BVerfG v. 14.09.1989 – 2 BvR 1062/87; BVerfG v. 13.02.2007 – 1 BvR 421/05.

Zusammengefasst, wird die Videoüberwachung durch Arbeitgeber als Informationshandlung angesehen, die den Informationsschutz des Arbeitnehmers beeinträchtigt. Der Informationsschutz des Arbeitnehmers bezieht sich bei der Videoüberwachung durch Arbeitgeber auf das Grundrecht des Allgemeinen Persönlichkeitsrecht nach Art 2 I i.V.m. Art 1 I GG, wenn der Arbeitgeber durch Videoüberwachung in Betriebsstätten personenbezogene Daten von Arbeitnehmern erlangt oder erlangen kann.

Allerdings hat das BVerfG bislang noch nichts über den Informationsschutz des Arbeitnehmers bei der Videoüberwachung ausgesagt.

IV. Drittwirkung des grundrechtlichen Informationsschutzes

Hier stellt sich die Frage, ob die hohen Anforderungen an staatlichen Informationshandlungen direkt Anwendung auf private Informationshandlungen finden können.

1. Meinungsverschiedenheiten in der Literatur

Zu Diskussionen über die Anwendbarkeit der hohen Anforderungen an staatliche Informationshandlungen auf privaten Informationshandlungen gibt es in der Literatur unterschiedliche Ansichten.

Nach Matthias Bäcker[72] können die hohen Anforderungen auf Drittwirkungsfälle nicht übertragen werden. Private verfügen nicht über hoheitliche Befugnisse und können daher die äußere Entfaltungsfreiheit anderer Privater nicht einseitig imperativ verkürzen.[73] Weiterhin schulden Private, anders als die öffentliche Gewalt, Dritten und der Allgemeinheit grundsätzlich keine Rechenschaft über ihre Ziele.[74] Sie bedürfen dementsprechend keiner gesetzlichen Ermächtigung, um diese Ziele zu verfolgen. Schließlich könne der Gesetzgeber nicht umfassend vorhersehen, zu welchen Zwecken Private Informationen über andere Private verwenden; mit einer detaillierten Regelung wäre er vielfach überfordert.

Nach einer anderen Ansicht[75] haben zwar Private keine hoheitlichen Befugnisse, doch sind die Arbeitnehmer im Beschäftigungsverhältnis in aller Regel auf ihren Arbeitsplatz und damit auch auf die soziale Interaktion mit ihrem Arbeitgeber angewiesen, um ihre Persönlichkeit zu entfalten und ihren Lebensbedarf zu decken. Das Machtungleichgewicht zwischen Arbeitgeber und Arbeitnehmer

72 Bäcker, Matthias: Beschäftigtendatenschutz in der Reform S. 29.
73 BGH v. 13.01.2011 – III ZR 146/10, NJW 2011, 1509(1512).
74 BVerfG v. 22.02.2011 – 1BvR 699/06, JuS 2011, 665(666).
75 Bäcker, Matthias: Beschäftigtendatenschutz in der Reform S. 30.

kann in der Folge ein vergleichbares Ausmaß annehmen wie im Staat-Bürger-Verhältnis. Videoüberwachung durch Arbeitgeber kann sich beispielhaft in diesem Sinne als Informationshandlungen vom Staat ansehen lassen, er verfügt über umfangreiche und aussagekräftige Datenbestände über seine Mitarbeiter. Beispielsweise können durch Videokameras auf Arbeitnehmer bezogene Daten erlangt werden, während der Arbeitnehmer bei der Arbeit ist. Vor allem durch heimliche Videoüberwachungsmaßnahmen, greifen Arbeitgeber intensiv in das Persönlichkeitsrecht der Mitarbeiter ein und beschädigen erheblich die Entfaltungsfreiheit ihrer Arbeitnehmer. Im Gegensatz hierzu ist es für Arbeitnehmer unmöglich, die Führung der Videoüberwachung zu behindern, beispielhaft in einem Laden für Goldschmuck, da der Arbeitgeber mit der Videoüberwachung sein Eigentum am besten beschützen kann. Hier wird die Unternehmensentscheidungsmacht des Arbeitgebers ausgesprochen.

2. *Meinungswandel des BVerfG*

Im Urteil vom 15. 1. 1958 – 1 BvR 400/51 war das BVerfG der Auffassung, dass sich im bürgerlichen Recht der Rechtsgehalt der Grundrechte mittelbar durch die privatrechtlichen Vorschriften entfalte. Er ergreife vor allem Bestimmungen zwingenden Charakters und sei für den Richter durch die Generalklauseln besonders realisierbar. Dennoch wird in Teilen der Rechtsprechung des BAG[76] die unmittelbare Drittwirkung auch abgelehnt. Der Grund dafür ist, dass eine unmittelbare Geltung der Grundrechte im Arbeitsverhältnis die Grundsätze der Privatautonomie aushöhlen wird. Die freie Gestaltung der Rechtsbeziehungen zwischen Arbeitgeber und Arbeitnehmer wird nicht mehr durch Privatautonomie gewährleistet. Der Arbeitgeber ist den gleichen Schranken wie der Staat unterworfen. Des Weiteren schließt Art. 1 III GG die unmittelbare Drittwirkung aus. Danach werden ausschließlich Gesetzgebung, vollziehende Gewalt sowie Rechtsprechung durch die Grundrechte unmittelbar gebunden.

In dieser Rechtsprechung[77] hat das BVerfG weiterhin darauf hingewiesen, dass die Grundrechte ausschließlich gegen den Staat gerichtet sind. Die Auffassung, dass die Grundrechte oder jedenfalls die wichtigsten unter ihnen auch im Privatrechtsverkehr gegen jedermann gälten, wird nicht vom BVerfG geteilt. Im bürgerlichen Recht entfaltet sich der Rechtsgehalt der Grundrechte mittelbar durch die privatrechtlichen Vorschriften. Der Rechtsgehalt der Grundrechte ergreift

76 BAG v. 27.02.1985 – GS 1/84, NZA 1985, 702(703); BAG v. 27.05.1986 – 1 ABR 48/84, NJW 1987, 674(676).

77 BVerfG v. 15.01.1958 – 1 BvR 400/51, GRUR 1958, 254(255).

vor allem Bestimmungen zwingenden Charakters und wird von Richtern durch die Generalklauseln realisiert. Mithin verweist die Generalklausel im Zivilrecht bezüglich des Arbeitsverhältnisses beispielhaft auf §§ 138, 242, 826, 305 ff. BGB.

Im Beschluss vom. 23.10.2006 – 1 BvR 2027/02 hat das BVerfG die Meinung zur Drittwirkung des Grundrechts, die das BVerfG in der frühen Zeit geäußert hatte, nur teilweise angenommen. Es ist nicht dagegen, dass die Grundrechte im Privatrechtsverkehr ihre Wirkkraft als verfassungsrechtliche Wertentscheidungen durch das Medium der Vorschriften entfalten, die das jeweilige Rechtsgebiet unmittelbar beherrschen.[78] Danach gewährleistet das Grundrecht (das allgemeine Persönlichkeitsrecht), dass in der Rechtsordnung die Bedingungen geschaffen und erhalten werden, unter denen der Einzelne selbstbestimmt an Kommunikationsprozessen teilnehmen und so seine Persönlichkeit entfalten kann. Dazu muss dem Einzelnen ein informationeller Selbstschutz auch tatsächlich möglich und zumutbar sein. Soweit das nicht der Fall ist, besteht eine staatliche Verantwortung, die Voraussetzungen selbstbestimmter Kommunikationsteilhabe zu gewährleisten. Die aus dem allgemeinen Persönlichkeitsrecht folgende Schutzpflicht gebietet den zuständigen staatlichen Stellen vielmehr, die rechtlichen Voraussetzungen eines wirkungsvollen informationellen Selbstschutzes bereitzustellen.[79]

Das BVerfG ist aber über dies hinausgegangen. Es ist zu der neuen Auffassung gelangt, dass das Grundrecht auf die Wahrung der Grundrechtspositionen beider Vertragspartner hinzuwirken ist, um zu verhindern, dass sich für einen Vertragsteil das Grundrecht (die Selbstbestimmung) in eine Fremdbestimmung verkehrt, sofern in einem Vertragsverhältnis ein Partner ein solches Gewicht hat, dass er den Vertragsinhalt faktisch einseitig bestimmen kann.[80]

In der Begründung geht das BVerfG davon aus, dass es dem Einzelnen frei steht, Daten anderen gegenüber zu offenbaren. Als freiwillige Preisgabe persönlicher Informationen ist es grundsätzlich anzusehen, wenn jemand eine vertragliche Verpflichtung oder Obliegenheit eingeht, solche Informationen seinem Vertragspartner mitzuteilen oder Dritte zu derartigen Mitteilung zu ermächtigen. Der Vertrag ist das maßgebliche Instrument zur Verwirklichung freien und eigenverantwortlichen Handelns in Beziehung zu anderen. Der Wille der Vertragsparteien lässt in der Regel auf einen sachgerechten Interessenausgleich schließen, den der Staat grundsätzlich zu respektieren hat.[81] Jedoch ist es nicht

78 BVerfG v.23.10.2006 – 1 BvR 2027/02, Rn. 25.
79 BVerfG v.23.10.2006 – 1 BvR 2027/02, Rn. 29.
80 BVerfG v.23.10.2006 – 1 BvR 2027/02, Rn. 31.
81 BVerfG v.23.10.2006 – 1 BvR 2027/02, Rn. 30.

der Fall, wenn eine Vertragspartei den Vertragsinhalt faktisch einseitig bestimmen kann.[82]

Eine solche einseitige Bestimmungsmacht eines Vertragspartners kann sich daraus ergeben, dass die von dem überlegenen Vertragspartner angebotene Leistung für den anderen Partner zur Sicherung seiner persönlichen Lebensverhältnisse von so erheblicher Bedeutung ist, dass die denkbare Alternative, zur Vermeidung einer zu weitgehenden Preisgabe persönlicher Informationen von einem Vertragsschluss ganz abzusehen, für ihn unzumutbar ist. Soweit in einem solchen Fall die Vertragsbedingungen in dem Punkt, der für die Gewährleistung informationellen Selbstschutzes von Bedeutung ist, zugleich praktisch nicht verhandelbar sind, so verlangt die aus dem allgemeinen Persönlichkeitsrecht folgende Schutzpflicht eine gerichtliche Überprüfung, in der die gegenläufigen Belange im Rahmen einer umfassenden Abwägung einander gegenüberzustellen sind.[83]

3. *Drittwirkung des Grundrechts bei der Videoüberwachung von Arbeitnehmern*

Im Umgang mit der Videoüberwachung von Arbeitnehmern richtet man sich zunächst nicht unmittelbar nach den verfassungsrechtlichen Vorgaben. Der Wertegehalt der Grundrechte wird in einfachgesetzlichen Bestimmungen sichergestellt. Damit wird der Grundrechtsschutz des Arbeitnehmers im Arbeitsverhältnis bei lediglich mittelbarer Drittwirkung der Grundrechte ausreichend gewährleistet. Auf diese Weise ist der Staat seiner Schutzpflicht wirksam nachgekommen. Durch die Generalklausel des § 242 BGB, die eine beidseitige Treue- und Fürsorgepflicht der Arbeitsvertragsparteien normiert, werden die Grundrechte des Arbeitnehmers (Art. 1 I GG i.V.m. Art. 2 I GG) im Rahmen des Arbeitsverhältnisses ausreichend berücksichtigt. § 75 II BetrVG sieht vor, dass die Betriebsparteien die freie Entfaltung der Persönlichkeit der im Betrieb beschäftigten Arbeitnehmer schützen und fördern. Der Betriebsrat ist über § 87 I Nr. 6 BetrVG berechtigt, Einführung und Anwendung von technischen Einrichtungen (beispielhaft Videoüberwachung) mitzubestimmen, soweit eine gesetzliche oder tarifliche Regelung nicht besteht. Aber für dieses Zustimmungsrecht des Betriebsrats gibt es die Voraussetzung, dass die Einführung und Anwendung von technischen Einrichtungen gestattet ist, das Verhalten oder die Leistung der Arbeitnehmer zu überwachen oder Schlüsse auf das Verhalten oder die Leistung der Arbeitnehmer zuzulassen. Des Weiteren kann der Arbeitnehmer bei einem

82 BVerfG v.23.10.2006 – 1 BvR 2027/02, Rn. 31.
83 BVerfG v.23.10.2006 – 1 BvR 2027/02, Rn. 32.

rechtswidrigen Eingriff des Arbeitgebers in sein Persönlichkeitsrecht den deliktischen Anspruch aus § 823 I BGB haben.

Im Beschluss vom 29.06.2004 – 1 ABR 21/03 hat das BAG jedoch ausgesagt, dass ein Eingriff in das Grundrecht durch schutzwürdige Belange anderer Grundrechtsträger gerechtfertigt sein muss, sofern er nicht durch eine ausdrückliche gesetzliche Regelung gestattet ist. Bei einer Kollision des allgemeinen Persönlichkeitsrechts mit den schutzwürdigen Interessen des Arbeitgebers ist eine Güterabwägung unter Berücksichtigung der Umstände des Einzelfalls erforderlich. Das zulässige Maß einer Beschränkung des allgemeinen Persönlichkeitsrechts wird nach dem Grundsatz der Verhältnismäßigkeit bestimmt.[84] Daraus kann entnommen werden, dass das Grundrecht auf die Wahrung der Grundrechtspositionen beider Vertragspartner unmittelbar hinwirkt. Damit wird verhindert, dass sich für einen Vertragsteil das Grundrecht in eine Fremdbestimmung verkehrt, sofern in einem Vertragsverhältnis ein Partner ein solches Gewicht hat, dass er den Vertragsinhalt faktisch einseitig bestimmen kann.

In der Literatur ist dies aber umstritten. Richardi äußert die Befürchtung, dass dadurch die Verwirklichung von Grundrechten auf die Ausübung gerichtlicher Gestattungen hinauslaufe.[85] Die Gerichte müssen im Einzelfall Augenmaß beweisen und dürfen sich dabei nicht in Quisquilien verlieren. Die Herausforderung besteht darin, Datenschutz und berechtigte Arbeitgeberinteressen praktisch handhabbar miteinander in Einklang zu bringen. Solange der Gesetzgeber hier nicht tätig wird, führt in der Praxis aber kein Weg an „gerichtlichen Gestattungen" vorbei. Case Law mag sogar geeigneter im Vergleich zu einer generell-abstrakten Regelung sein, um das stark einzelfallabhängige Datenschutzrecht zu systematisieren.

---

84 BAG v. 29.06.2004 – 1 ABR 21/03, Rn. 17.

85 Richardi, Reinhard/Kortstock, Ulf: RdA 2005, 381(382).

Kapitel 3. Videoüberwachung von Arbeitnehmern in Deutschland

A. Videoüberwachung von Arbeitnehmern am öffentlich zugänglichen Arbeitsplatz

Im 1. Kapitel werden acht Fälle besprochen, die zeigen, dass zum einen die Videoüberwachung von Arbeitnehmern sowohl im öffentlich zugänglichen Raum als auch im nicht öffentlich zugänglichen Raum stattfinden kann, und zum anderen der Arbeitgeber die Videokamera entweder heimlich oder/ und offen anbringen kann.

In der Literatur werden folgende Sachverhalte diskutiert: folgt, offene oder verdeckte Videoüberwachung von Arbeitnehmern in öffentlich zugänglichen Räumen; offene oder verdeckte Videoüberwachung von Arbeitnehmern in nicht öffentlich zugänglichen Räumen.

Im 1. Kapitel wurde gezeigt, dass der Arbeitgeber einerseits eine offene Videoüberwachung von Arbeitnehmern in öffentlich zugänglichen Räumen durchführte, die den Arbeitsplatz des Arbeitnehmers darstellten. Anderseits brachte er dort auch Videokameras heimlich an, um ihn an diesem Arbeitsplatz, der sich im öffentlich zugänglichen Raum befand, kontrollieren zu können.

I. Offene Videoüberwachung von Arbeitnehmern in öffentlich zugänglichen Räumen

1. In der Praxis

Durch die Kostenbegünstigung der Videoüberwachungstechnik, ihre einfache Integration in vorhandene PCs und durch das Schwinden bürgerlich-respektvoller Umgangsformen findet man Videoüberwachung heute in nahezu jedem Supermarkt, in Einkaufspassagen, Parkhäusern und Hotels, an Tankstellen und in Banken, in der Gastronomie und sogar im Nachbarschaftsverhältnis. Auch am Arbeitsplatz ist die Videoüberwachung heute Teil umfassender Überwachungskonzepte von Arbeitgebern.[86] Die Einsatzzwecke sind somit vielfältig: Beispiele sind etwa die Prävention von Straftaten durch Nutzung der abschreckenden Wirkung von ostentativer Beobachtung, die Beweissicherung zu deren privat- und strafrechtlicher Verfolgung etc. Belastbare empirische Aussagen, die den

86 Scholz, Philip: in Simitis, Spiros/Dammann, Ulrich/Arendt, Anne: BDSG § 6b Rn. 9.

Beitrag der Videoüberwachung zum Erfolg dieser Zwecksetzungen dokumentieren, finden sich kaum.[87]

2. § 6b I BDSG

Wie von der Konferenz der Datenschutzbeauftragten wiederholt gefordert[88], nahm das BDSG 2001[89] eine Regelung zur Videoüberwachung des öffentlich zugänglichen Raums (§6b BDSG) auf. Damit sollte, angesichts der mehr und mehr Verbreitung findenden Videoüberwachung[90] der befürchteten Entwicklung zu einer „Überwachungsinfrastruktur" mit dem Ziel einer insgesamt „restriktiveren Verwendungspraxis"[91] entgegengewirkt werden.[92]

Hierbei stellt sich die Frage, ob § 6b BDSG auf offene Videoüberwachung von Arbeitnehmern in öffentlich zugänglichen Räumen Anwendung findet. Diese Frage kann auch so umformuliert werden: Darf die Rechtmäßigkeit solcher sichtbaren Videoüberwachungen nach § 6b BDSG überprüft werden, wenn Arbeitnehmer von Arbeitgebern mit explizit sichtbaren Videokameras an ihrem Arbeitsplatz im öffentlich zugänglichen Raum überwacht werden?

a) Persönliche Anwendungsbereich des § 6b BDSG

Adressaten der Regelung sind öffentliche Stellen des Bundes (§ 1 Abs. 2 Nr. 1) und nicht-öffentliche Stellen (§ 1 Abs. 2 Nr. 3 BDSG), d.h. private juristische oder natürliche Personen. § 6b BDSG unterliegt auch der Ausnahmeregelung des § 1 Abs. 2 Nr. 3 BDSG, d.h. § 6b BDSG greift dann nicht, wenn die Überwachung ausschließlich für persönliche oder familiäre Tätigkeiten – in Abgrenzung zu beruflich/gewerblichen Tätigkeiten gilt.[93]

---

87 Scholz, Philip: in Simitis, Spiros/Dammann, Ulrich/Arendt, Anne: BDSG § 6b Rn. 10 m.w.N.

88 Vgl. Reimer, Helmut: DuD 1997, 733; Reimer, Helmut: DuD 2000, 304; Reimer, Helmut: DuD 2000, 683.

89 BT-Drs. 14/4329, 30.

90 Gola, Peter/Klug, Christoph/Körffer, Barbara/Schomerus, Rudolf: BDSG § 6b Rn. 1; Der Landersbeauftragte für den Datenschutz und die Informationsfreiheit Rheinland-Pfalz (LfD RLP) http://www.datenschutz.rlp.de/de/presseartikel.php?pm=pm2009071501.

91 Vgl. Däubler, Wolfgang/Klebe, Thomas/Wedde, Peter/Weichert, Thilo: BDSG § 6b Rn. 1; Scholz, Philip: in Simitis, Spiros/Dammann, Ulrich/Arendt, Anne: BDSG § 6b Rn. 2.

92 Scholz, Philip: in Simitis, Spiros/Dammann, Ulrich/Arendt, Anne: BDSG § 6b Rn. 4.

93 Bizer, Johann: in Simitis, Spiros/Bizer, Johann: BDSG § 6b Rn. 30; a.A vgl. Bizer, Johann: in Simitis, Spiros/Bizer, Johann: BDSG § 6b Rn. 34 m.w.N, der § 6b BDSG bejaht, wenn der private Wirkungskreis zum Zwecke der Abschreckung oder der Beweissicherung

Wie in Kapitel I. B. 1. bereits erörtert, ist der Arbeitgeber zunächst derjenige bei öffentlich-rechtlichen wie auch privatrechtlichen Arbeitsverhältnissen, der die Arbeitsleistung von einem Arbeitnehmer kraft Arbeitsvertrag verlangen kann und zugleich Schuldner des Vergütungsanspruches ist. Unter dem Begriff „Arbeitnehmer“ versteht man, wer auf Grund eines privatrechtlichen Vertrages im Dienste eines anderen zur Leistung weisungsgebundener, fremdbestimmter Arbeit in persönlicher Abhängigkeit verpflichtet ist. Daher unterliegt die Videoüberwachung von Arbeitnehmern dem persönlichen Anwendungsbereich des § 6b BDSG.

b) Voraussetzungen für die Zulässigkeit der Videoüberwachung nach § 6b I BDSG

§ 6b I BDSG schreibt vor, dass die Beobachtung öffentlich zugänglicher Räume mit optisch-elektronischen Einrichtungen (Videoüberwachung) nur zulässig ist, soweit sie zur Aufgabenerfüllung öffentlicher Stellen, zur Wahrnehmung des Hausrechts oder zur Wahrnehmung berechtigter Interessen für konkret festgelegte Zwecke erforderlich ist und keine Anhaltspunkte bestehen, dass schutzwürdige Interessen der Betroffenen überwiegen.

Daraus ergibt sich, dass folgende Tatbestandsmerkmale für die Zulässigkeit solcher Videoüberwachung wichtig sind: Wenn die Videoüberwachung von Arbeitnehmern allen Tatbestandsmerkmale des § 6b I BDSG entspricht, so findet dieser Paragraph darauf Anwendung.

aa) Optisch- elektronische Einrichtungen

Was sind die optisch-elektronischen Einrichtungen im Sinne des § 6b I BDSG? Welche Videotechnik wird bei der Überwachung von Arbeitnehmern verwendet? Entspricht die Videotechnik bei der Überwachung von Arbeitnehmern der optisch-elektronischen Einrichtungen im Sinne § 6b I BDSG?

Mit dem Begriff „optisch-elektronische Einrichtungen“ wurde eine technikneutrale Formulierung gewählt, die Beobachtungsgeräte jeder Art erfasst[94], also auch Web- oder Handycams[95], Fotoapparate mit Videofunktion und Türklingel-

---

überschritten wird; wiederum anders Gola, Peter/Klug, Christoph/Körffer, Barbara/ Schomerus,Rudolf: BDSG § 6b Rn. 7a, der dem Wortlaut des § 1 Abs. 2 Nr. 3 BDSG entgegen auf den verfolgten Zweck abstellt; a.A ohne überzeugende Gründe Duhr, Elisabeth/Naujok, Helga/Peter, Martina/Seiffert, Evelyn: DuD 2002, 5(27).

94 Scholz, Philip: in Simitis, Spiros/Dammann, Ulrich/Arendt, Anne: BDSG § 6b Rn. 36; Duhr, Elisabeth/Naujok, Helga/Peter, Martina/Seiffert, Evelyn: DuD 2002, 5(27).

95 Däubler, Wolfgang/Klebe, Thomas/Wedde, Peter/Weichert, Thilo: BDSG § 6b Rn. 16.

Videosysteme[96]. Optisch-elektronische Verfahren wandeln Licht in elektrische Signale um. Daher unterfallen § 6b BDSG nicht Ferngläser[97] und optische Restlichtverstärker, wohl aber Nachtsichtgeräte und elektronische Restlichtverstärker. Die Technik der elektrischen Signalverarbeitung ist dabei nicht maßgeblich, erfasst wird analoge wie digitale Kameratechnik.[98]

Reine Kamera-Monitor-Systeme (Beobachtung mittels Bildübertragung) fallen zwar aus dem Anwendungsbereich der EG-Datenschutz-Richtlinie heraus,[99] reines Monitoring unterfällt gleichwohl § 6b BDSG. Das BDSG kann – jedenfalls innerstaatlich rechtswirksam – über die Richtlinie hinausgehen.

Welche Videotechnik ist bei der Überwachung von Arbeitnehmern eingesetzt?

Literatur und Rechtsprechung haben sich bereits mit den unterschiedlichen Arten und Formen der Videoüberwachung auseinandergesetzt. Hier wird über die Frage allerdings nicht intensiv diskutiert.[100]

Daraus folgt, dass die Videotechnik bei der Überwachung von Arbeitnehmern der optisch-elektronischen Einrichtungen im Sinne § 6b I BDSG entspricht.

Des Weiteren kommt noch eine andere Frage in Betracht. Es wird in Frage gestellt, ob diese Vorschrift zur Anwendung kommt, wenn bloße Kameraattrappen aufgestellt werden.

Der Zweck bei einer Attrappe besteht darin, eine funktionsfähige Videoüberwachung vorzuspielen und auf diese Weise einen Abschreckungseffektzu zu bewirken, der Betroffene zu regelkonformem Verhalten veranlassen soll.

In der Literatur ist es strittig, ob Kameraattrappen § 6b BDSG untergeordnet sind. Nach einer Sicht müssen für die Installationen von Kameraattrappen die gleichen Maßstäbe gelten wie für aktive Kameras. Eine analoge Anwendung des § 6b BDSG kommt bei einer Kameraattrappe in Betracht. Obwohl die Installation von Kameraattrappen keine Datenverarbeitung bewirke und damit von den Normen des BDSG nicht tangiert werde, handle es sich um einen Eingriff in das informationelle Selbstbestimmungsrecht der vermeintlich Beobachteten, weil der Betroffene bei einer Attrappe davon ausgehen muss, dass es sich um eine funktionsfähige Anlage handelt. Bei der Kenntlichmachung des § 6b II BDSG

---

96 Däubler, Wolfgang/Klebe, Thomas/Wedde, Peter/Weichert, Thilo: BDSG § 6b Rn. 27.

97 Scholz, Philip: in Simitis, Spiros/Dammann, Ulrich/Arendt, Anne: BDSG § 6b Rn. Fn. 89.

98 Scholz, Philip: in Simitis, Spiros/Dammann, Ulrich/Arendt, Anne: BDSG § 6b Rn. 40.

99 Scholz, Philip: in Simitis, Spiros/Dammann, Ulrich/Arendt, Anne: BDSG § 6b Rn. 19.

100 Ausführliche Zusammenfassung in Byers, Philipp: Die Videoüberwachung am Arbeitsplatz S. 15ff.

handle es sich nicht um einen Hinweis auf eine Attrappe, sondern um eine die Vortäuschung der Überwachung verstärkende Fehlinformation. Die Aufsichtsbehörden bejahen diese Hinweispflicht, die zudem im Interesse einer effektiven Abschreckung liege.[101]

Nach der Gegenmeinung komme § 6b BDSG nicht zur Anwendung, wenn bloße Kameraattrappen aufgestellt werden. Attrappen basieren weder auf einem optisch-elektronischen Verfahren noch sind sie dafür geeignet, Beobachtungen durchzuführen.Da von Kameraattrappen derselbe Anpassungs- und Überwachungsdruck wie von funktionstüchtigen Kameras ausgehen könne und damit unter Umständen ein Eingriff in das allgemeine Persönlichkeitsrecht verbunden sei, könne in diesen Fällen ein zivilrechtlicher Abwehranspruch (Beseitigung, Unterlassung) aus §§ 1004, 823 I BGB gegeben sein.[102] Allein die hypothetische Möglichkeit einer Überwachung durch Videokameras beeinträchtige hingegen das allgemeine Persönlichkeitsrecht nicht.[103] Für Kameraattrappen besteht keine Pflicht zur Bekanntmachung nach § 6b II BDSG. Sie fallen nicht in den Anwendungsbereich des § 6b I BDSG, da die Tatbestandsmerkmale der Beobachtung und der optisch-elektronischen Einrichtung nicht erfüllt seien. Ein Hinweis auf den Umstand der Beobachtung mache keinen Sinn, weil eine solche gerade nicht stattfinde. Das Gesetz könne nicht dazu verpflichten, eine unwahre Behauptung aufzustellen. Es müsse daher konsequenterweise offengelegt werden, dass es sich um eine Attrappe handle. Damit werde der eigentlich erwünschte Abschreckungseffekt aber ausbleiben.[104]

bb) Öffentlich zugängliche Räume

In Bezug auf die Bestimmung öffentlich zugänglicher Räume stellen sich zwei Fragen: was öffentlich zugängliche Räume im Sinne des § 6b I BDSG sind, und ob der Arbeitsplatz in öffentlich zugänglichen Räumen zu dem Bestandteil des Begriffs „öffentlich zugänglicher Räume“ im Sinne des § 6b I BDSG gehört.

---

101 Gola, Peter/Klug, Christoph/Körffer, Barbara/Schomerus, Rudolf: BDSG § 6b Rn. 7, Däubler, Wolfgang/Klebe, Thomas/Wedde, Peter/Weichert, Thilo: BDSG § 6b Rn. 48.

102 Scholz, Philip: in Simitis, Spiros/Dammann, Ulrich/Arendt, Anne: BDSG, § 6b Rn. 41.

103 BGH v. 16.03.2010 – VI ZR 176/09, MMR 2010, 502(503); Scholz, Philip: in Simitis, Spiros/Dammann, Ulrich/Arendt, Anne: BDSG, § 6b Rn. 41.

104 Scholz, Philip: in Simitis, Spiros/Dammann, Ulrich/Arendt, Anne: BDSG, § 6b Rn. 112; vgl. Lang, Markus/Lachenmann, Matthias: NZA 2015, 591(594); Kirsch, Marcus: MMR-Aktuell 2011, 317919.

Der Gesetzgeber hat den Begriff „öffentlich zugängliche Räume" nicht definiert. In der Gesetzesbegründung[105] werden nur beispielhaft Bahnsteige, Ausstellungsräume eines Museums, Verkaufsräume und Schalterhallen als öffentlich zugänglicher Räume darunter gefasst.

Nach herrschender Meinung[106] gelten als öffentlich zugänglich solche Räume, die nach ihrem Zweck dazu dienen, von unbestimmt vielen oder nur nach allgemeinen Merkmalen bestimmten Personen betreten und genutzt zu werden. Dabei muss der Raum dem öffentlichen Verkehr gewidmet sein oder nach dem Willen des Hausrechtsinhabers von unbestimmten Personen genutzt oder betreten werden können.

Unter „öffentlich zugängliche Räume" versteht BAG[107], dass öffentlich zugänglich nur solche Räume sind, die ihrem Zweck nach dazu dienen, von unbestimmt vielen oder nur nach allgemeinen Merkmalen bestimmten Personen betreten und genutzt zu werden. Nicht öffentlich zugänglich sind Räume, die nur von einem bestimmten Personenkreis betreten werden dürfen.

Daraus ergibt es sich, dass der Definitionsversuch von öffentlich zugänglichen Räumen sowohl in Rechtsprechung und Literatur übereinstimmt.

Nach der Auffassung des BAGs sind Räume nicht öffentlich zugänglich, wenn nur eine bestimmte Personengruppe eintreten darf. Dabei sei entscheidend,[108] dass die Nichtöffentlichkeit des Raumes zu erkennen ist. Dies kann beispielsweise durch Verbotsschilder oder Eingangskontrollen deutlich gemacht werden. Durch den Kontext des Raumes, wie etwa bei einem Werksgelände, wird zwar auch ohne Zugangskontrolle oder Hinweisschilder deutlich gezeigt, dass der Hausrechtsinhaber nur Personen den Zutritt gewährt, die in einer Beziehung zu ihm stehen. Nicht öffentlich zugänglich trifft Raum vor allem auf das Firmen- oder Werksgelände, Produktionsstätten und Büros zu, die nicht für den Publikumsverkehr vorgesehen sind.

Ist der sich in öffentlich zugänglichen Räumen befindende Arbeitsplatz öffentlich zugänglich im Sinne § 6b I BDSG?

---

105 BT-Drucks. 14/4329, S. 38.

106 Byers, Philipp: die Videoüberwachung am Arbeitsplatz S. 71ff., die von verschiedenen Seiten übereinstimmte Auffassung ist schön dargestellt.

107 BAG v. 29.06.2004 – 1 ABR 21/03; BAG v. 14.12.2004 – 1 ABR 34/03. In beiden Rechtsprechungen hat BAG die Argumente dafür von Bizer, Johann: in Simitis, Spiros/Bizer, Johann: BDSG § 6b Rn. 40, 43 und Gola, Peter/Klug, Christoph/Körffer, Barbara/Schomerus, Rudolf: BDSG § 6b Rn. 8, 9 zitiert.

108 Bizer, Johann: in Simitis, Spiros/Bizer, Johann: BDSG § 6b Rn. 43; Gola, Peter/Klug, Christoph/Körffer, Barbara/Schomerus, Rudolf: BDSG § 6b Rn. 9.

Falls man darüber nicht genau nachdenkt, wird davon ausgegangen, dass beispielsweise ein Kaufhaus oder Supermarkt öffentlich zugänglich sind, da der Raum dem öffentlichen Verkehr gewidmet ist oder nach dem Willen des Hausrechtsinhabers von unbestimmten Personen genutzt oder betreten werden kann. Als Schlussfolgerung wird daraus abgeleitet, dass der Arbeitsplatz im Kaufhaus oder Supermarkt öffentlich zugänglich ist. Diese Ableitung ist aber nicht überzeugend, da sich beispielsweise der Kassenbereich als thematisierter Arbeitsplatz der Kassiererin zwar im öffentlich zugänglichen Raum befindet, aber durch seine bauliche Gestaltung so isoliert ist, dass der Kunde durch die räumliche Distanz nicht eintreten darf. Ist dieser Arbeitsplatz öffentlich zugänglich im Sinne des § 6b I BDSG? Hiermit verbunden ist die Frage, ob ein Raum in einen öffentlichen und einen nicht öffentlichen Bereich aufgeteilt werden kann.

In der Literatur wird dieser Aspekt kontrovers diskutiert. Nach einer Ansicht[109] wird eine Unterdifferenzierung des Raumes in einen öffentlich und nichtöffentlich zugänglich Teil zugelassen. Danach liege bei dem Kassenbereich kein öffentlich zugänglicher Arbeitsplatz vor, wenn dieser durch seinen Standort, seine bauliche Gestaltung oder durch die Anordnung des Mobiliars vom Rest des Raumes abgetrennt ist. Damit werde der Ausschluss des Zutritts für Unbefugte verdeutlicht. Nach einer weiteren Ansicht[110] sind unter bestimmten Umständen Arbeitsbereiche – wie beispielsweise der Kassenbereich – nicht als öffentlich zugänglicher Arbeitsplatz im Sinne des § 6b I BDSG zu werten, weil die Videokamera so positioniert und ausgerichtet ist, dass Kunden nicht in ihren Sichtbereich fallen können. Nur dann stellt sich dieser räumliche Teil als nichtöffentlich dar.

Eine solche Binnendifferenzierung wird von der Gegenansicht[111] abgelehnt. Denn, so das Argument, der eindeutige Wortlaut des § 6b I BDSG lasse eine Aufgliederung des Raumes nicht zu. Diese widerspreche darüber hinaus dem Regelungszweck des § 6b I BDSG. Denn die betreffende Kamera erfasst – soweit sie nicht „millimetergenau“ auf die an der Kasse tätigen Arbeitnehmer eingestellt ist – zwangsläufig neben dem Kassierer auch die Kunden. Die Kamera zeichnet also genau den Personenkreis auf, der sich auch im „öffentlichen Teil“ des Raumes bewegt und den § 6b I BDSG vor einer übergreifenden Videoüberwachung schützen soll.

---

109 Byers, Philipp: Die Videoüberwachung am Arbeitsplatz S. 73.

110 Byers, Philipp: Die Videoüberwachung am Arbeitsplatz S. 73.

111 Bayreuther, Frank: NZA 2005, 1038(1039); Müller, Arnold: Die Zulässigkeit der Videoüberwachung am Arbeitsplatz S. 43.

Als Ergebnis lässt sich festhalten, dass die Binnendifferenzierung des öffentlich zugänglichen Raumes bei der Anwendung des § 6b I BDSG keine Bedeutung hat. In öffentlich zugänglichen Räumen gibt es zwar unter bestimmten Umständen solche Bereiche, in denen sich der Arbeitsplatz befindet, und in die betriebsfremde Dritte nicht eintreten dürfen. Angesichts der Regierungsbegründung[112] hat jedoch der Gesetzgeber keine Absicht, Arbeitnehmer von betriebsfremden Dritten bei der Videoüberwachung in öffentlich zugänglichen Räumen zu unterscheiden. Die Videoüberwachung öffentlich zugänglicher Räume erhält durch § 6b BDSG eine gesetzliche Grundlage, die der Wahrung des informationellen Selbstbestimmungsrechts durch einen angemessenen Interessensausgleich Rechnung trägt.

Der sich in öffentlich zugänglichen Räumen befindende Arbeitsplatz ist daher öffentlich zugänglich im Sinne § 6b I BDSG.

cc) Beobachtung

Hier stellt sich die Frage, was der Tatbestand der Beobachtung im Sinne des § 6b I BDSG ist. Weiterhin wird hinterfragt, was die Videoüberwachung von Arbeitnehmern in der Praxis ist. Unterfällt die Videoüberwachung von Arbeitnehmern der Beobachtung nach § 6b I BDSG?

Wenn man die Norm „Beobachtung" i.S. der Gesetzesdefinition versteht, spricht § 6b III 1 BDSG dafür, die Beobachtung nach § 6b I BDSG als Datenerhebung zu kennzeichnen. Die Datenerhebung ist notwendigerweise für eine Verarbeitung oder Nutzung verfügbar.[113] Beispielsweise wird ein Supermarkt durch Videokameras gefilmt und die gewonnenen Bilder werden auf Bildschirme der Pförtner oder des Sicherheitsdiensts übertragen, und menschlich ausgewertet. Darüber hinaus erfasst gemäß § 3 I BDSG die Gesetzesdefinition der Datenerhebung nur personenbezogene Daten, die sich später durch menschliche Wahrnehmung verarbeiten lassen (§ 6 III 1 BDSG). Des Weiteren sind nach § 6b IV BDSG durch Videoüberwachung Betroffene identifizierbar, wobei gleichgültig ist, ob für die „verantwortliche Stelle" eine solche Identifizierbarkeit für alle Betroffenen besteht oder angestrebt ist.[114] Entscheidend ist, dass jede Videoüberwachung die Möglichkeit der Identifizierung bietet. Im Arbeitsalltag filmt der Arbeitgeber mithilfe von Videokameras das Verhalten und die Arbeitsleistung

112 BT-Drucks. 14/4329, S. 38.

113 Gola, Peter/Klug, Christoph/Körffer, Barbara/Schomerus, Rudolf: BDSG § 6b Rn. 10.

114 Gola, Peter/Klug, Christoph/Körffer, Barbara/Schomerus, Rudolf: BDSG § 6b Rn. 11; Däubler, Wolfgang/Klebe, Thomas/Wedde, Peter/Weichert, Thili: BDSG § 6b Rn. 4.

der Arbeitnehmer. Ihre durch Videotechnik gespeicherten personenbezogenen Daten werden vom Arbeitgeber bearbeitet, ausgewertet und zu verschiedenen Zwecken benutzt.[115]

Daher lässt sich die Videoüberwachung von Arbeitnehmern § 6b I BDSG unterordnen.

c) Zwecke der Beobachtung im Sinne § 6b I BDSG

Hier sind zwei Fragen beachtlich, was die Zwecke der Beobachtung nach § 6b I BDSG sind, ob die Zwecke des § 6b I BDSG denen der Videoüberwachung von Arbeitnehmern durch den Arbeitgeber entsprechen.

Eine abschließende Aufzählung von Zwecken, die eine Beobachtung erlauben, ist in § 6b I BDSG festgehalten. Die Beobachtung muss zur Aufgabenerfüllung öffentlicher Stellen, zur Wahrnehmung des Hausrechts oder zur Erfüllung berechtigter Interessen konkret festgelegten Zwecken dienen. Außerdem setzt die Zulässigkeit einer Beobachtung weiterhin immer voraus, dass sie erforderlich ist und dass eine Interessenabwägung erfolgt.

aa) Aufgabenerfüllung öffentlicher Stellen

Die Aufgabenerfüllung zielt auf Tätigkeiten der öffentlichen Verwaltung ab. Art und Umfang der angesprochenen Aufgaben leiten sich aus der Verfassung, aus Gesetzen, Verordnungen und Rechtsvorschriften ab.[116] Die Zulässigkeit der Videoüberwachung wird damit durch die gesetzlich normierte Aufgabenerfüllung öffentlicher Stellen normiert und begrenzt.[117] Da der Arbeitgeber nicht zu diesen öffentlichen Stellen zählt, hat § 6b I Nr. 1 BDSG nichts mit der Videoüberwachung von Arbeitnehmern zu tun.

bb) Wahrnehmung des Hausrechts

Die Wahrnehmung des Hausrechts kommt für öffentliche wie für nicht öffentliche Stellen gleichermaßen zur Anwendung. Der Inhaber des Hausrechts ist berechtigt, die zum Schutz des Objekts und der sich darin aufhaltenden Personen sowie die zur Abwehr unbefugten Betretens erforderlichen Maßnahmen zu ergreifen. Der Begriff des Hausrechts wird von Rechtsprechung und Literatur

---

115 Vgl. im ersten Kapitel angeführten Fällen.

116 Gola, Peter/Klug, Christoph/Körffer, Barbara/Schomerus, Rudolf: BDSG § 6b Rn. 15; Däubler, Wolfgang/Klebe, Thomas/Wedde, Peter/Weichert, Thilo: BDSG § 6b Rn. 30.

117 Bizer, Johann: in Simitis, Spiros/Bizer, Johann: BDSG § 6b Rn. 46; Däubler, Wolfgang/Klebe, Thomas/Wedde, Peter/Weichert, Thilo: BDSG § 6b Rn. 30.

überwiegend in einem umfassenden Sinne verstanden.[118] Für öffentliche Stellen ist das Hausrecht durch Verwaltungsvorschriften des öffentlichen Rechts geregelt, wie etwa § 89 VwVfG zum Recht der Sitzungsleitung im Verwaltungsverfahren; für nicht-öffentliche Stellen leitet sich das Hausrecht insbesondere aus zivilrechtliche Abwehransprüche der Besitzer oder Eigentümer ab.[119] Die Beobachtung zur Wahrnehmung des Hausrechts kann sowohl präventiven Zwecken (insbesondere Vermeidung von Diebstählen, Sachbeschädigungen oder Störungen) dienen, aber auch als repressives Mittel zur Verfolgung von Tätern eingesetzt werden.[120]

Nach einer Ansicht[121] kann sich der Arbeitgeber unproblematisch gegenüber betriebsfremden Personen auf sein Hausrecht berufen. Der Hausrechtsinhaber kann die Videoüberwachung regelmäßig nach § 6b I Nr. 2 BDSG zulässig einsetzen, wenn er dadurch den Zutritt oder den Verbleib Unbefugter in seinem Betriebsbereich verhindern möchte. In solchen Konstellationen geht es dem Arbeitgeber nicht primär um die Überwachung der Belegschaft, sondern vor allem um die des Betriebs. Die Überwachung erfolgt hauptsächlich zur Prävention und Abschreckung. In bestimmten Fällen kann die Videoüberwachung nach § 6b I Nr. 2 BDSG zu repressiven Zwecken eingesetzt werden, damit der Arbeitgeber die Verfolgung von Straftaten durch Betriebsfremde bezweckt und Beweismittel sichert.

Aber es ist fraglich, ob sich der Arbeitgeber auf sein Hausrecht gegenüber seinen eigenen Arbeitnehmern berufen kann. BAG hat das Hausrecht des Arbeitgebers gegenüber seinen eigenen Arbeitnehmern verneint. Die Auffassung[122] des BAG ist folgende: Der Arbeitnehmer hat die vertragliche Pflicht, sich an dem vom Arbeitgeber bestimmten Ort aufzuhalten, um dort seine geschuldete Arbeitsleistung zu erbringen. Es besteht für ihn nicht die Möglichkeit, sich der Überwachung durch Verlassen der überwachten Räumlichkeiten zu entziehen. Andererseits ist aber auch der Arbeitgeber verpflichtet, den Arbeitnehmer vertragsgemäß zu beschäftigen. Sein Hausrecht – im Sinne der freien Verfügungsmöglichkeit über die von ihm besessenen Räumlichkeiten – unterliegt insoweit

118 Scholz, Philip: in Simitis, Spiros/Dammann, Ulrich/Arendt, Anne: BDSG § 6b Rn. 73.

119 Ziegler, Jochen: DuD 2003, 337(338); Bizer, Johann: in Simitis, Spiros/Bizer, Johann: BDSG § 6b Rn. 48f.; Däubler, Wolfgang/Klebe, Thomas/Wedde, Peter/Weichert, Thilo: BDSG § 6b Rn. 32.

120 Bizer, Johann: in Simitis, Spiros/Bizer, Johann: BDSG § 6b Rn. 50; Däubler, Wolfgang/Klebe, Thomas/Wedde, Peter/Weichert, Thilo: BDSG § 6b Rn. 33.

121 Byers, Philipp: Die Videoüberwachung am Arbeitsplatz S. 83ff.

122 BAG v. 29.06.2004 – 1 ABR 21/03.

Einschränkungen. Er muss im Rahmen des Arbeitsverhältnisses das Persönlichkeitsrecht der Arbeitnehmer beachten und kann – solange sich Arbeitnehmer zur Erbringung ihrer Arbeitsleistung in den Betriebsräumen aufhalten – die Videoüberwachung nicht allein damit rechtfertigen. Ein Grund hierfür ist, dass es sich um die Räumlichkeiten des Arbeitnehmers handelt.

Wie oben erläutert, kann sich der Arbeitgeber auf sein Hausrecht zwar nicht gegenüber seinen eigenen Arbeitnehmern, jedoch gegenüber betriebsfremden Personen berufen. Hierbei stellt sich die Frage,was die Arbeitnehmer dagegen tun können, wenn ihr Arbeitgeber aufgrund des Hausrechts in seinem Betrieb, der sich im öffentlich zugänglichen Raum befindet, eine sichtbare Videoüberwachung gegenüber den Betriebsfremden führt, aber zugleich die am Arbeitsplatz befindliche Arbeitnehmer überwacht. Beispielsweise hat der Arbeitgeber des Supermarkts „REWE" in einer Filiale in Passau Videokameras installiert, um das Hausrecht gegenüber Betriebsfremden zu gewährleisten, aber die Arbeitnehmer, die im Kassenbereich arbeiten, werden ebenso durch die Videokameras mitgefilmt, da sie vertragsgemäß den Arbeitsplatz nicht verlassen können. Sollen die Arbeitnehmer bei REWE eine Videoüberwachung als arbeitsplatzimmanent ansehen? In der Literatur ist eine Position[123] vertretbar. Danach kann die Belegschaft eine Überwachung im öffentlich zugänglichen Raum als arbeitsplatzimmanent annehmen, wenn der Arbeitgeber sie Dritten gegenüber nach § 6b BDSG vornehmen darf. Allerdings sind die Persönlichkeitsrechte der automatisch mit überwachten Arbeitnehmern in die nach § 6b BDSG erforderliche Interessenabwägung voll einzubringen.

Weiterhin stellt sich hier die Frage, wer mit wem bei einer solchen Videoüberwachung die erforderliche Interessenabwägung durchführt. Führt der einzelne Arbeitnehmer mit seinem Arbeitgeber eine Interessenabwägung durch? Oder entwirft die Belegschaft im Betrieb gemeinsam mit dem Arbeitgeber diese Interessenabwägung? Diese Frage wird im Kapitel III. D. diskutiert.

cc) Wahrnehmung berechtigter Interessen

Hiermit sind zwei Fragen verbunden: was berechtigte Interessen im Sinne des § 6b I Nr. 3 BDSG sind, und ob § 6b I Nr. 3 BDSG den Interessen des Arbeitgebers bei der offenen Videoüberwachung von Arbeitnehmern zugeordnet werden kann.

123 Bayreuther, Frank: NZA 2005, 1038(1039).

(1) Berechtigte Interessen im Sinne des § 6b I Nr. 3 BDSG

Die Wahrnehmung berechtigter Interessen für konkret festgelegte Zwecke gilt ausschließlich für nicht-öffentliche Stellen.[124] Nach der Gesetzbegründung gilt folgendes: Der Begriff „Wahrnehmung berechtigter Interessen" ist § 28 Abs. 1 Satz 1 Nr. 2 BDSG entlehnt, der als Ausnahmetatbestand eng auszulegen ist. Der Gegenstand eines berechtigten Interesses der verantwortlichen Stelle bestimmt sich nicht allein nach deren subjektivem Interesse, z. B. durch die Definition eines Geschäftszwecks, sondern muss objektiv begründbar sein.[125]

Als berechtigtes Interesse gilt nicht nur ein rechtliches, sondern bereits jedes tatsächliche Interesse, das wirtschaftlicher oder ideeller Art sein kann.[126] Voraussetzung ist, dass das berechtigte Interesse sich objektiv aus der konkreten Sachlage ergeben muss.[127] Bei einem Einsatz von Videotechnik ist regelmäßig von dem Interessenschutz zum Zweck der Gefahrenabwehr auszugehen, wie etwa für die Verhütung von Vandalismusschäden in öffentlichen Verkehrsmitteln auf Bahnhöfen oder in Kleingartenanlagen sowie von Vermögensdelikten in Kaufhäusern.[128] Diese Videoüberwachung dient dem Präventionsschutz von Interessen der verantwortlichen Stellen. Durch den Überwachungseinsatz wird z.B. die Verhinderung von Diebstählen in einem Kaufhaus bezweckt. Allerdings können die Kameras repressiv eingesetzt werden, wenn beispielsweise eine bereits begangene Straftat aufgedeckt werden soll und dabei Beweismittel zu sichern sind.[129]

Weiterhin müssen die Zwecke im Voraus konkret festgelegt werden[130], d. h. es muss eine präzise Benennung der jeweiligen Zweckbestimmung erfolgen.[131]

(2) Interesse des Arbeitgebers bei der offenen Videoüberwachung von Arbeitnehmern

Das Interesse der Arbeitgeber an einer sichtbaren Videoüberwachung von Arbeitnehmern begründet sich dadurch, diese hauptsächlich präventiv zum Schutz

124 BT-Dr. 14/5793, S. 61.
125 BT-Dr. 14/5793, S. 61.
126 Scholz, Philip: in Simitis, Spiros/Dammann, Ulrich/Arendt, Anne: BDSG § 6b Rn. 78.
127 Vgl. BT-Dr. 14/5793, S. 61; Scholz, Philip: in Simitis, Spiros/Dammann, Ulrich/Arendt, Anne: BDSG § 6b Rn. 78.
128 Scholz, Philip: in Simitis, Spiros/Dammann, Ulrich/Arendt, Anne: BDSG § 6b Rn. 79.
129 Byers, Philipp: Die Videoüberwachung am Arbeitsplatz S. 86.
130 Däubler, Wolfgang/Klebe, Thomas/Wedde, Peter/Weichert, Thilo: BDSG § 6b Rn. 37.
131 Scholz, Philip: in Simitis, Spiros/Dammann, Ulrich/Arendt, Anne: BDSG § 6b Rn. 82.

vor Diebstählen und anderen Straftaten durch die eigenen Mitarbeiter sowie repressiv zur Aufklärung bereits begangener Straftaten nutzen zu können.[132]

(3) Zwischenergebnis

Daraus ergibt sich, dass das Interesse des Arbeitgebers an der offenen Videoüberwachung von Arbeitnehmern zu den berechtigten Interessen im Sinne § 6b I Nr. 3 BDSG gehört, womit präventiv berechtigte Interessen zum Schutz vor Diebstählen und anderen Straftaten durch die eigenen Mitarbeiter sowie repressiv berechtigte Interessen zur Aufklärung bereits begangener Straftaten durch die eigenen Mitarbeiter bezeichnet sind.

Weiterhin wird der Zweck der offenen Videoüberwachung im Voraus von den Arbeitnehmern festgelegt. Der Arbeitgeber darf nicht ohne Weiteres ankündigen, dass er zum Schutz seiner berechtigten Interessen bei dem Arbeitnehmer eine offene Videoüberwachung durchführt. Vielmehr muss er präzise ausführen, welche Interessen er schützen möchte oder muss, mit anderen Worten, was er genau will, indem er eine offene Videoüberwachung gegenüber dem Arbeitnehmer einsetzt.

Im Ergebnis ist eine Dokumentation der Festlegung der Zweckbestimmung vor Beginn einer Videoüberwachung erforderlich. Es soll bereits im Vorfeld der Überwachungsmaßnahme sichergestellt werden, dass die Videoüberwachung ausschließlich zur Wahrung der berechtigten Arbeitgeberinteressen für einen eingegrenzten Zweck erfolgt. Dadurch soll verhindert werden, dass eine Überwachungsmaßnahme zunächst ohne Beachtung der strengen Rechtfertigungskriterien des § 6b I Nr. 3 BDSG durchgeführt wird, sich der konkrete Zweck womöglich erst durch die Überwachung selbst herausstellt und im Nachhinein als solcher festgelegt wird. Die vorherige Festlegung des konkreten Zwecks dient dem effektiven Persönlichkeitsrechtsschutz und soll einer möglichen Missbrauchsgefahr wirkungsvoll entgegentreten.[133]

d) Erforderlichkeit und Interessenabwägung

Die Videoüberwachung in öffentlich zugänglichen Räumen ist nur zulässig, wenn sie für die in § 6b I Nr.1 bis 3 BDSG genannten Zwecke erforderlich ist und keine Anhaltspunkte dafür bestehen, dass schutzwürdige Interessen des Betroffenen überwiegen. Was meint der Gesetzgeber hier mit „Erforderlichkeit" und „Interessenabwägung" i.S. des § 6b I BDSG? Wie oben gesehen, Berechtigte

132 Byers, Philipp: Die Videoüberwachung am Arbeitsplatz S. 97.
133 Byers, Philipp: Die Videoüberwachung am Arbeitsplatz S. 88.

konkreten Interessen des Arbeitgebers lassen sich durch die offene Videoüberwachung gegenüber dem Arbeitnehmer wahrnehmen, wenn berechtigte konkrete Interessen des Arbeitgebers von seinem Mitarbeiter geschädigt wurde oder werden. Hier stellt sich allerdings die Frage, ob es sachgerecht und zulässig ist, dass der Arbeitgeber ohne Beschränkung eine offene Videoüberwachung gegenüber dem Arbeitnehmer durchführt?

aa) Erforderlichkeit und Interessenabwägung im Sinne des § 6b I BDSG

Die Videoüberwachung muss zur Erreichung des genannten Zwecks erforderlich sein. Die Erforderlichkeit setzt voraus, dass die Maßnahme geeignet ist, das Überwachungsziel tatsächlich zu erreichen, und dass dafür kein anderes, gleich wirksames, aber mit Blick auf die informationelle Selbstbestimmung der betroffenen Personen[134] weniger in seinen Rechten beeinträchtigende Mittel zu Verfügung steht.[135]

Gegenstand der Erforderlichkeit ist nicht nur, ob die Videoüberwachung den genannten Zweck verfolgt, sondern auch wie die Videotechnik eingesetzt wird. Hierbei sind insbesondere der zeitliche und räumliche Umfang sowie die organisatorische Ausgestaltung und technische Konfiguration zu berücksichtigen.[136] Auswahl und Gestaltung der Überwachungseinrichtungen sind dabei an dem Gebot der Datenvermeidung und Datensparsamkeit nach § 3a BDSG auszurichten.[137]

Nach § 6b I BDSG ist die Videoüberwachung öffentlich zugänglicher Räume mit Videokameras nur zulässig, wenn keine Anhaltspunkte bestehen, dass das Recht auf informationelle Selbstbestimmung der Personen überwiegt, die als Beobachtungsobjekt von der Videoüberwachung betroffen sind.[138] Diese Abwägung ist auf das verfassungsrechtliche Gebot der Verhältnismäßigkeit im engeren Sinne zurückzuführen,[139] nämlich dass die Intensität der aus der Überwachungsmaßnahme folgenden Grundrechtsbeschränkung nicht ohne Verhältnis zu dem

134 Scholz, Philip: in Simitis, Spiros/Dammann, Ulrich/Arendt, Anne: BDSG § 6b Rn. 86.
135 Gola, Peter/Klug, Christoph/ Körffer, Barbara/Schomerus, Rudolf: BDSG § 6b Rn. 18a; vgl. Däubler, Wolfgang/Klebe, Thomas/Wedde, Peter/Weichert, Thilo: BDSG § 6b Rn. 40.
136 Scholz, Philip: in Simitis, Spiros/Dammann, Ulrich/Arendt, Anne: BDSG § 6b Rn. 89.
137 Scholz, Philip: in Simitis, Spiros/Dammann, Ulrich/Arendt, Anne: BDSG § 6b Rn. 89; Däubler, Wolfgang/Klebe, Thomas/Wedde, Peter/Weichert, Thilo: BDSG § 6b Rn. 41; Gola, Peter/Klug, Christoph/Körffer, Barbara/Schomerus, Rudolf: BDSG § 6b Rn. 18b.
138 Däubler, Wolfgang/Klebe, Thomas/Wedde, Peter/Weichert, Thilo: BDSG § 6b Rn. 45.
139 BVerfG v. 11.3.2008 – 1 BvR 2074/05, 1 BvR 1254/07, NJW 2008, 1505(1515); BVerfG v. 03.03.2004 – 1 BvR 2378/98, 1 BvR 1084/99, MMR 2004, 302(303ff.).

Gewicht der sie rechtfertigenden Gründe steht. Bei der Rechtsgüterabwägung sind die Gesamtumstände jedes Einzelfalls maßgeblich.[140] Die Größe der von dem konkreten Videoeinsatz ausgehenden Gefahren und die Erheblichkeit der bei ihrer Verwirklichung eintretenden Nachteile spielen eine wichtige Rolle bei der Beurteilung, ob die Interessen der betroffenen Personen Vorrang gegenüber den Interessen der verantwortlichen Stelle beanspruchen können. Dabei ist es ausreichend, dass die Interessen der Beteiligten substantiiert vorgetragen werden und auf belegbaren Tatsachen gründen.[141]

bb) Erforderlichkeit und Interessenabwägung bei der offenen Videoüberwachung von Arbeitnehmern in öffentlich zugänglichen Räumen

Das BAG hat sich bislang noch nicht mit dem Sachverhalt befasst, in dem es um die offene Videoüberwachung von Arbeitnehmern in öffentlich zugänglichen Räumen geht. Vielmehr hat das BAG nur im Jahr 2004 einen Fall[142] bearbeitet, bei dem es sich um eine sichtbare Videoüberwachung im Betrieb handelt. Dadurch haben Umfang und Grenzen der Videoüberwachung im Arbeitsrecht eine Richtlinie gewonnen. Bei der Prüfung der Erforderlichkeit und Interessenabwägung der offenen Videoüberwachung von Arbeitnehmern in öffentlich zugänglichen Räumen lässt sich in der Literatur auf die durch das BAG richterrechtlich geprägten Voraussetzungen, die im Beschluss vom 29.6.2004 ausführlich festgelegt sind, teilweise zurückgreifen.[143] Danach ist eine Überwachung zulässig, wenn der begründete Anfangsverdacht einer Straftat oder eines schweren Fehlverhaltens von Arbeitnehmern besteht, dem Arbeitgeber keine weniger einschneidenden Mittel zur Aufklärung des Verdachts zur Verfügung stehen und sie insgesamt nicht unverhältnismäßig ist. Der notwendige Anfangsverdacht muss in persönlicher, räumlicher und funktionaler Hinsicht ausreichend konkret sein, oder es muss der Verdacht eines schwerwiegenden Fehlverhaltens vorliegen, welches fassbar, eingrenzbar und insgesamt wahrscheinlich ist. Darüber hinaus ist auch

---

140 BGH v. 25.4.1995 – VI ZR 272/94, NJW 1995, 1955(1957); Scholz, Philip: in Simitis, Spiros/Dammann, Ulrich/Arendt, Anne: BDSG § 6b Rn. 93.

141 Scholz, Philip: in Simitis, Spiros/Dammann, Ulrich/Arendt, Anne: BDSG § 6b Rn. 93.

142 BAG v. 29.6.2004 – 1 ABR 21/03.

143 Scholz, Philip: in Simitis, Spiros/Dammann, Ulrich/Arendt, Anne: BDSG § 6b ; Däubler, Wolfgang/Klebe, Thomas/Wedde, Peter/Weichert, Thilo: BDSG § 6b; Gola, Peter/Klug, Christoph,/Körffer, Barbara/Schomerus, Rudolf: BDSG § 6b; Byers, Philipp: Die Videoüberwachung am Arbeitsplatz S. 89ff; Müller, Arnold: Die Zulässigkeit der Videoüberwachung am Arbeitsplatz S. 46ff.; Bayreuther, Frank: NZA 2005, 1038(1040).

erforderlich, dass dem Arbeitgeber zur Erreichung des als legitim erkannten Zwecks keine gleich effektiven, das Persönlichkeitsrecht der Mitarbeiter aber weniger einschränkenden Mittel zur Verfügung stehen. Des Weiteren muss der von der Überwachung betroffene Personenkreis ausreichend abgegrenzt sein.

3. Kenntlichmachung der Videoüberwachung § 6b II BDSG

§ 6b II BDSG schreibt vor, dass der Umstand der Beobachtung und die verantwortliche Stelle durch geeignete Maßnahmen erkennbar zu machen sind. In der Gesetzbegründung[144] wird diese Kenntlichmachungspflicht nach den bereits bestehenden Erfahrungen im Regelfall durch einen deutlich sichtbaren Hinweisschilder erfüllt, kann davon ausgegangen werden, dass die hierdurch verursachte Mehrbelastung insgesamt gering bleiben. Bei der Kenntlichmachung des Umstandes der Videoüberwachung muss gewährleistet sein, dass für jeden Betroffenen die Videoüberwachung des entsprechenden Raumes erkennbar ist, damit der Betroffene darüber entscheiden kann, ob Filmaufnahmen von ihm gemacht und möglicherweise gegen ihn verwendet werden dürfen.[145] Darüber hinaus wird die Erkennbarkeit der verantwortlichen Stelle für die Videoüberwachung verlangt. Durch die Information über die verantwortliche Stelle soll gewährleistet sein, dass der Betroffene problemlos seine Rechte gegenüber den Verantwortlichen der Videoüberwachung geltend machen kann.[146]

Dadurch erfolgt, dass die Videoüberwachung kenntlich gemacht werden muss, soweit sie zur Wahrnehmung berechtigter Interessen des Arbeitgebers gegenüber dem Arbeitnehmer in öffentlich zugänglichen Räumen durchgeführt wird. Wenn sie dem Arbeitnehmer nicht bekannt ist, ist sie unzulässig.[147]

4. Ergebnis

Wie oben detailliert untersucht, ist eine Videoüberwachung gegenüber dem Arbeitnehmer nach § 6b BDSG nur zulässig, wenn der begründete Anfangsverdacht einer Straftat oder eines schweren Fehlverhaltens von Arbeitnehmern besteht, dem Arbeitgeber keine weniger einschneidenden Mittel zur Aufklärung des Verdachts zur Verfügung stehen und sie insgesamt nicht unverhältnismäßig

144 BT- Dr. 14/4329, S. 28, 38.

145 BAG v. 29.6.2004 – 1 ABR 21/03, Rn. 15.

146 BT- Dr. 14/4329, S. 38.

147 Ob aus der Pflicht zur Kenntlichmachung nach § 6b II BDSG ein generelles Verbot für die verdeckte Videoüberwachung am öffentlich zugänglichen Arbeitsplatz folgt, wird es sich damit in dem nächsten Unterkapitel auseinandersetzen.

ist. Weiterhin ist sie der Belegschaft im Betrieb bekannt. In der Praxis hat sich dies jedoch als äußerst unbefriedigend erweisen. Um den begründeten Anfangsverdacht einer Straftat oder eines schweren Fehlverhaltens von Arbeitnehmern aufzuklären, ist eine heimliche Videoüberwachung üblich, wie etwa in den im ersten Kapitel angeführten 8 Fällen aufgezeigt. Nach einer Ansicht[148] eignet sich eine Videoüberwachung zwar nach wie vor als hervorragendes Präventionsmittel, um einen Täter an der erneuten Verübung einer Straftat zu hindern. Doch wird die Chance auf Aufklärung der bereits begangenen Straftat durch eine Videoüberwachung erheblich geschmälert. Denn dazu wäre es erforderlich, dass der Täter nach der Installation der Anlage erneut eine ähnliche Straftat beginge, woran er sich durch eine regelmäßige offene Beobachtung gehindert sieht. Daher findet § 6b BDSG Anwendung auf die Videoüberwachung von Arbeitnehmern, sofern diese als Präventionsmittel zur Verhinderung des Täters (Arbeitnehmer) an der erneuten Verübung einer Straftat dient. Für die Aufklärung der bereits begangenen Straftat durch den Arbeitnehmer ist zwar eine offene Videoüberwachung von Arbeitnehmern nach § 6b BDSG dogmatisch geeignet, jedoch ist sie in der Praxis nicht von Bedeutung, wie die im ersten Kapitel angeführten 8 Fällen aufgezeigt haben. Zur Aufklärung der bereits begangenen Straftat ist eher eine heimliche (verdeckte) Videoüberwachung von Arbeitnehmern effektiv.

II. Verdeckte Videoüberwachung von Arbeitnehmern in öffentlich zugänglichen Räumen

Verdeckte Videoüberwachung von Arbeitnehmern, unabhängig davon, ob sie in öffentlich zugänglichen Räumen oder in nicht öffentlich zugänglichen Räumen stattfindet, dient seitens des Arbeitgebers hauptsächlich dazu, eine bereits gegangene Straftat durch seine eigenen Mitarbeiter aufzuklären oder andere schwere Verfehlung zu seinen Lasten aufzudecken.[149]

Sachlogisch wird nun gefragt, ob mit einem solchen Grund die Videoüberwachung von Arbeitnehmern durch den Arbeitgeber zulässig ist, da dadurch das allgemeine Persönlichkeitsrecht des Arbeitnehmers verletzt wird. Um diese Frage zu beantworten, ist wieder auf die in dem ersten Kapitel angeführten konkreten Fällen zurückzugreifen. Als Ansatzpunkt wird auf das Urteil vom 27.03.2003[150] eingegangen.

148 Bayreuther, Frank: NZA 2005, 1038(1041).

149 Sachverhalte im ersten Kapitel.

150 BAG v. 27.03.2003 – 2 AZR 51/02.

1. Entscheidung des BAG vom 27.03.2003

Das Urteil des BAG vom 27. 03. 2003 beschäftigt sich mit der Frage, ob der Einsatz einer verdeckten Videokamera gegenüber dem Arbeitnehmer am Arbeitsplatz, der sich in öffentlich zugänglichen Räumen befindet, zulässig ist.

a) Sachverhalt

Der Sachverhalt in dieser Rechtsprechung ist Folgender: Die Arbeitgeberin ist Inhaberin von Warenhäusern mit angeschlossenen Getränkemärkten. In den Märkten sind über einen jahrelangen Zeitraum hinweg überdurchschnittlich hohe Inventurdifferenzen aufgetaucht. Die Arbeitgeberin hat daher zwei verdeckte Videokameras angebracht, wobei eine Kamera auf den Kassenbereich und die andere auf den Eingangsbereich gerichtet ist, wodurch die Tätigkeit der Arbeitnehmer gefilmt und auf einem Kameraband aufgezeichnet wird. Bei der Auswertung der Aufzeichnung ist der Arbeitgeberin aufgefallen, dass eine Arbeitnehmerin fiktive Bons für Leergut erzeugt und die angebliche Pfandgutschrift selbst aus der Kasse der Arbeitgeberin entnommen hat. Dadurch entsteht der dringende Tatverdacht gegen die Mitarbeiterin, dass sie die Gelder unterschlagen hat. Mithin hat sie die Arbeitnehmerin entlassen. Die betroffene Arbeitnehmerin hat die ausgesprochene Kündigung nicht akzeptiert und eine Klage gegen ihre Arbeitgeberin erhoben. Sie ist insbesondere der Meinung, dass sich die aufgezeichneten Videoaufnahmen nicht als Beweismittel verwerten lassen, da ihr allgemeines Persönlichkeitsrecht durch die Videoüberwachung verletzt wird, und diese Verletzung rechtwidrig ist.

b) Auffassung des BAG

Im Entscheidungsfindungsprozess hat das BAG § 6b BDSG nicht berücksichtigt, da § 6b BDSG erst nach Abschluss der Überwachung bzw. Zugang der streitgegenständlichen Kündigung in Kraft getreten war.[151] Bei der Beurteilung ist das BAG von folgenden Rechtsgedanken ausgegangen:

Es geht davon aus, dass die heimliche Anfertigung der Videoaufnahmen zwar ein Eingriff in das durch Art. 2 I iVm. Art. 1 I GG geschützte allgemeine Persönlichkeitsrecht der Arbeitnehmerin war, der Eingriff jedoch gerechtfertigt war. Entscheidungsbegründungen[152] werden im Folgenden erläutert.

---

151 Vgl. BAG v. 27.03.2003 – 2 AZR 51/02, Rn. 29.

152 BAG v. 27.03.2003 – 2 AZR 51/02, Rn. 25–28.

aa) Inhalte des allgemeinen Persönlichkeitsrechts

Das allgemeine Persönlichkeitsrecht muss im Privatrechtsverkehr und damit auch im Arbeitsverhältnis beachtet werden. Es umfasst das Recht am gesprochenen Wort, sowie am eigenen Bild. Es schützt den Arbeitnehmer vor einer lückenlosen technischen Überwachung durch heimliche Videoaufnahmen am Arbeitsplatz.

bb) Beschränkter Schutz des allgemeinen Persönlichkeitsrechts

Das allgemeine Persönlichkeitsrecht ist jedoch nicht schrankenlos zu gewährleisten. Eingriffe in das Persönlichkeitsrecht des Arbeitnehmers können durch die Wahrnehmung überwiegender schutzwürdiger Interessen des Arbeitgebers gerechtfertigt sein. Bei einer Kollision des allgemeinen Persönlichkeitsrechts mit den Interessen des Arbeitgebers ist somit durch eine Güterabwägung im Einzelfall zu ermitteln, ob das allgemeine Persönlichkeitsrecht den Vorrang verdient.

cc) Rechtfertigung des Eingriffs in das allgemeine Persönlichkeitsrecht

Soweit im Zivilprozess über Rechte und Rechtspositionen der Parteien innerhalb eines privatrechtlichen Rechtsverhältnisses gestritten wird, sind die Aufrechterhaltung einer funktionstüchtigen Rechtspflege und das Streben nach einer materiell richtigen Entscheidung wichtige Belange des Gemeinwohls. Um die Wahrheit zu ermitteln, sind die Gerichte daher grundsätzlich gehalten, von den Parteien angebotene Beweismittel zu berücksichtigen, wenn und soweit eine Tatsachenbehauptung erheblich und beweisbedürftig ist.

Das allgemeine Interesse an einer funktionstüchtigen Zivilrechtspflege kann im Rahmen der Abwägung mit dem allgemeinen Persönlichkeitsrecht nicht immer vorrangig sein. Vielmehr müssen weitere Aspekte hinzutreten, dass das Interesse an einer Zivilrechtspflege trotz der Persönlichkeitsbeeinträchtigung schutzbedürftig ist. Im Zivilprozess kann es Situationen geben, in denen dem Interesse an der Beweiserhebung besondere Bedeutung für die Rechtsverwirklichung einer Partei zukommt. Dies kann etwa in Fällen gegeben sein, in denen sich der Beweisführer in einer Notwehrsituation oder einer notwehrähnlichen Lage befindet.

Gründe dafür, dass die Notwehrsituation oder eine notwehrähnliche Lage in diesen Fall herangezogen wurde, hat das BAG in dem Beschluss[153] vom 29. 06. 2004 erläutert. Aus § 227 I BGB folgt, dass eine durch Notwehr gebotene Verletzung des Persönlichkeitsrechts nicht widerrechtlich wäre. Zulässig ist nach

153 BAG v. 29.06.2004 – 1 ABR 21/03, Rn. 30.

§ 227 II BGB diejenige Verteidigung, welche erforderlich ist, um einen gegenwärtigen rechtswidrigen Angriff von sich oder einem anderen abzuwehren. So handelte es sich in den Fällen, in denen die Rechtsprechung bei heimlichen Tonbandaufnahmen zugunsten des Beweisführers eine Notwehrsituation anerkannt hat, um solche, in denen sich die Verteidigung gegen einen konkreten Angreifer richtete.[154]

Dementsprechend hat der 2 Senat des BAG die heimliche Videoüberwachung eines Arbeitnehmers dann für zulässig angesehen, wenn der konkrete Verdacht einer strafbaren Handlung oder einer anderen schweren Verfehlung zu Lasten des Arbeitgebers besteht und sämtliche weniger einschneidende Mittel zur Aufklärung des Verdachts bereits ausgeschöpft sind. Die verdeckte Videoüberwachung stellt folglich das einzig verbleibende Mittel dar, wobei sie insgesamt nicht unverhältnismäßig sein darf.

c) *Kritik in der Literatur*

In der Literatur wird diese Entscheidung teils heftig kritisiert. Hier werden nicht alle Kritikpunkte[155] ausführlich dargestellt, sondern lediglich zwei Kritikpunkten angeführt. Einer dieser Kritikpunkte bezieht sich darauf, ob die verdeckte Videoüberwachung die Tatbestandsvoraussetzungen für Notwehr oder notwehrähnliche Lagen wirklich erfüllt. Weiterhin wird kritisiert, dass diese Entscheidung nicht mit datenschutz- und verfassungsrechtlichen Vorgaben vereinbar sei, da nach § 6b II BDSG die Videoüberwachung kenntlich gemacht werden müsse und verdeckte Videoüberwachung gesetzlich ausdrücklich untersagt sei, sofern die verdeckte Videoüberwachung im öffentlich zugänglichen Raum stattfinde.[156]

aa) Notwehr und notwehrähnliche Lage

Nach Auffassung des BAG kann es im Zivilprozess Situationen geben, in denen einem Interesse an einer Beweiserhebung besondere Bedeutung zukommt. Das soll der Fall sein, wenn sich der Beweisführer in einer Notwehr oder notwehrähnlichen Lage befindet. Nach der in der Literatur herrschenden Meinung[157] wird diese Voraussetzung bei der Videoüberwachung nicht erfüllt, da sie nicht

154 Vgl. etwa BGH v. 20.05.1958 – VI ZR 104/57, VerwRspr 1958, 930(934), GRUR 1958, 615(616); BGH v. 24.11.1981 – VI ZR 164/79, NJW 1982, 277(278).

155 Andere Kritikpunkte werden in den folgenden Kapiteln ausführlich dargestellt.

156 Bayreuther, Frank: NZA 2005, 1038(1040); Bayreuther, Frank: DB 2012, 2222(2223); Byers, Philipp: Die Videoüberwachung am Arbeitsplatz S. 76.

157 Bayreuther, Frank: NZA 2005, 1038(1040); Otto, Hansjörg: AP BetrVG 1972 § 87 Überwachung Nr. 36 unter III 3; Müller, Arnold: Die Zulässigkeit der Videoüberwachung am Arbeitsplatz S. 120.

die Minimalbedingung nach § 32 II StGB einhält, nach der Notwehr die Verteidigungsform ist, die zur Abwehr eines gegenwärtigen rechtswidrigen Angriffs erforderlich ist. Eine Notwehrsituation im Fall der verdeckten Videoüberwachung ist mangels eines gegenwärtigen Angriffs i. S. des § 32 II StGB nicht gegeben, weiterhin richtet sich diese Überwachung nicht nur gegen den Angreifer. Bei der Anwendung des § 32 II StGB ist es nicht umstritten, den Begriff „Angriff" teleologisch auszulegen. Hinsichtlich des konkreten Verdachtes einer strafbaren Handlung oder einer schweren Verfehlung zu Lasten des Arbeitgebers stellt das BAG in dieser Entscheidung dar, dass die räumliche und funktionale Begrenzung des Mitarbeiterkreises genügt. Da sich aus dem konkreten Verdacht ergibt, dass rechtlich geschützte Güter des Arbeitgebers unmittelbar bedroht sind, liegt ein Angriff vor. Insoweit kann der über einen konkreten Verdacht festgelegte Personenkreis als Angreifer im Sinne von § 32 II StGB qualifiziert werden.

Fraglich ist allerdings die Gegenwärtigkeit des Angriffs, da die Straftat bereits begangen wurde. Gegenwärtig ist der Angriff von seinem Beginn bis zu seiner Beendigung. Nicht gegenwärtig ist der bereits abgeschlossene oder künftige Angriff. Insoweit findet § 32 II StGB keine Anwendung auf die verdeckte Videoüberwachung.

Zwar scheidet die Notwehr nach § 32 II StGB als Rechtfertigungsgrund aus, allerdings soll nach der Auffassung des BAG auch eine notwehrähnliche Lage die verdeckte Videoüberwachung rechtfertigen. Zur notwehrähnlichen Lage führt der BGH[158] aus, dass unter besonderen Umständen des konkreten Falles bei Abwägung der widerstreitenden Interessen sowie mit Rücksicht auf die generelle Bedeutung der betroffenen Rechtsgüter die Rechtsverwirklichung, der das Beweismittel dienen soll, Vorrang vor dem Schutz des gesprochenen Wortes hat. Nach Auffassung des BGH[159] müsse bei Feststellung einer solchen notwehrähnlichen Lage aufgrund einer Güterabwägung das Interesse an der Wahrheitsfindung das Schutzanliegen des gesprochenen Wortes deutlich übersteigen. Des Weiteren habe sich die Güter- und Interessenabwägung an den in § 34 StGB besonders normierten allgemeinen Grundsätzen auszurichten. Danach habe ein Interesse an ein Schutzgut einem anderen Interesse nur zu weichen, wenn jenes im konkreten Fall wesentlich überwiegt und auf andere Weise nicht geschützt werden kann. Daraus ergibt sich, dass sich die notwehrähnliche Lage an den Tatbestandsvoraussetzungen des Notstandes § 34 StGB orientiert.

158 BGH v. 20.05.1958 – VI ZR 104/57, VerwRspr 1958, 930(934), GRUR 1958, 615(616); BGH v. 24.11.1981 – VI ZR 164/79, NJW 1982, 277(278).
159 BGH v. 24.11.1981 – VI ZR 164/79, NJW 1982, 277(278).

§ 34 StGB sieht u.a. vor, dass derjenige, der „ in einer gegenwärtigen, nicht anders abwendbaren Gefahr für Eigentum eine Tat begeht, um die Gefahr von sich abzuwenden und wenn bei Abwägung der widerstreitenden Interessen das geschützte Interesse das beeinträchtigte wesentlich überwiegt, [....] nicht rechtswidrig [handelt]." In der Literatur[160] herrscht Konsens, dass das BAG sich bei der verdeckten Videoüberwachung von Arbeitnehmern auf die Entscheidungen des BGH berufen darf, in denen der BGH die Tatbestandsvoraussetzungen des Notstandes des § 34 StGB auf die notwehrähnliche Lage angewendet hat. Fraglich ist jedoch, dass die Entscheidung nicht mit § 6b II BDSG in Einklang zu bringen ist.[161] Mit der Einführung des § 6b II BDSG ist eine verdeckte Videoüberwachung in öffentlich zugänglichen Räumen gesetzlich ausdrücklich verboten. Daher ist es in der Literatur umstritten, ob ein Verbot für die verdeckte Videoüberwachung von Arbeitnehmern in öffentlich zugänglichen Räumen besteht, wo Arbeitnehmer arbeiten müssen.

bb) Verbot der verdeckten Videoüberwachung von Arbeitnehmern am öffentlich zugänglichen Arbeitsplatz nach § 6b II BDSG

Es stellt sich die Frage, ob aus § 6b II BDSG ein generelles Verbot der verdeckten Videoüberwachung in öffentlich zugänglichen Räumen abzuleiten ist.

(1) Argumente für ein Verbot der verdeckten Videoüberwachung nach § 6b II BDSG

Der Wortlaut des § 6b II BDSG ordnet die Pflicht zur Bekanntmachung der Videoüberwachung an. Nach dem restriktiven Wortlaut des § 6b I BDSG ist die Videoüberwachung öffentlich zugänglicher Räume nur unter den aufgeführten Voraussetzungen zulässig. Der Wortlaut verdeutlicht, dass der Gesetzgeber die Zulässigkeit solcher Überwachungsmaßnahmen abschließend geregelt habe.[162] Das Transparenzgebot des § 6b II BDSG stelle eine Rechtmäßigkeitsvoraussetzung dar. Die Erkennbarkeit der Videoüberwachung sei danach zur Sicherung des Rechtes auf informationelle Selbstbestimmung erforderlich.[163] Der Wille des Gesetzgebers in § 6b BDSG sei nach einer Ansicht[164] darauf bezogen, dass der

160 Müller, Arnold: Die Zulässigkeit der Videoüberwachung am Arbeitsplatz S. 121.
161 Bayreuther, Frank: NZA 2005, 1038(1040); Müller, Arnold: Die Zulässigkeit der Videoüberwachung am Arbeitsplatz S. 126.
162 Bayreuther, Frank: NZA 2005, 1038(1040).
163 Bayreuther, Frank: NZA 2005, 1038(1040).
164 Byers, Philipp: Die Videoüberwachung am Arbeitsplatz S. 76.; vgl. Müller, Arnold: Die Zulässigkeit der Videoüberwachung am Arbeitsplatz S. 126.

Arbeitgeber die Videoüberwachung an öffentlich zugänglichen Arbeitsplätzen hauptsächlich zu Präventionszwecken und zur Abschreckung einsetze, da der Einsatz offener Videoüberwachung zur Überführung eines Täters nicht praxistauglich sei. Daraus ergibt sich einer Meinung[165] nach, dass es nach § 6b II BDSG ein generelles Verbot der verdeckten Videoüberwachung in öffentlich zugänglichen Räumen gibt, jedoch § 6 b BDSG keine Anwendung auf die verdeckte Videoüberwachung von Arbeitnehmern zur Überführung eines Täters aufgrund einer Straftat findet. Die Regelung würde dann allein das Verhältnis des Arbeitgebers zu Dritten (also etwa zu Kunden oder Besuchern) ansprechen, die sich in öffentlich zugänglichen Räumen aufhalten.

(2) Gegenansicht

Nach der Gegenauffassung[166] ist es nicht überzeugend, dass die verdeckte Videoüberwachung durch § 6b II BDSG ausgeschlossen werden muss. Begründet wird dieser Zweifel dadurch, dass es bei einem Verbot der verdeckten Videoüberwachung dem Arbeitgeber sehr erschwert werde, die Begehung von Straftaten aufzudecken und notwendige Beweise hierfür zu erlangen. Nach der Bekanntmachung des Einsatzes der Videokameras werde der Täter im Regelfall davon absehen, den Diebstahl erneut zu begehen oder sich entsprechend auf die offene Überwachung einstellen und andere Wege zur Straftatbegehung finden.[167] Daher ist eine verdeckte Videoüberwachung nicht vollständig auszuschließen. Vielmehr ist die grundsätzliche Zulässigkeit der verdeckten Videoüberwachung an öffentlich zugänglichen Arbeitsplätzen durch eine verfassungskonforme Auslegung des § 6b BDSG zuzukommen.[168] Weiterhin ist noch eine Auffassung[169] denkbar. Danach ist die Pflicht zur Kenntlichmachung nach § 6b II BDSG lediglich eine formelle Voraussetzung für die Videoüberwachung, keine materielle Rechtmäßigkeitsvoraussetzung. Sie dient nur zur Ergänzung der bereits bestehenden allgemeinen Verfahrenssicherung.[170] Die materiellen und insoweit relevanten

165 Bayreuther, Frank: DB 2012, 2222(2223).

166 Byers, Philipp: Die Videoüberwachung am Arbeitsplatz S. 76.

167 Byers, Philipp: Die Videoüberwachung am Arbeitsplatz S. 77.

168 Eine ausführliche Darstellung der verfassungskonformen Auslegung des § 6b BDSG findet sich in: Müller, Arnold: Die Zulässigkeit der Videoüberwachung am Arbeitsplatz S. 126; Byers, Philipp: Die Videoüberwachung am Arbeitsplatz S. 77.78.79. An dieser Stelle wird dies nicht wiederholt erörtert.

169 Müller, Arnold: Die Zulässigkeit der Videoüberwachung am Arbeitsplatz S. 126.; Byers, Philipp: Die Videoüberwachung am Arbeitsplatz S. 78.

170 BT-Drs. 14/5793, S. 62.

Voraussetzungen für die Frage der Zulässigkeit ergeben sich nur aus § 6b I und III BDSG.[171] Eine lediglich formelle Voraussetzung könne kein generelles Verbot der verdeckten Videoüberwachung einwirken.[172]

d) *Unterinstanzliche Rechtsprechung zur verdeckten Videoüberwachung von Arbeitnehmern an öffentlich zugänglichen Arbeitsplätzen*

Das BDSG wurde am 18.05.2001 erneut novelliert. Neuregelung des § 6b BDSG regelt die Videoüberwachung in öffentlich zugänglichen Räumen. In seinem Urteil vom 27.03.2003 hat das BAG sich allerdings nicht damit befasst, ob eine verdeckte Videoüberwachung von Arbeitnehmern an öffentlich zugänglichen Arbeitsplätzen durch die Neuregelung des § 6b BDSG vollständig auszuschließen ist. Nach der Rechtsprechung des BAG vom 27.03.2003 gibt es weiter unterinstanzliche Rechtsprechungen zur verdeckten Videoüberwachung von Arbeitnehmern an öffentlich zugänglichen Arbeitsplätzen.[173]

In der Entscheidung des ArbG Düsseldorf[174] vom 05.11.2003 wurde grundsätzlich auf die Verfassung des BAG-Urteils vom 27.03.2003 verwiesen, dass eine verdeckte Videoüberwachung zulässig sein kann, wenn ein räumlich und funktional konkretisierter Verdacht gegen eine bestimmte Personengruppe bestehe. Auf die Frage, ob eine verdeckte Videoüberwachung an einem öffentlich zugänglichen Arbeitsplatz durch die Neuregelung des § 6b II BDSG vollständig untersagt ist, ging das ArbG Düsseldorf nicht ein.[175]

Das ArbG Freiburg befasste sich in seiner Entscheidung vom 07.09.2004 mit der Zulässigkeit einer verdeckten Videoüberwachung in einem Einzelhandelsgeschäft.[176] Das ArbG berief sich auch auf die Entscheidung des BAG vom 27.03.2003, wonach die verdeckte Videoüberwachung eines Arbeitnehmers zulässig erfolgt, wenn der konkrete Verdacht einer strafbaren Handlung zulasten des Arbeitgebers besteht, weniger einschneidende Mittel zur Aufklärung des Verdachts ausgeschöpft ist, die verdeckte Videoüberwachung praktisch das einzig verbleibende Mittel darstellt und insgesamt nicht unverhältnismäßig ist. Nach der Auffassung des ArbG Freiburg stehe die Neuregelung des § 6b BDSG der Zulässigkeit einer verdeckten Videoüberwachung am öffentlich zugänglichen

171 Müller, Arnold: Die Zulässigkeit der Videoüberwachung am Arbeitsplatz S. 126; vgl. BT-Drs. 14/5793, S. 61.

172 Byers, Philipp: Die Videoüberwachung am Arbeitsplatz S. 79.

173 Byers, Philipp: Die Videoüberwachung am Arbeitsplatz S. 118 ff.

174 ArbG Düsseldorf v. 05.11.2003.- 10 Ca 8003/03.

175 ArbG Düsseldorf v. 05.11.2003 – 10 Ca 8003/03.

176 ArbG Freiburg v. 07.09.2004 – 4 Ca 128/04.

Arbeitsplatz nicht entgegen. Danach lassen sich die allgemeinen Notwehrregelungen neben den Vorschriften des BDSG anwenden. Soweit die verdeckte Videoüberwachung geboten sei, um die überwiegenden Interesse des Arbeitgebers zu wahren, treffe § 6b BDSG keinen angemessenen Ausgleich zwischen den Interessen der Parteien. Eine uneingeschränkte Anwendung des § 6b BDSG würde dazu führen, dass der Arbeitgeber seine Interessen in den Fällen, in welchen eine offene Überwachung nicht ausreicht, nicht durchsetzen könne.[177] Durch das Urteil des ArbG Freiburg wird erstmals seit der Neuregelung des § 6b BDSG ausdrücklich die Rechtmäßigkeit einer verdeckten Videoüberwachung von Arbeitnehmern an einem öffentlich zugänglichen Arbeitsplatz angesprochen.

Weiterhin hatte sich das ArbG Frankfurt in seinem Urteil vom 25.01.2006 mit der Zulässigkeit einer verdeckten Videoüberwachung von Arbeitnehmern an einem öffentlich zugänglichen Arbeitsplatz auseinandergesetzt.[178] In der Entscheidungsbegründung hält das ArbG Frankfurt auf den Wortlaut des § 6b II BDSG, und vertritt die Auffassung, dass eine verdeckte Videoüberwachung im Rahmen des § 6b BDSG vollständig ausgeschlossen sein soll, da das Erfordernis der Kenntlichmachung gemäß § 6b II BDSG nicht beachtet werde.[179]

Des Weiteren hatte sich das LAG Köln in seinem Urteil vom 29.09.2006 mit der verdeckten Videoüberwachung in einem Einzelhandelsgeschäft befasst.[180] Das LAG Köln stand im Einklang mit der Rechtsprechung des BAG vom 27.03.2003, hat allerdings nicht von § 6b BDSG gesprochen.

Ferner hatte sich das LAG Rheinland-Pfalz in seinem Urteil vom 10.05.2007 einer verdeckten Videoüberwachung in einer Bäckerei zugewendet.[181] In seiner Begründung lehnt sich das LAG Rheinland-Pfalz an das Urteil des BAG vom 27.03.2003 an, wobei die Zulässigkeitsvoraussetzungen für die verdeckte Videoüberwachung aufgestellt wurden. In den Urteilsgründen wird jedoch nicht darauf eingegangen, ob § 6b II BDSG die verdeckte Videoüberwachung vollständig untersagen soll.

Anderes als in den Argumenten von o.g. Arbeitsgerichten hatte das LAG Köln in seinem Urteil[182] die Auffassung vertreten, dass bei der Beobachtung öffentlich zugänglicher Räume mit optisch-elektronischen Einrichtungen (Videoüberwachung) nach § 6b II BDSG der Umstand der Beobachtung und die

---

177 ArbG Freiburg v. 07.09.2004 – 4 Ca 128/04.
178 ArbG Frankfurt v. 25.01.2006 – 7 Ca 3342/05.
179 ArbG Frankfurt v. 25.01.2006 – 7 Ca 3342/05.
180 LAG Köln v. 29.09.2006 – 4 Ca 128/04.
181 LAG Rheinland-Pfalz v. 10.05.2007 – 11 Sa 167/07.
182 LAG Köln 18.11.2010 – 6 Sa 817/10.

verantwortliche Stelle durch geeignete Maßnahmen erkennbar zu machen sei. Daraus ergibt sich aber nicht, dass jede verdeckte Videoüberwachung an öffentlich zugänglichen Arbeitsplätzen verboten ist. Eine verfassungskonforme Einschränkung der Vorschrift ist jedenfalls dann geboten, wenn sich der Arbeitgeber in einer notwehrähnlichen Lage befindet und die heimliche Videoüberwachung nicht unverhältnismäßig ist.[183] So wird vom Bundesverfassungsgericht ein absolutes Beweisverwertungsverbot unmittelbar aus den Grundrechten nur in den Fällen anerkannt, in denen der absolute Kernbereich von privater Lebensgestaltung tangiert wird.

Das LAG Hamm (Westfalen) vertritt im Urteil vom 15.07.2011 folgende Auffassung: Die verdeckte Videoüberwachung verstoße nicht gegen die Vorschriften des § 6b II BDSG. § 6b II BDSG verlange, dass der Umstand der Beobachtung durch geeignete Maßnahmen erkennbar zu machen sei. Daraus ist abzuleiten, dass eine heimliche Videoüberwachung ohne Kenntlichmachung unzulässig ist. Nach der vorwiegend herrschenden Meinung in der arbeitsgerichtlichen Rechtsprechung[184] und der arbeitsrechtlichen Literatur[185] ist aber eine verfassungskonforme, einschränkende Auslegung des § 6b II BDSG geboten. Danach sei die Verwertung heimlicher Videoaufnahmen von öffentlich zugänglichen Räumen im Kündigungsschutzprozess in verfassungskonformer Einschränkung des § 6b II BDSG zulässig, wenn sich der Arbeitgeber in einer notwehrähnlichen Lage befinde und die heimliche Videoüberwachung nicht unverhältnismäßig sei.

e) *Zwischenergebnis*

Sowohl in der Literatur als auch in der unterinstanzlichen Rechtsprechung ist man sich einerseits einig darüber, dass der Einsatz einer verdeckten Videoüberwachung nicht grundsätzlich ausgeschlossen ist. Erforderlich ist allerdings ein konkreter Tatverdacht einer Straftat. Die räumliche und funktionale Begrenzung des Verdachts ist ausreichend konkret. Es dürfen weiter keine milderen Mittel als die verdeckte Videoüberwachung vorhanden sein. Vor dem Einsatz der verdeckten Kamera müssen zumindest mildere Alternativen erwogen werden. Die verdeckte Videoüberwachung muss räumlich und zeitlich beschränkt werden.

---

183 Vgl. Vietmeyer, Katja/Byers, Philipp: DB 2010, 1462(1463); Dzida, Boris/Grau, Timon: NZA 2010, 1201(1203).

184 LAG Köln 18.11.2010 – 6 Sa 817/10.

185 Grimm, Detlef/Schiefer, Jennifer: RdA 2009, 329(334); Vietmeyer, Katja/Byers, Philipp: DB 2010, 1462(1463); Dzida, Boris/Grau, Timon: NZA 2010, 1201(1203); Otto, Hansjörg: AP BetrVG 1972 § 87 Überwachung Nr.36; Lunk, Stefan: NZA 2009, 457(460).

Andererseits bleibt in der Literatur jedoch offen, ob § 6b II BDSG die verdeckte Videoüberwachung vollständig untersagen soll. Es existiert die Auffassung, dass durch § 6b II BDSG ein generelles Verbot der verdeckten Videoüberwachung in öffentlich zugänglichen Räumen abgeleitet wird. DieGegenstimme räumt dagegen ein, dass die grundsätzliche Zulässigkeit der verdeckten Videoüberwachung an öffentlich zugänglichen Arbeitsplätzen durch eine verfassungskonforme Auslegung des § 6b BDSG bestehen kann. Weiterhin ist die Pflicht zur Kenntlichmachung nach § 6b II BDSG lediglich eine formelle Voraussetzung für die Videoüberwachung, keine materielle Rechtmäßigkeitsvoraussetzung.

In der unterinstanzlichen Rechtsprechung ist ebenso umstritten, ob § 6b II BDSG die verdeckte Videoüberwachung vollständig untersagen soll. Daraus ergibt sich, dass in der Literatur und arbeitsgerichtlichen Rechtsprechung bis dato keine gegenseitige geeinigte Lösung dafür gefunden ist, ob § 6b II BDSG ein generelles Verbot der verdeckten Videoüberwachung in öffentlich zugänglichen Räumen bezweckt.

Die Literatur und arbeitsrechtliche Rechtsprechung ist sich bis 2012 darüber uneinig, ob die Regelung des § 6b II BDSG bei der verdeckten Videoüberwachung anzuwenden ist. Außerdem gibt es auch eine Menge Arbeitsgerichte, die davon abweichen, sich mit der Regelung des § 6b II BDSG in Bezug auf der verdeckten Videoüberwachung am öffentlich zugänglichen Arbeitsplatz zu befassen. Alles blieb unverändert, bis das BAG mit dem Urteil vom 21.06.2012[186] seine Auffassung zur Anwendung § 6b II BDSG bei der verdeckten Videoüberwachung am öffentlich zugänglichen Arbeitsplatz vortrug. In den nachfolgenden Ausführungen handelt es sich um die Auseinandersetzungen des Urteils vom 21.06.2012.

2. *Entscheidung des BAG vom 21.06.2012*

In diesem Urteil hatte sich das BAG unter anderem damit beschäftigt, ob das Beweismaterial einem prozessualen Beweisverwertungsverbot unterliegt, sofern es aus einer verdeckten Videoüberwachung am öffentlich zugänglichen Arbeitsplatz gewonnen wurde, da nach § 6b II BDSG bei Videoaufzeichnungen öffentlich zugänglicher Räume der Umstand der Beobachtung und die verantwortliche Stelle durch geeignete Maßnahmen kenntlich zu machen sind.

186 BAG v. 21.06.2012 – 2 AZR 153/11.

a) Sachverhalt[187]

Die Arbeitgeberin ist Inhaberin eines bundesweit tätigen Einzelhandelsunternehmens, bei welchem die Arbeitnehmerin als Verkäuferin, zuletzt als Stellvertretende Filialleiterin, tätig war. Da seit einiger Zeit im Bereich des Tabakverkaufs erhebliche Inventurdifferenzen auftraten, die sich nicht anderweitig aufklären ließen, wurde von der Arbeitgeberin kurzfristig eine Überwachungsfirma mit der Installation von Videokameras in den Verkaufsräumen der Filiale, in denen die Arbeitnehmerin ihre Arbeit verrichtete, beauftragt. Die angefertigten Videoaufnahmen wurden anschließend der Arbeitgeberin übergeben. Nach Auswertung der Aufzeichnungen, auf denen die Arbeitnehmerin zu sehen ist, wurde ihr von der Arbeitgeberin vorgeworfen, Zigaretten entwendet zu haben. Nach Anhörung des Betriebsrats und mit dessen Zustimmung wurde der Arbeitnehmerin daraufhin gekündigt.

b) Auffassung des BAG

Ähnlich wie der Senat in dem Urteil vom 27.03.2003 einen Bogen um § 6b II BDSG machte mit dem Hinweis darauf, dass die verdeckte Videoüberwachung vor dem Inkrafttreten des § 6b II BDSG stattfand, setzte er sich in diesem Urteil nicht mit der Regelung des § 32 I BDSG auseinander, da die verdeckte Videoüberwachung vor dem Inkrafttreten des § 32 I 2 BDSG erfolgte.

Mit der Frage, ob an öffentlich zugänglichen Arbeitsplätzen eine verdeckte Videoüberwachung zulässig ist, hat sich das BAG in dem Urteil erneut auseinandergesetzt. Das BAG hat in diesem Urteil auf die Grundsätze des bereits erwähnten Urteils vom 27.03.2003 zurückgegriffen. Das durch Art. 2 I i.V.m. Art. 1 I GG geregelte allgemeine Persönlichkeitsrecht, dass ebenso im Privatrechtsverkehr und insbesondere im Arbeitsverhältnis zu beachtenden ist, sei nicht in vollem Umfang gewährleistet. Eingriffe können durch die Wahrnehmung überwiegend schutzwürdiger Interessen des Arbeitgebers gerechtfertigt sein. Bei einer Kollision des allgemeinen Persönlichkeitsrechts mit den Interessen des Arbeitgebers sei somit im Einzelfall durch eine Güterabwägung zu ermitteln, ob das allgemeine Persönlichkeitsrecht den Vorrang verdiene.[188] Daher geht es davon aus, dass eine verdeckte Videoüberwachung zulässig ist, wenn ein hinreichend konkreter Verdacht einer strafbaren Handlung oder einer anderen schweren Verfehlung zu Lasten des Arbeitgebers gegen eine hinreichend bestimmte Personengruppe bestehe, weniger einschneidende Mittel zur Aufklärung des Verdachts nicht

---

187 BAG v. 21.06.2012 – 2 AZR 153/11, Rn. 2–4.

188 BAG v 27.03.2003 – 2 AZR 51/02, Rn. 26; BAG v. 21.06.2012 – 2 AZR 153/11, Rn. 30.

vorhanden oder bereits erfolglos ausgeschöpft seien. Die verdeckte Überwachung müsse das praktisch einzig verbleibende Mittel darstellen und dürfe insgesamt nicht unverhältnismäßig sein.[189]

Allerdings wird hier die Frage aufgeworfen, wie man mit § 6b BDSG bzw. § 6b II BDSG umgehen soll, da § 6b BDSG die Beobachtung öffentlich zugänglicher Räume mit optisch-elektronischen Einrichtungen regelt. Die Bestimmung gelte unter anderen für Videoaufzeichnungen in öffentlich zugänglichen Verkaufsräumen. Unerheblich sei, ob Ziel der Beobachtung die Allgemeinheit ist, oder die an Arbeitsplätzen in diesen Verkaufsräumen beschäftigten Arbeitnehmer.[190] Die Videoüberwachung an öffentlich zugänglichen Arbeitsplätzen ist jedoch nach § 6b II BDSG kenntlich zu machen. Diese Pflicht sei bereits durch eine sichtbare Kamerainstallation erfüllt. Zu beachten sei, dass es für eine wirksame Kenntlichmachung erforderlich sei, dass der Mitarbeiter die Kamera registriere, bevor er in ihr Sichtfeld gerate. Nur dann könne der Arbeitnehmer – wie es der Schutzzweck des § 6b II BDSG vorsieht – der Videoüberwachung ausweichen bzw. sein Verhalten danach ausrichten.[191] Mit der Regelung des § 6b II BDSG steht eine verdeckte Videoüberwachung gegenüber Arbeitnehmern an öffentlich zugänglichen Arbeitsplätzen nicht in Einklang.

In diesem Urteil hat sich das BAG der Ansicht von Teilen der unterinstanzlichen Rechtsprechung und Literatur[192] angeschlossen. Das Kennzeichnungsgebot § 6b II BDSG sei weder in § 6b I BDSG noch in § 6b III BDSG als Voraussetzung für die Zulässigkeit einer Verarbeitung oder Nutzung von nach § 6b I BDSG erhobenen Daten aufgeführt. Auch aus der Gesetzesbegründung ergebe sich nicht, dass die Einhaltung des Gebots nach § 6b II BDSG Voraussetzung für die materiell-rechtliche Zulässigkeit der Maßnahme wäre. Nach dem Bericht des Innenausschusses normieren die Absätze 1, 3 und 5 der Vorschrift die Zulässigkeitsvoraussetzungen in den verschiedenen Verarbeitungsphasen, während die

---

189 Bayreuther, Frank: DB 2012, 2222(2223); vgl. BAG v 27.03.2003 – 2 AZR 51/02, Rn. 28; BAG v. 21.06.2012 – 2 AZR 153/11, Rn. 30.

190 BAG v. 21.06.2012 – 2 AZR 153/11, Rn. 36; BT-Drs. 14/4329, S. 38; Bayreuther, Frank: NZA 2005, 1038(1039); Byers, Philipp: Die Videoüberwachung am Arbeitsplatz S. 73.

191 Byers, Philipp/Pracka, Joanna: BB 2013, 760(761); Gola, Peter/Klug, Christoph/Körffer, Barbara/Schomerus, Rudolf: BDSG § 6b Rn. 23; Scholz, Philip: in Simitis, Spiros/Dammann, Ulrich/Arendt, Anne: BDSG § 6b Rn. 108.

192 LAG Hamm v. 15.07.2011- 10 Sa 1781/10; LAG Köln v. 18.11.2010 6 Sa 817/10; Byers, Philipp: Die Videoüberwachung am Arbeitsplatz S. 79 f.; Vietmeyer, Katja/Byers, Philipp: DB 2010, 1462(1464).

Kennzeichnungspflicht des Abs. 2 lediglich die nach dem Gesetz bestehenden allgemeinen Verfahrenssicherungen ergänze.[193]

Im Hinblick auf die durch Art. 12 I, Art. 14 I GG geschützten Interessen des Arbeitgebers begegnete ein absolutes, nur durch bereichsspezifische Spezialregelungen eingeschränktes Verbot verdeckter Videoüberwachungen in öffentlich zugänglichen Räumen verfassungsrechtlichen Bedenken. Ein uneingeschränktes Verbot der verdeckten Videoüberwachung öffentlich zugänglicher Räume würde dem nicht gerecht. § 6b BDSG sei deshalb verfassungskonform auszulegen, denn eine verdeckte Videoüberwachung öffentlich zugänglicher Räume könne im Einzelfall zulässig sein.[194]

Daher verhindert § 6b II BDSG nicht, dass im Ausnahmefall eine verdeckte Videoüberwachung gegenüber Arbeitnehmern an öffentlich zugänglichen Arbeitsplätzen zulässig ist. Mithin folgt ein Beweisverwertungsverbot nicht aus einer Verletzung des Gebots in § 6b II BDSG.

c) *Kritik in der Literatur*

Das neue Urteil wird kontrovers bewertet. Ein Teil der Literatur[195] nimmt die Auffassung des BAG an. Aus der Regelung des § 6b II BDSG folge kein absolutes Verbot der heimlichen Videoüberwachung. Die Zulässigkeit der Videoüberwachung an öffentlich zugänglichen Arbeitsplätzen werde vielmehr durch § 6b I BDSG bestimmt; die weitere Verarbeitung der Bilddaten werde durch § 6b III BDSG geregelt. Aus § 6b I und III BDSG ergebe sich nicht, dass nur der Einsatz sichtbarer Kameras zulässig wäre, da dort eine Kenntlichmachungspflicht nicht als Zulässigkeitsvoraussetzung aufgeführt sei. Die Kenntlichmachung nach § 6b II BDSG solle nur der allgemeinen Verfahrenssicherung dienen, während die Rechtsmäßigkeit der Videoüberwachung nicht zwingend von der Einhaltung des Kenntlichmachungsgebots abhänge. Weiterhin ergebe sich die Rechtmäßigkeit der verdeckten Überwachung aus einer verfassungskonformen Auslegung des § 6b BDSG. Durch ein absolutes Verbot der heimlichen Überwachung könne der Arbeitgeber seine Rechte aus Art. 12 I GG und Art. 14 I GG nicht in ausreichender Weise schützen.

Einanderer Teil der Literatur lehnt die Auffassung des BAG ab. Nach einer Meinung sei § 6b BDSG teleologisch darauf zu reduzieren, dass eine heimliche

193 BAG v. 21.06.2012 – 2 AZR 153/11, Rn. 40.

194 BAG v. 21.06.2012 – 2 AZR 153/11, Rn. 41.

195 Byers, Philipp/Pracka, Joanna: BB 2013, 761(762); Bergwitz, Christoph: NZA 2012 1205(1206); Krause, Rüdiger: JA 2013, 787(789).

Überwachung öffentlich zugänglichen Räumen zur Aufdeckung einer Straftat zulässig sei.[196] Des Weiteren werde die heimliche Videoüberwachung in öffentlich zugänglichen Räumen durch § 6b BDSG nicht ausdrücklich geregelt. Nach heutiger Rechtslage richte sich die Zulässigkeit heimlicher Videoüberwachung zur Aufklärung von Straftaten nach § 32 I 2 BDSG.[197] Ein weiteres Argument sei, dass § 6b II BDSG weniger dem Schutz der überwachten Arbeitnehmer als vielmehr dem Schutz unbeteiligter Dritter diene, welche durch die Kenntlichmachung der Videoüberwachung in die Lage versetzt werden, zu entscheiden, ob sie sich dieser Überwachung aussetzen wollen oder nicht.[198]

d) Stellungnahme

Die verfassungsrechtlichen Argumente des BAG im Urteil tragen den Bedürfnissen des Arbeitgebers nach einer verdeckten Videoüberwachung an öffentlich zugänglichen Arbeitsplätzen Rechnung. In der Tat würde ein absolutes Verbot verdeckter Videoaufzeichnungen die Grundrechtspositionen des Arbeitgebers aus Art. 12 I GG und Art. 14 I GG stark tangieren, weil es es den Arbeitgebern in den einschlägigen Fallkonstellationen unmöglich machen würde, entsprechende Vorfälle aufzuklären. Der Einsatz einer offenen Videoüberwachung ist nur wenig effektiv zur Aufklärung einer Straftat durch Arbeitnehmer, da sachlogisch der betreffende Mitarbeiter keine neuen Straftaten begehen wird, sobald der Betrieb mit der Videoüberwachung eine permanente Kontrolle des jeweiligen Raums durchführt.

In diesem Urteil ist jedoch die Überlegung des BAG nicht überzeugend, dass das Kennzeichnungsgebot des § 6b II BDSG nur eine Verfahrenssicherungsregelung sei und keine Aussagen über die Zulässigkeit einer Videoüberwachung bzw. die Verwertbarkeit der gewonnenen Aufzeichnungen treffe. Weiterhin seien die materiellen Voraussetzungen einer Videoüberwachung vielmehr in den § 6b I, III, V angesprochen. Diese Überlegung in seiner Entscheidung hat das BAG zum einen präzise begründet, zum anderen erweckt es überwiegend den Eindruck, dass § 6b II BDSG einige Interpretationsspielräume frei lässt und damit als weniger klar umrissene Richtlinie nicht ausreichend ernst genommen wird. Mit einer Qualifizierung des Offenlegungsgebots als reiner Verfahrensvorschrift käme man vielmehr nur dann zum gewünschten Ergebnis, wenn man dieses

196 Franzen, Martin: in Dieterich, Thomas/Müller-Glöge, Rudi/Preis, Ulrich/Schaub, Günter: Erfurter Kommentar zum Arbeitsrecht: BDSG § 6b Rn. 2.
197 Bauer, Jobst-Hubertus/Schansker, Mareike: NJW 2012, 3537(3539).
198 Bergwitz, Christoph: NZA 2012, 1205(1207).

nicht nur als Verfahrensvorschrift, sondern als einen rechtlich unverbindlichen „Verfahrensvorschlag“ des Gesetzgebers ansehen würde, dessen Missachtung keine rechtlichen Konsequenzen nach sich ziehe. Für diese Sichtweise lasse sich zumindest anführen, dass ein Verstoß gegen § 6b BDSG nicht in § 43 BDSG als Ordnungswidrigkeit sanktioniert sei.[199] In der Praxis würde dies dazu führen, dass der Arbeitgeber den vom BAG gestellten Anforderungen an die verdeckte Videoüberwachung an öffentlich zugänglichen Arbeitsplätzen nicht folgt, sondern im Betrieb die verdeckte Videoüberwachung beliebig macht, da diese zwar rechtswidrig, aber nicht strafbar ist. Außerdem würde die Zielsetzung der Regelung § 6b BDSG leerlaufen, sofern das Kennzeichnungsgebot des § 6b II BDSG nur eine Verfahrenssicherungsregelung sei. In der Gesetzbegründung[200] wird klargestellt, dass die Videoüberwachung öffentlich zugänglicher Räume durch § 6b BDSG eine gesetzliche Grundlage erhalte, die der Wahrung des informationellen Selbstbestimmungsrechts durch einen angemessenen Interessensausgleich Rechnung trage. § 6b II BDSG diene der Transparenz des Vorgangs der Videoüberwachung. Diese Videoüberwachung gilt für alle sich im öffentlich zugänglichen Raum aufhaltenden Personen (betriebsfremde Dritte, Mitarbeiter).[201] Daraufhin zeigt sich in einer weiteren Gesetzbegründung, dass § 6b II BDSG die Transparenz der Beobachtung sicherstellt. Über die im Regierungsentwurf vorgesehene Regelung hinaus muss auch das konkrete Ausmaß der Überwachung und ihr Zweck angegeben werden. Der Bürger sollte nicht nur wissen, dass er überhaupt mit einer Beobachtung rechnen müsse, sondern auch, wieweit diese reicht und weshalb sie ihm zugemutet wird. Daraus ergibt sich, dass § 6b BDSG weniger dem Schutz der überwachten Arbeitnehmer als vielmehr dem Schutz betriebsfremden Dritter dient. Durch die Kenntlichmachung der Videoüberwachung werden diese in die Lage versetzt, selbst zu entscheiden, ob sie sich dieser Überwachung aussetzen wollen oder nicht. Soweit die verdeckten Videokameras zur Aufklärung der Straftat durch Arbeitnehmer in öffentlich zugänglichen Betriebsräumen dient, jedoch die anderen sich in öffentlich zugänglichen Betriebsräumen aufhalten Kunden, Besucher, Lieferanten usw. heimlich erfasst, widerspricht dies dem Schutzzweck des Gesetzgebers nach § 6b BDSG.

Daher ist eine teleologische Reduktion des § 6b II BDSG erforderlich. Für dies ist Frank Bayreuthers Position denkbar.[202] Ihm zufolge müsste man entweder den Anwendungsbereich der Regelung auf präventive Überwachungsmaßnahmen

199 Bayreuther, Frank: DB 2012, 2222(2223).
200 BT-Drs. 14/4329, S. 38.
201 Bayreuther, Frank: NZA 2005, 1038(1039).
202 Bayreuther, Frank: DB 2012, 2222(2223).

begrenzen, so dass § 6b II BDSG nicht mehr angewendet werden dürfte, wenn sich im Betrieb bereits Straftaten ereignet haben. Alternativ schlägt er vor, § 6b BDSG im Beschäftigtendatenschutzrecht überhaupt nicht mehr anzuwenden. Die Regelung würde dann allein noch das Verhältnis des Arbeitgebers zu Dritten (also etwa zu Kunden oder Besuchern) ansprechen, die sich im jeweiligen Raum aufhalten. Was das Verhältnis zwischen Arbeitgeber und Arbeitnehmer betreffe, wäre dagegen nur § 32 BDSG zutreffend.

B. Videoüberwachung von Arbeitnehmern in nicht öffentlich zugänglichen Räumen

Nicht öffentlich zugänglich sind solche Räume, die nur von einem bestimmten Personenkreis betreten werden dürfen. Dabei ist entscheidend, dass die Nichtöffentlichkeit des Raumes zu erkennen ist, während der Frage, ob der Raum durch Zugangskontrollen wie Türe oder Wachpersonal besonders gesichert ist oder nicht, hierbei keine Rolle spielt. Dies kann entweder durch Verbotsschilder oder Eingangskontrollen deutlich gemacht werden oder ergibt sich durch die Art der Umgebung des Raumes von selbst, wie dies beispielsweise bei einem Werksgelände der Fall ist. Der Hausrechtsinhaber gewährt nur Personen den Zutritt, die in einer Beziehung zu ihm stehen, selbst dann, wenn es offensichtlich keine Zugangskontrolle oder Hinweisschilder gibt. Ein Großteil der Arbeitsplätze befindet sich auf Firmen- oder Werksgelände, sowie in Produktionsstätten und Büros, die nicht für den Publikumsverkehr öffentlich zugänglich sind.

Bevor die Diskussion darüber aufgenommen wird, ob die Videoüberwachung von Arbeitnehmern in nicht öffentlich zugänglichen Räumen zulässig ist oder nicht, wird auf die Frage zurückgegriffen, warum der Arbeitgeber die Videoüberwachung von Arbeitnehmern in nicht öffentlich zugänglichen Räumen durchführt. Aus den Sachverhalten der 8 Fälle im ersten Kapitel ergibt sich Folgendes: erstens, dass der Arbeitgeber Arbeitnehmer in nicht öffentlich zugänglichen Räumen eine Videoüberwachung durchführt, wo der Arbeitnehmer seine Arbeit gemäß seines Vertrages verrichtet, zweitens, dass die Videoüberwachung zum Schutz der Arbeitgeberinteressen dient. Was sind aber die Arbeitgeberinteressen? Sie können vielfältig sein. Um die Effektivität der Produktionsabläufe zu sichern oder technische Arbeitsvorgänge zu überwachen, kann der Arbeitgeber im Betrieb die Videoüberwachung einsetzen. Weitergehend dient die Videoüberwachung im Betrieb zur Vorbeugung und Aufklärung von Straftaten, die wohl aber von den Arbeitnehmern begangen wurden. Experten gehen davon aus, dass die Videoüberwachung von Mitarbeitern den wichtigsten Umsatzfaktor für deutsche Wirtschaftsdetektive darstellt.[203] Es wird geschlussfolgert, dass der Arbeitgeber aus vielfältigen Gründen ein Bedürfnis nach Videoüberwachung im Betrieb hat. Mithin stellt sich die Frage, ob dieses Bedürfnis dazu genügt, die Arbeitnehmer per Video zu überwachen. Mit anderen Worten, ob die Videoüberwachung im Betrieb zulässig ist, sofern sich die Videoüberwachung gegen Arbeitnehmer richtet, obwohl der Arbeitgeber sagt, dass er den Wunsch einer Videoüberwachung im Betrieb begründen kann.

I. Offene Videoüberwachung von Arbeitnehmern in nicht öffentlich zugänglicher Räumen

Um dies zu verdeutlichen, ist auf eine Entscheidung des BAG vom 29.06.2004[204] einzugehen, die das BAG als Richtlinie im Arbeitsrecht für die Videoüberwachung von Arbeitnehmern in nicht öffentlich zugänglichen Räumen verankert.

1. Die Entscheidung des BAG vom 29.06.2004

Mit seinem Beschluss erklärte das BAG einen Einigungsstellenspruch für unwirksam, der die Zustimmung des Betriebsrats zur Videoüberwachungsanlage in einem Briefverteilungszentrum der deutschen Post AG ersetzte.

a) Sachverhalt

Die Arbeitgeberin betreibt u.a. das Briefzentrum B. Bei den über das Briefzentrum B. laufenden Briefsendungen kam es ständig zu Verlusten. Die von der Arbeitgeberin ergriffene Kontrollmaßnahme ergab zunächst keinen Hinweis auf die Verluste. Danach ersuchte sie den für das Briefzentrum B. gebildeten Betriebsrat vergeblich um Zustimmung zur Einführung einer entsprechenden Überwachungsanlage. Die von der Arbeitgeberin angerufene Einigungsstelle beschloss gegen die Stimmen der vom Betriebsrat entsandten Mitglieder einen Spruch zur Einführung einer Videoüberwachung. Der Spruch erlaubte der Arbeitgeberin, in dem relativ unübersichtlichen Verteilzentrum verschiedene Videokameras klar ersichtlich zu installieren, die bis zu 50 Stunden in der Woche in Betrieb gesetzt werden durften, ohne dass die betroffenen Arbeitnehmer allerdings erkennen konnten, ob eine Kamera eingeschaltet war oder nicht. Der Betriebsrat vertrat die Auffassung, dass der Einigungsstellenspruch unwirksam war, da er in unzulässiger Weise in die Persönlichkeitsrechte der Arbeitnehmer eingriff.

---

203 Eine ausführliche Darstellung über die Arbeitgeberinteressen findet sich in Byers, Philipp: Die Videoüberwachung am Arbeitsplatz S. 7, 8.

204 BAG, 29.06.2004 – 1 ABR 21/03.

b) *Der Ansatzpunkt des BAG*

Der Anstandspunkt des BAG kann in zwei Bereiche unterteilt werden.

aa) Allgemein

Die Betriebsvereinbarung zwischen Arbeitgeber und Betriebsrat unterliegt uneingeschränkt der gerichtlichen Kontrolle, in welcher der Richter prüft, ob der Inhalt der Betriebsvereinbarung gegen zwingendes höherrangiges Recht verstößt. Der Einigungsstellenspruch, der zwar die Vereinbarung zwischen Arbeitgeber und Betriebsrat ersetzt, funktioniert aber wie eine Betriebsvereinbarung. Daher ist ebenso wie eine Betriebsvereinbarung durch ein Gericht uneingeschränkt überprüfbar, ob er inhaltlich gegen zwingendes höherrangiges Recht verstößt.[205]

Arbeitgeber und Betriebsrat sowie die Einigungsstelle sind zwar nach § 87 I Nr. 6 BetrVG berechtigt, Regelungen über die Einführung einer Videoüberwachung zu treffen, jedoch haben sie zwingendes höherrangiges Recht zu beachten. Als zwingendes höherrangiges Recht kommt § 75 II 1 BetrVG in Betracht. Danach haben die Betriebsparteien und die Einigungsstelle die Pflicht, die freie Entfaltung der Persönlichkeit der im Betrieb beschäftigten Arbeitnehmer zu schützen und fördern.[206] Die freie Entfaltung der Persönlichkeit im Sinne § 75 II 1 BetrVG richtet sich nach der Wahrung der grundrechtlich geschützten Freiheitsrechte. Im Rahmen der grundrechtlich geschützten Freiheitsrechte ist für das Betriebsverfassungsgesetz (BetrVG) das in Art. 2 I i.V. m. Art. 1 I GG gewährleistete allgemeine Persönlichkeitsrecht bedeutend, welches in § 75 II 1 BetrVG geprägt wird. Bei der Videoüberwachung von Arbeitnehmern treffen das Recht am gesprochenen Wort, das Recht am eigenen Bild sowie das Informationsselbstbestimmungsrecht zu, die als Ausfluss des allgemeinen Persönlichkeitsrechts gelten.

So wie alle anderen Freiheitsrechte ist auch das allgemeine Persönlichkeitsrecht nicht nur ein subjektives Abwehrrecht gegenüber den Staatsorganen, weil es den Schutz der Bürger durch den Staat fordert. Vielmehr ist der Schutz des privaten Grundrechtsträgers gegenüber den anderen privaten Grundrechtsträgern notwendig, wenn die Grundrechte eines Bürgers von anderen Privaten unverhältnismäßig eingeschränkt werden. Der Staat muss die einzelnen Grundrechtsträger vor einer unverhältnismäßigen Beschränkung ihrer Grundrechte durch privatautonome Regelungen anderer schützen.[207] Daher stellt § 75 II 1

---

205 BAG, 29.06.2004 - 1 ABR 21/03, Rn. 11.

206 BAG, 29.06.2004 - 1 ABR 21/03, Rn. 12, 13.

207 BAG, 29.06.2004 - 1 ABR 21/03, Rn. 14.

BetrVG eine Schranke für die Regelungsbefugnis der Betriebsparteien und den Inhalt der von ihnen getroffenen Regelungen dar. Daraus ist zu entnehmen, dass Grundrechte (allgemeines Persönlichkeitsrecht) von Arbeitnehmern, die private Grundrechtsträger sind, von Arbeitgebern und dem Betriebsrat (auch als privaten Grundrechtsträger) nicht unverhältnismäßig beschränkt werden dürfen. Allerdings spricht die Pflicht nach § 75 II 2 BetrVG nicht dagegen, das allgemeine Persönlichkeitsrecht einzuschränken. Vielmehr ist die Begrenzung des allgemeinen Persönlichkeitsrechts durch den Einigungsstellenspruch ausreichend zu rechtfertigen. Ohne genügende Rechtfertigungsgründe entspricht sie nicht der Pflicht nach § 75 II 2 BetrVG.

Wie bereits das BAG bei der Videoüberwachung von Arbeitnehmern in öffentlich zugänglichen Räumen erläutert hat, wird das allgemeine Persönlichkeitsrecht, außer dem absoluten Kernbereich privater Lebensgestaltung, nicht schrankenlos gewährleistet. In diesem Urteil hat es allerdings noch weitaus mehr darüber ausgesagt. Der Schutz des allgemeinen Persönlichkeitsrechts ist zunächst durch die verfassungsgemäße Ordnung zu begrenzen. Verfassungsgemäße Gesetze können daher in das allgemeine Persönlichkeitsrecht eingreifen. Die rechtlich geschützten Belange anderer Grundrechtsträger trägt weiterhin die Einschränkung des allgemeinen Persönlichkeitsrechtsschutz Rechnung. Folglich ist der Eingriff in das allgemeine Persönlichkeitsrecht durch eine ausdrückliche gesetzliche Regelung erlaubt. Sofern keine ausdrückliche gesetzliche Regelung getroffen wird, ist der Eingriff durch schutzwürdige Belange anderer Grundrechtsträger rechtfertigbar. Bei der Videoüberwachung von Arbeitnehmern in nicht öffentlich zugänglichen Räumen ist daher eine Güterabwägung unter Berücksichtigung der Umstände des Einzelfalls erforderlich, sofern das allgemeine Persönlichkeitsrecht des Arbeitnehmers mit den schutzwürdigen Interessen des Arbeitgebers kollidiert.[208]

bb) Rechtfertigung des Eingriffs in das allgemeine Persönlichkeitsrecht des Arbeitnehmers

Zunächst wird geprüft, ob ausdrückliche gesetzliche Regelungen existieren, den durch Einigungsstellenspruch erfolgten Eingriff in das allgemeine Persönlichkeitsrecht bei der Videoüberwachung von Arbeitnehmern in nicht öffentlich zugänglichen Räumen zu rechtfertigen.

---

208 BAG, 29.06.2004 – 1 ABR 21/03, Rn. 15, 16, 17.

(1) Rechtfertigung durch Gesetze[209]

Eine Einwilligung der Arbeitnehmer nach § 4a BDSG liegt im vorgestellten Fall nicht vor. § 6b I BDSG kann hinsichtlich der Videoüberwachung von Arbeitnehmern in nicht öffentlich zugänglichen Räumen nicht angewendet werden, da die Vorschrift nur die Beobachtung öffentlich zugänglicher Räume regelt. Eine analoge Anwendung des § 6b I BDSG ist ebenso nicht möglich, da der Gesetzgeber es bewusst unterlässt, Regelungen für nicht öffentlich zugängliche Arbeitsplätze zu treffen. In der Gesetzesbegründung wird klar ausgedrückt, dass für nicht öffentlich zugängliche Räume besondere Regelungen, beispielsweise im Rahmen eines Arbeitnehmerdatenschutzgesetzes, erforderlich seien.[210] Weiterhin sind bei der Videoüberwachung öffentlich zugänglicher Räume die Betroffenen der verantwortlichen Stelle unbekannt. Die Umstände der Videoüberwachung an nicht öffentlich zugänglichen Arbeitsplätzen sind insofern konträr als bei einer solchen Videoüberwachung der Personenkreis überschaubar und der Arbeitgeberin bekannt ist. Der Überwachungs- und Anpassungsdruck ist für Betroffene viel größer als bei der Videoüberwachung in öffentlich zugänglichen Räumen. Darüber hinaus ist die Überwachungsdauer für Betroffene viel länger als bei der Videoüberwachung in öffentlich zugänglichen Räumen. Des Weiteren sind die nach § 28 I BDSG erforderlichen Voraussetzungen hier nicht erfüllt, selbst dann, wenn § 28 BDSG grundsätzlich dafür geeignet sein sollte, die Videoüberwachung von Personen zu rechtfertigen. Die Videoüberwachung lässt sich außerdem nicht durch eine Notwehrsituation oder eine notwehrähnliche Lage rechtfertigen. Die Verteidigung muss sich ausschließlich gegen den Angreifer richten, was in diesem Fall nicht zutrifft. Durch die Videoüberwachung ist zwangsläufig eine große Anzahl von unschuldigen Arbeitnehmern betroffen.[211]

Daraus ergibt sich, dass es keine gesetzlichen Vorschriften gibt, den durch den Einigungsstellenspruch erfolgten Eingriff in das allgemeine Persönlichkeitsrecht des Arbeitnehmers bei der Videoüberwachung von Arbeitnehmern in nicht öffentlich zugänglichen Räumen zu rechtfertigen. Daher ist nunmehr zu überprüfen, ob die schutzwürdigen Interessen der Arbeitgeberin den Eingriff rechtfertigen.

---

209 Das Gesetz hat sich verändert. Die Veränderung des Gesetzes wird im Kapitel 3 B III 1 ausführlich dargestellt. Diese Auffassung im Beschluss des BAG bezieht sich auf die Vergangenheit und passt daher nicht mehr zum gegenwärtigen Zustand. Das BAG greift damit auf einen veralteten Kenntnisstand zurück. Der Beschluss des BAG ist insoweit nur vor dem Hintergrund der damaligen Rechtsfolge verständlich.

210 BT-Drs. 14/4329, S. 38.

211 BAG, 29.06.2004 - 1 ABR 21/03, Rn. 29, 30.

(2) Rechtfertigung durch eine Güterabwägung unter Berücksichtigung der Umstände des Einzelfalls – Interessenabwägung nach dem Verhältnismäßigkeitsgrundsatz

Die Arbeitgeberin kann sich zunächst nicht auf ihr Hausrecht berufen. Der Arbeitnehmer ist durch sein Arbeitsverhältnis gezwungen, seine arbeitsvertraglichen Pflichten an dem von der Arbeitgeberin bestimmten Ort zu erbringen. Regelmäßig kann sich der Arbeitnehmer einer Videoüberwachung am Arbeitsplatz folglich nicht entziehen. Daher ist das Hausrecht im Arbeitsverhältnis zu beschränken. Der Arbeitgeber muss das Persönlichkeitsrecht des Arbeitnehmers beachten. Die Videoüberwachung kann nicht allein damit gerechtfertigt werden, dass sie die Räumlichkeiten des Unternehmers betrifft.[212]

Weiterhin ist die Videoüberwachung nicht durch überwiegende schutzwürdige Interessen der Arbeitgeberin und der Postkunden rechtfertigbar. Nach § 39 II 1 PostG ist die Arbeitgeberin zur Wahrung des durch Art. 10 I GG gewährleisteten Postgeheimnisses verpflichtet. § 39 I PostG konkretisiert das Postgeheimnis unter anderen als den Inhalt von Postsendungen. Daher ist die Arbeitgeberin verpflichtet, das Eigentum ihrer Kunden zu schützen. Zum Schutz des Eigentums ihrer Kunden wird die Arbeitgeberin zur sicheren Beförderung der Postsendungen aufgefordert. Der Schwerpunkt der schützenswerten Interessen der Arbeitgeberin wird daher herausgebildet, nämlich präventive Verhinderung von Diebstählen und repressive Ergreifung und Überführung der Täter.[213] Das BAG ist der Meinung, dass es andere, weniger einschneidende Überwachungsmittel gibt, die sowohl zur Prävention von Diebstählen als auch zur Ergreifung und Überführung der Täter geeignet sind, auch dann wenn die Videoüberwachung geeigneter erscheint.[214] Beispielsweise seien eine intensivere Beobachtung durch andere Mitarbeiter, eine Personenkontrolle und Ausgangskontrolle oder diverse bauliche Veränderungen innerhalb der unübersichtlichen Bearbeitungshalle als mögliche Alternativmittel in Betracht zu ziehen. Das reine Fernseh-Monitoring stelle ein milderes Präventionsmittel als die im Einigungsstellenspruch vorgesehene Aufzeichnung auf Videobändern dar. Im Übrigen greife die Videoüberwachung aufgrund der hohen Intensität unverhältnismäßig in die Persönlichkeitsrechte der Arbeitnehmer ein. Weiterhin bemängelt das BAG die zeitliche Unbegrenztheit der Videoüberwachung, den festgelegten Überwachungszeitraum von verdachtsunabhängigen 50 Stunden pro Woche, die nicht vorhandene

---

212 BAG, 29.06.2004 – 1 ABR 21/03, Rn. 31, 32, 33.
213 BAG, 29.06.2004 – 1 ABR 21/03, Rn. 34, 35.
214 BAG, 29.06.2004 – 1 ABR 21/03, Rn. 36, 37.

Begrenzung der Überwachungstechnik sowie die Tatsache, dass durch den Überwachungseinsatz eine Vielzahl unschuldiger Mitarbeiter der Videokontrolle ausgesetzt sei.[215]

c) Kritik in der Literatur

Seit das BAG diesen Beschluss verkündet hat, wird er kritisiert. Zu Recht hat das BAG diese Meinung angenommen. Die Grundrechte wirken zwar nicht unmittelbar zwischen Grundrechtsträgern, sondern nur als Abwehrrechte gegenüber dem Staat. Der Staat habe allerdings Schutzpflichten gegenüber dem Bürger. Diese Schutzpflichten seien entweder konkret in gesetzlichen Bestimmungen umgesetzt oder wirken über die Generalklauseln.[216] Im vorliegenden Fall hat das BAG auf § 75 II 1 BetrVG zurückgegriffen, der den Betriebsparteien die Wahrung des Allgemeinen Persönlichkeitsrechts aus Art. 2 I i.V.m. Art 1 I GG auferlegt.[217]

Das Gegenübertreten zweier Grundrechtsträger mache eine Beschränkung jedenfalls notwendig.[218] Das Allgemeine Persönlichkeitsrecht könne ohne gesetzliche Ermächtigung durch überwiegende berechtigte Interessen anderer Grundrechtsträger beschränkt werden. Die Einschränkung sei durch eine Güter- und Interessenabwägung unter Wahrung des Verhältnismäßigkeitsgrundsatzes im konkreten Einzelfall festzustellen.[219]

Auf der anderen Seite ist diese Rechtsprechung nicht einwandfrei. In der Literatur wird sie deswegen kritisiert.

aa) Eine Gegenansicht

Nach einer Ansicht[220] leite zwar das BAG die berechtigten Belange des Arbeitgebers von dem Interesse der Allgemeinheit und der Postkunden an der raschen, ordnungsgemäßen und zuverlässigen Beförderung von Postsendungen ebenso wie dem Postgeheimnis ab, jedoch sei es unnötig, solche Rechtsgüter zur Konkretisierung des Arbeitgeberinteresses heranzuziehen. Vielmehr sei für den Arbeitgeber sein Eigentum schutzwürdig, vor allem seine unternehmerische Abwehr rechtswidriger Angriffe. Außerdem sei es möglich, die Funktionsfähigkeit

---

215 BAG, 29.06.2004 - 1 ABR 21/03, Rn. 37 - 48.

216 Richardi, Reinhard/Kortstock, Ulf: RdA 2005, 381(382); vgl. Hunold, Wolf: BB 2005, 102(108); Byers, Philipp: Die Videoüberwachung am Arbeitsplatz S. 159.

217 Hunold, Wolf: BB 2005, 102(108).

218 Richardi,Reinhard/Kortstock, Ulf: RdA 2005, 381(383).

219 Byers, Philipp: Die Videoüberwachung am Arbeitsplatz S. 159; vgl. Hunold, Wolf: BB 2005, 102(108); Bayreuther, Frank: NZA 2005, 1039(1040).

220 Bayreuther, Frank: NZA 2005, 1039(1040).

des Unternehmens im Interesse der überwiegenden Mehrheit der ehrlichen Belegschaft zu gewähren.[221]

Des Weiteren erscheinen die Vorgaben des BAG zu streng, was die notwendige Konkretisierung des Anfangsverdachts betreffe. Das BAG halte es für unzureichend, dass von den im Verteilzentrum bearbeiteten Sendungen jährlich knapp 9000 nachgewiesenermaßen den Empfänger nicht erreichten. Die Arbeitgeberin habe nicht festgestellt, in welchem Umfang die Verluste im Briefzentrum selbst, auf dem Weg dorthin oder auf dem weiteren Weg zum Empfänger eintreten. Es sei aber doch außerordentlich schwierig herauszufinden, an welchem Punkt der Versandabwicklung die Verluste eintreten. Vor allem kommen 9000 festgestellte Sendungen pro Jahr abhanden. Daher müssen auch Mitarbeiter im Briefzentrum dafür verantwortlich sein. Darüber hinaus sei es nicht überzeugend, dass das BAG den Vortrag der Arbeitgeberin als wenig aussagekräftig gewürdigt hat, wobei in drei anderen Verteilzentren nach Installation einer Überwachungsanlage die Verluste um bis zu 15% zurückgegangen seien. Allerdings sei das BAG in einem anderen Urteil der Auffassung, dass die Arbeitgeberin ihren Verdacht gegen die Arbeitnehmerin auf Inventurdifferenzen stütze, die jedenfalls durch Maßnahmen der Innenrevision nicht aufgeklärt werden konnten. Damit sei der Verdacht zwar wesentlich konkreter als in dem Fall, weil immerhin feststehe, dass es im Markt selbst zu Unregelmäßigkeiten komme. Der eigentliche Verdacht, ein Arbeitnehmer könne Leergutbons manipulieren, bleibe aber unklar und basiere ausschließlich auf einer nicht konkretisierten Annahme.[222]

Weitergehend für die Erforderlichkeit der Videoüberwachung habe das BAG vorgeschlagen, das unübersichtliche Verteilerzentrum umzubauen. Dieser Vorschlag tangiere schließlich die unternehmerische Entscheidungsfreiheit der Arbeitgeberin.[223]

Ferner ist es nicht überzeugend, dass das BAG der Arbeitgeberin vorwerfe, dass sie wahllos die Gesamtheit der im Verteilzentrum tätigen Belegschaft herausgegriffen und damit eine Vielzahl „Unschuldiger" der Überwachung ausgesetzt habe, nur um einige wenige potenzielle Diebe abzuschrecken. Vorstellbar ist in diesem konkreten Fall der Einsatz einer Videoüberwachung, wenn man in einem räumlich abgegrenzten Bereich Straftaten begangen habe, die bislang nicht anders aufgeklärt werden konnten. Offensichtlich scheide für die Aufklärung dieser Straftat die Forderung nach einer konkreten gegen eine bestimmte Person gerichteten

221 Bayreuther, Frank: NZA 2005, 1039(1040).
222 Bayreuther, Frank: NZA 2005, 1039(1040).
223 Bayreuther, Frank: NZA 2005, 1039(1041).

Einzelüberwachung aber naturgemäß aus. Daher sei davon auszugehen, dass die Überwachung sich auf alle Personen erstrecken dürfe, die in dem Raum tätig seien, auf den sich der Anfangsverdacht funktional eingegrenzt erstrecke.[224]

bb) Eine andere Gegenansicht

Nach einer anderen Kritik[225] gegen das BAG habe die Videoüberwachung nicht rechtswidrig in die Persönlichkeitssphäre der Mitarbeiter eingegriffen.

Dieses Gegenargument unterteilt sich in zwei Bereiche. Einerseits stimmt es der Auffassung des BAG zu.

Der Eingriff in das allgemeine Persönlichkeitsrecht sei außerhalb des Kernbereiches der Intimsphäre grundsätzlich möglich. Dies kann sich aus verfassungsmäßigen Gesetzen wie einer Betriebsvereinbarung ergeben. Soweit keine Rechtsgrundlage dafür existiert, lässt sich das allgemeine Persönlichkeitsrecht durch überwiegende berechtigte Interessen anderer Grundrechtsträger begrenzen, wobei im konkreten Einzelfall eine Güter- und Interessenabwägung unter Wahrung des Verhältnismäßigkeitsgrundsatzes eine wichtige Rolle spielt. Durch diese Güterabwägung ist letztlich festzustellen, ob das allgemeine Persönlichkeitsrecht beschränkt werden soll oder nicht. Daraufhin ist die Videoüberwachung nicht durch das Hausrecht der Arbeitgeberin zu rechtfertigen. Weiterhin finden darauf auch Notwehr oder notwehrähnliche Lagen keine Anwendung. Die Videoüberwachung kann ausschließlich durch überwiegende schutzwürdige Interessen der Arbeitgeberin und ihrer Postkunden gerechtfertigt werden.[226]

Andererseits ist es nicht akzeptierbar, was das BAG über die Verhältnismäßigkeitsprüfung äußerte.

Unstreitig ist zwar, dass das BAG die Eingriffsintensität der Videoüberwachung bei der Verhältnismäßigkeitsprüfung berücksichtigte, wobei sich die Eingriffsintensität darauf bezieht, wie viele Mitarbeiter von den Videokameras erfasst werden, und ob sie zu dieser Anlass gegeben haben. Weiterhin stellen die Art und Dauer der Videokontrolle ein wichtiges Kriterium für die Intensität dar. Weitergehend hat das BAG in seine Überlegung einbezogen, ob die Überwachung die betroffenen Personen individualisieren kann, wie viel unverdächtige Dritte von der Maßnahme betroffen sind und welche Videotechnik die Arbeitgeberin eingesetzt hatte.[227]

---

224 Bayreuther, Frank: NZA 2005, 1039(1041).

225 Byers, Philipp: Die Videoüberwachung am Arbeitsplatz S. 159

226 Byers, Philipp: Die Videoüberwachung am Arbeitsplatz S. 159.

227 Byers, Philipp: Die Videoüberwachung am Arbeitsplatz S. 160.

Das BAG habe jedoch die Arbeitgeberinteressen im Rahmen der Interessenabwägung nicht vollständig berücksichtigt. Der Überwachungszweck, die Arbeitgeberin vor eigenen Eingentumsverlusten zu schützen, bleibe vollkommen unbeachtet. Das Arbeitgeberinteresse an der Wahrung des Postgeheimnisses sowie am Schutz des Eigentums der Postkunden werde nicht ausreichend stark berücksichtigt. Die Gewährleistung eines ordnungsgemäßen Postverkehrs stelle ein konstitutives Element für das Funktionieren von Staat und Wirtschaft dar. Die sichere, schnelle und ordnungsgemäße Beförderung von Briefsendungen stelle ein Gemeinschaftsgut mit überragender Bedeutung dar. Ferner sei die Gewährleistung der Vertraulichkeit von Briefsendung für das Gemeinwesen äußerst wichtig. Gerade durch Briefsendung teilen sich die beteiligten Personen oftmals sehr intime und höchstpersönliche Dinge mit. Soweit ein unbeteiligter Dritter unberechtigt auf Briefsendungen zugreife und dadurch Kenntnis von ihrem vertraulichen Inhalt erlange, stelle dies einen massiven Eingriff in die Persönlichkeitssphäre der betroffenen Postkunden dar. Der Postkunde müsse sich hinsichtlich der Postkommunikation Dritter bedienen. Daher sei er darauf angewiesen, dass Postdienstleister und Staat die Privatheit seiner Kommunikation auch außerhalb seiner Einflusssphäre gewährleisten. Aus diesem Grund sei die Deutsche Post zur Wahrung des Postgeheimnisses verpflichtet. Ihr sei es daher untersagt, sich oder anderen über das für die Erbringung der Postdienste erforderliche Maß hinaus Kenntnis vom Inhalt der Postsendungen zu verschaffen. Diese wichtigen Aspekte lasse das BAG in seinen Erwägungen zur Interessenabwägung nahezu unberücksichtigt.[228]

Weiterhin wird kritisiert, dass eine offene Videoüberwachung unter gewissen Voraussetzungen für unbestimmte Zeit nicht erfolgen darf. Gerade an einem sicherheitssensiblen Arbeitsplatz wie in einem Briefzentrum, bei dem die Mitarbeiter unter anderem direkten Zugriff auf private Briefe und Wertsendungen haben, bestehe eine gesteigerte Diebstahl- und Missbrauchsgefahr, der durch langfristige Videoüberwachung zu begegnen sei. Aus Gründen des Eigentumsschutzes der Arbeitgeberin sowie ihrer Kunden und aufgrund der Verpflichtung zur Wahrung des Postgeheimnisses müsse es der Arbeitgeberin erlaubt sein, eine offene Videoüberwachung kontinuierlich im Briefzentrum einzusetzen. Zudem sei die Inbetriebnahme der Kameras zeitlich begrenzt, sodass die Mitarbeiter keiner uneingeschränkten Kontrolle ausgesetzt seien. Diese greife weniger stark in die Persönlichkeitssphäre der Belegschaft ein, als wenn die Kameras ununterbrochen eingeschaltet seien. Zu beachten sei, dass vorliegend die offene

228 Byers, Philipp: Die Videoüberwachung am Arbeitsplatz S. 160, 161.

Videoüberwachung nur dann ein taugliches Überwachungsmittel darstelle, wenn ihr Einsatz kontinuierlich erfolge oder ihre jeweilige Inbetriebnahme unbekannt bleibe. Eine Ankündigung der genauen Kameraeinschaltzeiten sei dagegen nicht praxistauglich, da sich ein potenzieller Straftäter entsprechend auf die konkrete Inbetriebnahme einstellen werde. Ferner dient die Videoüberwachung zur Vorbeugung und Aufklärung von Straftaten. Aus diesem Grund sei der Einsatz eines Kamera- Monitor- Systems nicht praxisgerecht, da der permanente Einsatz von Überwachungspersonal erforderlich für die Beobachtung der Monitore sei. Außerdem sei die Videoaufnahme ein sichereres Beweismittel als der unsichere Zeugenbeweis des Mitarbeiters, der des den Monitor beobachtet.[229]

Entgegen der Ansicht des BAG habe die Arbeitgeberin keine milderen Alternativmittel. Die intensive, dauerhafte Beobachtung des Briefzentrums durch andere Mitarbeiter oder Leibesvisitationen stellen keine milderen Überwachungsmittel dar. Die betroffenen Mitarbeiter empfinden eine gezielte Kontrolle durch Aufsichtsperson belastender als eine offene Videoüberwachung. Ein firmeninternes „Spitzelwesen" trage vielmehr zu starkem Misstrauen unter den Arbeitnehmern bei. Dies könne zu erheblichen Störungen des Betriebsklimas führen. Die Kontrolle durch Aufsichtspersonal erfolge häufig subjektiv, während der Einsatz von Videokameras ausschließlich nach objektiven Maßstäben durchgeführt werde. Zudem seien Torkontrollen oder die Überwachung durch eine Aufsichtsperson weniger wirkungsvoll zur Aufklärung eines Diebstahls, da diese nur stichprobenartig und nicht flächendeckend erfolgen können. Die Videoaufnahme könne dagegen eine Straftat meist unzweifelhaft nachweisen. Entgegen der Auffassung des BAG sei die offene Videoüberwachung verhältnismäßig und damit insgesamt rechtmäßig. Einen derartigen Eingriff in ihr Persönlichkeitsrecht müssen die betroffenen Arbeitnehmer hinnehmen, auch wenn sie in der Mehrzahl unverdächtig seien.[230]

cc) Weitere Gegenansichten

Die Einschränkung, die dem Staat zu Recht aufgelegt werde, könne leicht bruchlos auf das Verhältnis zwischen Privaten übertragen werden. Damit drohe die Verwirklichung von Grundrechten statt Freiheitsbestätigung jedoch nur noch eine Ausübung staatlicher (genauer: gerichtlicher) Gestattungen zu werden, die einem umfassenden Abwägungsvorbehalt unterliege; es bestehe zudem die Gefahr, im engeren Sinn politisch zu entscheidende Fragen bereits als in der

229 Byers, Philipp: Die Videoüberwachung am Arbeitsplatz S. 161.
230 Byers, Philipp: Die Videoüberwachung am Arbeitsplatz S. 162.

Verfassung festgelegt zu behandeln.[231] Ist es richtig, die Maßstäbe für die zulässige Intensität des Eingriffs in das allgemeine Persönlichkeitsrecht der Mitarbeiter im Wesentlichen der Rechtsprechung zu staatlichen Eingriffsbefugnissen zu entnehmen, obwohl es sich beim Arbeitsverhältnis um ein privatrechtliches Austauschverhältnis handelt und nicht um ein Über- bzw. Unterordnungsverhältnis wie zwischen Staat und Bürger?[232]

Des Weiteren werden die Interessen von Arbeitgeber und Kunden kaum näher beleuchtet. Eine tatsächlich im Briefzentrum bestehende Bedrohung aber einmal vorausgesetzt, müsse man beachten, dass zwar unschuldige Arbeitnehmer gefilmt werden, andernfalls aber „unschuldige" Postkunden Eingriff in ihre Grundrechte erdulden müssen.[233] Beide Vorinstanzen haben in ihren Entscheidungen darauf abgezielt, dass es auch im Interesse eines funktionierenden Gemeinwesens liege, dass Postsendungen zuverlässig und unversehrt ankommen. Das LAG sehe den Betriebszweck der Post, nämlich die rasche, ordnungsgemäße und zuverlässige Beförderung von Brief- und anderen Sendungen als „wichtiges Gemeinschaftsgut" an- eine quantité négligeable? (wegen ihrer Geringfügigkeit und Unbedeutendheit vernachlässigbare Menge, Anzahl),[234] da das BAG diesem Betriebszweck nicht Rechnung getragen hat.

Weiterhin kündige sich hier ein Grundproblem der Entscheidung an. Sie passe nicht recht auf typischerweise erhöhte Gefährdungslagen, bei diesen müsse ein anderer Maßstab angewendet werden. Das Problem mit typischen Gefährdungslagen bestehe auch, wenn das BAG nur Überwachungsmaßnahmen von begrenzter Dauer, also wohl jeweils aus einem konkreten Anlass, zulassen möchte.[235]

Ist außerdem denkbar, auf welche empirischen Erkenntnisse sich die Annahme des Senats stütze, dass sich „die Arbeitnehmer" bei jeder ihrer Bewegungen kontrolliert fühlen müssten? Durch die Möglichkeit, dass ihre Gestik und Mimik, bewusste oder unbewusste Gebärden, der Gesichtsausdruck bei der Arbeit oder bei der Kommunikation mit Vorgesetzten und Kollegen aufgezeichnet werden, entstehe ein Druck, sich möglichst unauffällig zu benehmen, setzen sich doch die Arbeitnehmer der Gefahr aus, später wegen etwa abweichender Verhaltensweisen zum Gegenstand von Kritik, Spott oder gar Sanktionen zu werden. Meine der Senat ernsthaft, dass ein vernünftiger Vorgesetzter, der eine Aufnahme seines Mitarbeiters gesehen habe, diesen wegen seiner Mimik oder Gestik kritisieren,

---

231 Richardi, Reinhard/Kortstock, Ulf: RdA 2005, 381(382).
232 Hunold, Wolf: BB 2005, 102(108).
233 Richardi, Reinhard/Kortstock, Ulf: RdA 2005, 381(383).
234 Hunold, Wolf: BB 2005, 102(108).
235 Richardi, Reinhard/Kortstock, Ulf: RdA 2005, 381(384).

verspotten oder gar Sanktionen gegen ihn ergreifen würde, gleichwohl er das nach dem Einigungsstellenspruch dürfe?[236]

d) Zwischenergebnis

Durch diese Rechtsprechung hat das BAG die Orientierungsrichtung für die Videoüberwachung von Arbeitnehmern am nicht öffentlichen zugänglichen Arbeitsplatz vorgegeben.

Die Videoüberwachung stellt zwar einen schwerwiegenden Eingriff in das Persönlichkeitsrecht des Arbeitnehmers dar. Durch die rechtlich geschützten Belange anderer Grundrechtsträger lässt sich dieser Eingriff jedoch rechtfertigen. Allerdings ist erst durch das Gesetz die Rechtfertigung des Eingriffs in das allgemeine Persönlichkeitsrecht des Arbeitnehmers gegeben. Sofern dieser Eingriff nicht durch eine ausdrückliche gesetzliche Regelung gestattet sei, müsse er durch schutzwürdige Belange anderer Grundrechtsträger, beispielsweise des Arbeitgebers, gerechtfertigt sein. Bei einer Kollision des allgemeinen Persönlichkeitsrechts mit den schutzwürdigen Interessen des Arbeitgebers sei eine Güterabwägung unter Berücksichtigung der Umstände des Einzelfalls erforderlich. Das zulässige Maß einer Beschränkung des allgemeinen Persönlichkeitsrechts bestimme sich nach dem Grundsatz der Verhältnismäßigkeit. Daher müsse es geeignet, erforderlich und unter Berücksichtigung der gewährleisteten Freiheitsrechte angemessen sein, um den erstrebten Zweck erreichen zu können.[237]

In der Literatur wird die oben dargestellte Auffassung des BAG nicht in Frage gestellt. Problematisch ist jedoch, wie man den Verhältnismäßigkeitsgrundsatz auslegt. Nach den Aussagen des BAG beinhaltet der Verhältnismäßigkeitsgrundsatz Geeignetheit, Erforderlichkeit und Angemessenheit einer Sache. Die Regelung sei dann geeignet, wenn mit ihrer Hilfe der erstrebte Erfolg gefördert werden könne. Erforderlich sei die Regelung, wenn kein anderes, gleich wirksames, aber das Persönlichkeitsrecht weniger einschränkendes Mittel zur Verfügung stehe. Angemessen sei die Regelung, wenn sie verhältnismäßig im engeren Sinn erscheine. Es bedürfe hierfür einer Gesamtabwägung zwischen der Intensität des Eingriffs und dem Gewicht der ihn rechtfertigenden Gründe. Die Grenze der Zumutbarkeit dürfe nicht überschritten werden.[238]

Aber was ist genau damit gemeint, dass die Intensität des Eingriffs unabhängig von den ihn rechtfertigenden Gründe unabhängig ist; was ist unter der Intensität

236 Hunold, Wolf: BB 2005, 102(108).

237 BAG v. 29.06.2004 – 1 ABR 21/03, Rn. 17.

238 BAG v. 29.06.2004 – 1 ABR 21/03, Rn. 18. 19. 20.

des Eingriffs tatsächlich zu verstehen? Welche Tatbestandmerkmale im konkreten Einzelfall lassen sich in der Intensität des Eingriffs heranziehen? Wie ist das Gewicht der ihn rechtfertigenden Gründe zu begreifen? Was muss man unter dem Gewicht der Gründe in Bezug auf den konkreten Einzelfall berücksichtigen? Wie oben in der Kritik aufgezeigt, ist es bei der Verhältnismäßigkeitsprüfung wohl weder leicht, alle Faktoren zu beachten noch daraus das Verständnis für die Grenze der Zumutbarkeit für den konkreten Fall herzuleiten.

Im Dezember 2004 hat sich das BAG in seiner anderen Rechtsprechung mit der offenen Videoüberwachung von Arbeitnehmern am nicht öffentlich zugänglichen Arbeitsplatz befasst.[239] Dieser Rechtsprechung lag ein gleichgelagerter Sachverhalt zugrunde, mit dem sich das BAG in der Rechtsprechung auseinandergesetzt hatte, die oben bereits ausführlich erläutert wurde.

Das BAG gehe wie in seiner Rechtsprechung vom 29.06.2004 davon aus, dass die Videoüberwachung unzulässig sei, da sie rechtswidrig in das Persönlichkeitsrecht eingegriffen habe. Das Postgeheimnis, das Eigentum der Postkunden und die eigenen wirtschaftlichen Interessen der Arbeitgeber stellen hohe Rechtsgüter dar. Sie können unter bestimmten Voraussetzungen und insbesondere im Rahmen eines auf konkrete Personen bezogenen Verdachts dazu berechtigen, für einen überschaubaren Zeitraum die Interessen der Arbeitnehmer an der Beachtung ihres allgemeinen Persönlichkeitsrechts kurzzeitig zu vernachlässigen. Dabei ist die Argumentation des BAG inhaltlich deckungsgleich mit der Entscheidung von 29.06.2004. Unter den konkreten Umständen des vorliegenden Falls reichen bei der Verhältnismäßigkeitsprüfung die Interessen der Arbeitgeberin aber nicht aus, um den Eingriff in das allgemeine Persönlichkeitsrecht der Arbeitnehmer zu rechtfertigen.[240] Im Ergebnis ist die Auffassung des BAG wieder auf Kritik gestoßen. Dabei ist größtenteils auf die Argumente der Stellungnahme zu der Rechtsprechung des BAG vom 29.06.2004 zu verweisen.

Im Laufe der Zeit hat das BAG neue Kenntnisse von der Verhältnismäßigkeitsprüfung gewonnen. In seiner Rechtsprechung vom 26.08.2008 hat es sich wiederum mit einer offenen Videoüberwachung in einem Briefzentrum auseinandergesetzt,[241] wobei es die Interessen der Arbeitgeber entgegen der Auffassung in den beiden oben genannten Rechtsprechungen vollständig berücksichtigt hat.

239 BAG v. 14.12.2004 – 1 ABR 34/03.

240 BAG v. 14.12.2004 – 1 ABR 34/03, Orientierungssatz Nr.2.

241 BAG v. 26.08.2008 – 1 ABR 16/07.

2. *Entscheidung des BAG vom 26.08.2008*

In der Rechtsprechung vom 26.08.2008 hat sich das BAG teilweise mit der offenen Videoüberwachung am öffentlich zugänglichen Arbeitsplatz befasst. Im Wesentlichen hat es sich aber mit der offenen Videoüberwachung am nicht öffentlich zugänglichen Arbeitsplatz auseinandergesetzt.

a) Sachverhalt

In dem Briefzentrum waren innerhalb von 10 Monaten Briefsendungen von 250 Kunden abhandengekommen. Arbeitgeberin und Betriebsrat konnten sich nicht auf die Einführung einer stationären Videoüberwachung einigen. Die von der Arbeitgeberin angerufene Einigungsstelle beschloss unter anderem im Innenbereich die Einführung der offenen Videoüberwachung zum Zweck der Aufklärung und Vorbeugung von Straftaten. Im Innenbereich lassen sich die Videokameras während der Betriebszeiten nur dann legal aktivieren, wenn der auf konkrete Personen bezogene Verdacht einer strafbaren Handlung besteht. Die Videoüberwachung ist zunächst auf den räumlichen Bereich des Briefzentrums zu beschränken, dem der verdächtige Vorfall zugerechnet werden kann. Eine weitere Anwendung der Überwachung auf andere Betriebsbereiche oder auf das gesamte Briefzentrum setzt voraus, dass durch die Videoüberwachung des bereits überwachten Bereichs die Aufklärung der Straftat nicht gelungen ist. Für den Innenbereich sind 13 Videokameras sichtbar angebracht worden. Die jeweilige Inbetriebnahme der Kameras ist für den Arbeitnehmer jedoch nicht bekannt zu machen. Das dadurch erlangte Beweismittel darf zu keinem anderen Zweck als zur Aufklärung von Straftaten ausgewertet werden. Außerdem siehtder Einigungsstellenspruch der Arbeitgeberin eine Löschungspflicht der Bilddaten vor und räumt dem Betriebsrat umfangreiche Kontroll- und Beteiligungsrechte hinsichtlich der Durchführung der Videoüberwachung ein. Der Betriebsrat hält den Einigungsstellenspruch als unwirksam, da er durch die Videoüberwachung in unzulässiger Weise in das allgemeine Persönlichkeitsrecht des Arbeitnehmers eingegriffen habe.[242]

b) Ansatzpunkt des BAG

aa) Allgemein

In diesem Beschluss besitzt das BAG die gleiche Auffassung wie in den oben genannten Rechtsprechungen: Arbeitgeber und Betriebsrat seien grundsätzlich befugt, eine Videoüberwachung im Betrieb einzuführen. Regelungen der Betriebsparteien

242 BAG v. 26.08.2008 – 1 ABR 16/07.

über eine Videoüberwachung im Betrieb müssen mit höherrangigem Recht vereinbar sein. Die Betriebsparteien haben nach § 75 II A BetrVG die Pflicht, die freie Persönlichkeitsentfaltung der im Betrieb beschäftigten Arbeitnehmer zu schützen und zu fördern. Sie haben das in Art. 2 I i.V.m. Art. 1 I GG gewährleistete allgemeine Persönlichkeitsrecht zu beachten. Das gelte auch für den Spruch einer Einigungsstelle. Das allgemeine Persönlichkeitsrecht werde durch die Schranken der verfassungsmäßigen Ordnung garantiert. Diese bestehe aus der Gesamtheit der Normen, die formell und materiell der Verfassung entsprechen. In das allgemeine Persönlichkeitsrecht könne vor allem durch verfassungsgemäße Gesetze eingegriffen werden. Dazu gehören auch die Betriebsvereinbarungen zwischen den einzelnen Betriebsparteien.[243]

Sofern sich keine verfassungsgemäßen Gesetze zur Rechtfertigung des Eingriffs in das allgemeine Persönlichkeitsrecht darbieten, müssen Eingriffe der Betriebsparteien in dieses durch schutzwürdige Belange anderer Grundrechtsträger gerechtfertigt sein. Das zulässige Maß einer Beschränkung des allgemeinen Persönlichkeitsrechts bestimme sich nach dem Grundsatz der Verhältnismäßigkeit. § 75 II 1 BetrVG wird durch diesen Grundsatz konkretisiert.[244] Der Grundsatz der Verhältnismäßigkeit verlangt, dass die von den Betriebsparteien bzw. der Einigungsstelle getroffene Regelung geeignet, erforderlich und unter Berücksichtigung der gewährleisteten Freiheitsrechte angemessen ist, um den erstrebten Zweck zu erreichen.[245]

bb) Verhältnismäßigkeitsprüfung im Einzelnen

In seinem Beschluss ist das BAG der Meinung, dass der Einigungsstellenspruch größtenteils wirksam ist, und die Videoüberwachung nicht rechtswidrig in das allgemeine Persönlichkeitsrecht der Arbeitnehmer eingreift.

(1) Geeignetheit, Erforderlichkeit und Angemessenheit bei der Einführung der offenen Videoüberwachung im Betrieb

Die Arbeitgeberin bezwecke durch den Einsatz der sichtbaren Videokameras, Diebstähle von und Beschädigungen an den Postsendungen zu vermindern und aufzuklären. Dadurch solle das Eigentum der Arbeitgeberin, ihrer Kunden sowie der Arbeitnehmer geschützt werden. Zudem solle die Videoüberwachung der Wahrung des Postgeheimnisses nach Art. 10 I GG dienen, zu dem die

243 BAG v. 26.08.2008 – 1 ABR 16/07, Rn. 13, 14, 16.
244 BAG v. 26.08.2008 – 1 ABR 16/07, Rn. 17.
245 BAG v. 26.08.2008 – 1 ABR 16/07, Rn. 18.

Arbeitgeberin gemäß § 39 II S. 1 PostG verpflichtet sei.[246] Die Videoüberwachung sei zur Ergreifung und Überführung von Tätern und zur Verhinderung weiterer Diebstähle grundsätzlich geeignet. Der Umstand, dass Verluste von Briefsendungen möglicherweise in erheblichem oder gar überwiegendem Umfang außerhalb des Briefzentrums- sei es auf dem Weg dorthin oder auf dem Weg zum Empfänger- eintreten, bedeute nicht, dass eine Videoanlage im Betrieb ungeeignet wäre, um dortige Verluste zu verhindern oder aufzuklären. Die Videoüberwachung dürfe daher als erforderlich gelten. Taschen- und Personenkontrollen seien nicht in ähnlicher oder gleicher Weise geeignet, um Diebstähle aufzuklären oder zu verhindern. Das gelte insbesondere, soweit Diebesgut wie dies vor allem bei Geld der Fall sei, ohne weiteres als solches erkennbar sei. Weiterhin sei ein reines Fernseh-Monitoring für die Aufklärung von Diebstählen nicht ebenso effizient wie eine Aufzeichnung.[247]

Die Gesamtheit der tatbestandlichen Voraussetzungen, der materiellen Beschränkungen sowie der verfahrensrechtlichen Sicherungen lassen die verdachtsabhängige, räumlich und zeitlich beschränkte und von der Mitwirkung des Betriebsrats abhängige Möglichkeit der Videoüberwachung als angemessen in engeren Sinn erscheinen.[248]

Im Rahmen der Interessenabwägung vertritt das BAG die Auffassung, dass die Videoüberwachung verhältnismäßig sei, obwohl die Arbeitnehmer einem ständigen Überwachungsdruck ausgesetzt seien. Für ihren Einsatz werde aber ein konkreter Verdacht verlangt. Der Einsatz der Videoüberwachung sei nicht anlasslos möglich, sondern an objektiv überprüfbare Zulässigkeitsvoraussetzungen gebunden, da für die Mitarbeiter die jeweilige Inbetriebnahme der Videoanlage nicht erkennbar sei, sie jederzeit damit rechnen müssen, gefilmt zu werden.[249]

Die Überwachung sei zunächst auf den räumlichen Bereich zu beschränken, dem der konkrete Verdacht zugeordnet werden könne. Eine Überwachung des gesamten Innenbereichs sei damit ausgeschlossen. Die Dauer der Videoüberwachung dürfe höchstens vier Wochen betragen. Die Videoaufzeichnung sei unverzüglich nach Ermittlung des Täters einzustellen. Dadurch sei diese Überwachung zeitlich auf den erforderlichen Umfang zu beschränken.[250] Weiterhin werde die Beschränkung des Betriebs der Überwachungsanlage maßgeblich durch eine verfahrensrechtliche Sicherung ergänzt. Dadurch werde der Betriebsrat in die

246 BAG v. 26.08.2008 – 1 ABR 16/07, Rn. 24.
247 BAG v. 26.08.2008 – 1 ABR 16/07, Rn. 26, 27.
248 BAG v. 26.08.2008 – 1 ABR 16/07, Rn. 30.
249 BAG v. 26.08.2008 – 1 ABR 16/07, Rn. 29, 31.
250 BAG v. 26.08.2008 – 1 ABR 16/07, Rn. 32, 33.

Lage versetzt, selbst zu beurteilen, ob der konkrete Verdacht einer strafbaren Handlung gegen bestimmte Personen begründet ist, und ob der räumliche Bereich der Überwachungsmaßnahme sowie deren zeitliche Dauer gerechtfertigt werden.[251] Ferner müssen die durch Videoüberwachung erlangten Daten unverzüglich, spätestens jedoch 60 Tage nach ihrer Herstellung gelöscht werden, wenn sie zur Erreichung des Zwecks nicht mehr erforderlich seien.[252]

(2) Geeignetheit, Erforderlichkeit und Angemessenheit bei der Ausweitung der offenen Videoüberwachung im Betrieb

Nach Ansicht des BAG ist eine räumliche Ausweitung der Videoüberwachung bei Nichtüberführung des Täters unwirksam, da durch die räumliche Ausweitung der Überwachung in das allgemeine Persönlichkeitsrecht von einigen Arbeitnehmern eingegriffen werde, ohne dass diese hierzu einen konkreten Anlass gegeben hätten. Nach Ansicht des BAG sei eine räumliche Ausweitung der Videoüberwachung bei Nichtüberführung des Täters unwirksam. Außerdem ist nicht überzeugend, dass das Vorliegen zusätzlicher, die Ausweitung der Überwachung rechtfertigender Verdachtsmomente oder Indizien nicht erforderlich sei, da die Videoaufzeichnung des zuvor überwachten Bereichs zu keiner Überführung des Täters führte. Die Erfolglosigkeit des bereits vorliegenden Eingriffs in die Persönlichkeitsrechte einer geringeren Zahl von Arbeitnehmern werde somit zum Grund für weitergehende Eingriffe in die Rechte einer weitaus größeren Zahl von Arbeitnehmern. Daraus ist zu entnehmen, dass alle Arbeitnehmer besorgt sein müssen, dass ohne die Möglichkeit ihrer Kenntnisnahme nicht nur einzelne Bereiche des Betriebs, in denen der Verdacht einer strafbaren Handlung aufgetreten ist, sondern bis zur Dauer von jeweils einem Monat der gesamte Betrieb überwacht werde.[253] Aus diesen Gründen sei die räumliche Ausweitung der Videoüberwachung nicht angemessen (verhältnismäßig im engeren Sinn), selbst dann, wenn die Ausweitung der Videoüberwachung auf weitere Bereiche oder gar das gesamte Briefzentrum für die Dauer von vier Wochen oder sogar darüber hinaus zur Überführung von Straftätern geeignet und erforderlich sei.[254]

---

251 BAG v. 26.08.2008 – 1 ABR 16/07, Rn. 34.
252 BAG v. 26.08.2008 – 1 ABR 16/07, Rn. 35.
253 BAG v. 26.08.2008 – 1 ABR 16/07, Rn. 39.
254 BAG v. 26.08.2008 – 1 ABR 16/07, Rn. 37, 38.

c) Stellungnahme

In der Literatur steht diese Entscheidung des BAG weniger in der Kritik als seine vorausgegangenen Entscheidungen, weil sie dogmatisch weiter entwickelt ist.

Nach einer Ansicht sei dieser Entscheidung[255] gänzlich zuzustimmen. Im Rahmen der Interessenabwägung werden die folgenden Arbeitgeberinteressen vollständig berücksichtigt: Die Verpflichtung zur Wahrung des Postgeheimnisses und der Schutz des Eigentums der Postkunden. Die Videoüberwachung bezweckt nicht nur, die Arbeitgeberin vor Eigentumsverlusten zu schützen, sondern trägt auch dem Schutz von Mitarbeitern Rechnung. Es kann außerdem der Tatsache zugestimmt werden, dass eine Taschen- und Personenkontrolle kein milderes Alternativmittel als die Videoüberwachung darstellt, da die Täter die Diebstähle von Wertsachen im Briefzentrum selbst begehen. Insofern Geld entwendet werde, finde eine Vermischung mit eigenen Geldbeständen des Täters statt, sodass es später als Diebesgut nicht mehr identifizierbar sei. Zudem wird ein Kamera-Monitor-System als nicht effizientes Überwachungsmittel verworfen. Für den Arbeitnehmer sei zwar nicht erkennbar, ob die betreffenden Videokameras eingeschaltet seien und ob er einer Überwachung ausgesetzt sei, der Einigungsstellenspruch lege aber fest, dass nur sichtbare und fest installierte Videokameras im Briefzentrum eingesetzt werden dürfen. Die Arbeitnehmer seien vor erstmaligem Betriebsbeginn über die Funktionsweise der Videoanlage zu informieren. Für den Mitarbeiter sei damit klar, welche Räume videoüberwacht werden können, sodass er sich im Vorfeld auf eine mögliche Überwachung einstellen könne. Die Videoüberwachung darf nur aus einem konkreten Verdacht erfolgen. Sie sei zeitlich beschränkt, sodass die Mitarbeiter nicht uneingeschränkt einer Videokontrolle ausgesetzt seien. Sie dürfe sich nur auf räumliche Bereiche beziehen, denen der konkrete Verdacht zugeordnet werde. Damit sei eine begrenzte Anzahl unverdächtiger Mitarbeiter der Videoüberwachung ausgesetzt. Eine flächendeckende Kontrolle des Betriebs lasse sich ausschließen.[256]

Nach der Auffassung des BAG verlange der Grundsatz der Verhältnismäßigkeit, dass die von den Betriebsparteien bzw. der Einigungsstelle getroffene Regelung geeignet, erforderlich und angemessen sei, um den erstrebten Zweck zu erreichen.[257] In der Praxis gelten die Begriffe „Geeignetheit" und „Erforderlichkeit" als unproblematisch zur Beschreibung der Verhältnismäßigkeit. Geeignet

255 Byers, Philipp: Die Videoüberwachung am Arbeitsplatz S. 171, 172.

256 Byers, Philipp: Die Videoüberwachung am Arbeitsplatz S. 171, 172.

257 BAG v. 29.06.2004 – 1 ABR 21/03, Rn. 17,18,19,20; BAG v. 26.08.2008 – 1 ABR 16/07, Rn. 39.

sei die Regelung, wenn mit ihrer Hilfe der erstrebte Zweck gefördert werden könne. Erforderlich sei die Regelung, wenn kein anderes, gleich wirksames und das Persönlichkeitsrecht weniger einschränkendes Mittel zur Verfügung stehe. Allerdings ist immer vollkommen schwierig zu beurteilen, was genau angemessen ist. Für die Angemessenheit ist das BAG von dem Folgenden ausgegangen: Eine Gesamtabwägung der Intensität des Eingriffs und des Gewichts der ihn rechtfertigenden Gründe ist der Standardpunkt für die Angemessenheit einer Regelung. Die Gesamtumstände sind zu berücksichtigen. Für die Schwere des Eingriffs ist überwiegend, wie viele Personen wie intensiv den Beeinträchtigungen ausgesetzt seien. Für das Gewicht der Beeinträchtigung ist u.a. die Anonymität der Betroffen entscheidend. Weiterhin ist zu beachten, welche Umstände und welcher Inhalt der Kommunikation erfasst werden und welche Nachteile den Grundrechtsträgern aus der Überwachung entstehen. Übrigens beeinflussen Dauer, Art und Anlass der Überwachung auch die Intensität der Beeinträchtigung. Im Arbeitsleben hat aber die Aussage des BAG nur eine Orientierungsfunktion. In Bezug auf die private Autonomie lässt sich das Verständnis für die Angemessenheit im Einzelfall vornehmlich anhand der Betriebsvereinbarung zwischen Betriebsrat und Arbeitgeber verbessern, entwickeln und erweitern, wie aus dem Sachverhalt in dieser Entscheidung aufgezeigt wird. Außerdem kann die angemessene Überwachungsmaßnahme nur durch die umfassenden Beteiligungsrechte des Betriebsrats gemäß dem Betriebsverfassungsgesetz sichergestellt werden. Der Richter prüft aber nur, ob die Regelung zwischen den Betriebsparteien angemessen ist. Die Frage, inwiefern eine Regelung im konkreten Einzelfall angemessen ist, bleibt dabei unberührt. Der Richter ist vor allem in dieser Entscheidung nicht auf diesen Aspekt eingegangen. Vermutlich überlässt es das BAG aber den Betriebsparteien, dies zu beantworten. Daher hält es die räumliche Ausweitung der Videoüberwachung bei Nichtüberführung des Täters für unzulässig, da von einer räumlichen Ausweitung der Videoüberwachung eine Vielzahl an unverdächtigen Arbeitnehmern betroffen ist. Die Videoüberwachung beziehe sich nicht mehr auf einen abgrenzbaren Personenkreis, sondern erfasst unter Umständen die gesamte Belegschaft. Ein derart intensiver Eingriff in das Persönlichkeitsrecht ist nicht verhältnismäßig. Weiterhin ist nicht überzeugend, dass allein die Erfolglosigkeit anderer Überwachungsmaßnahmen den erheblichen Eingriff in die Persönlichkeitsrechte einer Vielzahl von unverdächtigen Arbeitnehmern rechtfertigen soll. Sobald die Videoüberwachung nicht das erwartete Resultat erbringt ist, stellt sich die Frage, ob sie ein geeignetes Überwachungsmittel darstellt. Inwiefern die räumliche Ausweitung der Videoüberwachung angemessen ist, sei an dieser Stelle dahingestellt.

Zusammenfassend lässt sich sagen, dass nicht immer die Arbeitnehmer- oder Arbeitgeberinteressen vorrangig sind. Maßgeblich sind vielmehr die Gesamtumstände. Es kann somit vorkommen, dass die Mitarbeiter im Hinblick auf die Wahrung der Interessen des Arbeitgebers einen Eingriff in ihr Persönlichkeitsrecht hinnehmen müssen.

II. Verdeckte Videoüberwachung von Arbeitnehmern in nicht öffentlich zugänglichen Räumen

Das LAG Köln hatte sich im Jahr 2005 mit einem Fall befasst, dessen Sachverhalt im Folgenden kurz dargestellt wird:[258] Der Arbeitgeber, ein Flughafenbetreiber, hatte einem Flugzeugabfertiger außerordentlich gekündigt. Eine Fluggesellschaft hatte in dem Laderaum eines Flugzeugs heimlich Videobilder aufgenommen. Dabei wurde beobachtet, wie der genannte Arbeitnehmer die Koffer von Passagieren öffnete, den Kofferinhalt durchsuchte und Gegenstände aus den Koffern in seiner Kleidung versteckte.[259]

Im Kapitel 3. B. I. wird erläutert, wie das BAG rechtsdogmatisch prüft, ob eine offene Videoüberwachung von Arbeitnehmern am Arbeitsplatz in nicht öffentlich zugänglichen Räumen zulässig ist.

Die offene Videoüberwachung am nicht öffentlich zugänglichen Arbeitsplatz wird als ein Eingriff in das allgemeine Persönlichkeitsrecht des Arbeitnehmers angesehen. Außer dem absoluten Kernbereich privater Lebensgestaltung werde das allgemeine Persönlichkeitsrecht nur in den Schranken der verfassungsgemäßen Ordnung garantiert. In das allgemeine Persönlichkeitsrecht könne daher insbesondere durch verfassungsgemäße Gesetze eingegriffen werden. Ferner könne es auch durch die rechtlich geschützten Belange anderer Grundrechtsträger Beschränkungen erfahren. Der Eingriff müsse aber, sofern er nicht durch eine ausdrückliche gesetzliche Regelung gestattet sei, durch schutzwürdige Belange anderer Grundrechtsträger, beispielsweise des Arbeitgebers, gerechtfertigt sein.[260]

Daher stellt sich hierbei die Frage, wie man rechtsdogmatisch eine heimliche Videoüberwachung am nicht öffentlich zugänglichen Arbeitsplatz bewertet.

Bevor wir die Diskussion darüber verfolgen, ob eine heimliche Videoüberwachung am nicht öffentlich zugänglichen Arbeitsplatz zulässig ist, greifen wir auf das Urteil des BAG vom 27. 03.2003[261] zurück, bei dem die Herangehensweise des BAG bei der Entscheidungsfindung erklärungswürdig scheint.

---

258 LAG Köln v. 28.12.2005 – 9 Ta 361/05.

259 LAG Köln v. 28.12.2005 – 9 Ta 361/05, Rn. 1, 2.

260 BAG v. 29.06.2004 – 1 ABR 21/03, Rn. 16. 17.

261 BAG v. 27.03.2003 – 2 AZR 51/02.

In dem Urteil hat das BAG geäußert, dass die Videoüberwachung für öffentlich zugängliche Räume durch § 6b BDSG seit 19. Mai 2001 gesetzlich geregelt sei. Im Grunde zählen dazu auch die Verkaufsräume in diesem viel diskutierten Fall. Allerdings ist das BAG nicht von dieser Neuregelung ausgegangen, um die heimliche Videoüberwachung und die darauf gestützte Kündigung zu bewerten.[262]

Im Umgang mit der heimlichen Videoüberwachung in diesem Urteil hat das BAG außer Acht gelassen, dass sie entweder in öffentlich oder nicht öffentlich zugänglichen Räumen stattfindet.

Das BAG ist ausschließlich davon ausgegangen, dass die heimliche Anfertigung der Videoaufnahmen zwar ein Eingriff in das allgemeine Persönlichkeitsrecht der Arbeitnehmerin sei, dieser jedoch gerechtfertigt sei.[263]

Da sich zu dieser Zeit keine ausdrückliche gesetzliche Regelung für die Rechtfertigung des Eingriffs in das allgemeine Persönlichkeitsrecht durch eine heimliche Videoüberwachung anbot, istdas BAG der Meinung, dass das Persönlichkeitsrecht nicht schrankenlos gewährleistet werde. Eingriffe in das Persönlichkeitsrecht des Arbeitnehmers können durch die Wahrnehmung überwiegender schutzwürdiger Interessen des Arbeitgebers gerechtfertigt sein. Bei einer Kollision des allgemeinen Persönlichkeitsrechts mit den Interessen des Arbeitgebers sei somit im Einzelfall durch eine Güterabwägung zu ermitteln, ob das allgemeine Persönlichkeitsrecht den Vorrang verdiene.[264]

Rechtsdogmatisch ist die Güterabwägung im Einzelfall durch den Richter bedeutend für die Rechtsfindung. Bei der Rechtsfindung orientiert sich der Richter an Folgendem: Das Rechtsstaatsprinzip nach Art. 20 III GG gesteht dem Erfordernis einer wirksamen Rechtspflege eine besondere Bedeutung zu. Daraus ist zu entnehmen, dass im Zivilprozess die Aufrechterhaltung einer funktionstüchtigen Rechtspflege und das Streben nach einer materiell richtigen Entscheidung wichtige Belange des Gemeinwohls sind. Um eine materiell richtige Entscheidung zu treffen, müssen die Gerichte die Wahrheit ermitteln, wobei sie grundsätzlich angehalten sind, von den Parteien angebotene Beweismittel zu berücksichtigen, wenn und soweit eine Tatsachenbehauptung erheblich und beweisbedürftig sei (§286 ZPO, Art. 103 I GG).

In der Güterabwägung bei einer Kollision des allgemeinen Persönlichkeitsrechts mit den Interessen des Arbeitgebers wegen der heimlichen Videoüberwachung am Arbeitsplatz hat sich das BAG an der Rechtsprechung des

262 BAG v. 27.03.2003 – 2 AZR 51/02, Rn. 29.
263 BAG v. 27.03.2003 – 2 AZR 51/02, Rn. 24.
264 BAG v. 27.03.2003 – 2 AZR 51/02, Rn. 26.

Bundesverfassungsgerichts (BVerfG)[265] angelehnt. Das allgemeine Interesse an einer funktionstüchtigen Zivilrechtspflege ist nicht ausreichend dafür, dass bei der Güterabwägung das allgemeine Persönlichkeitsrecht des Arbeitnehmers Vorrang verdient. Das Interesse des Arbeitgebers, sich ein Beweismittel für zivilrechtliche Ansprüche zu sichern, genügt nicht bei der Güterabwägung, um das Interesse des Arbeitgebers an einer Beweiserhebung durch ein heimliches Mithören zu rechtfertigen. Vielmehr müssen weitere Aspekte hinzutreten, die ergeben, dass das Interesse des Arbeitgebers an der Beweiserhebung trotz der Persönlichkeitsbeeinträchtigung schutzbedürftig sei.[266] Im Zivilprozess könne es Situationen geben, in denen dem Interesse an der Beweiserhebung besondere Bedeutung für die Rechtsverwirklichung einer Partei zukomme. Dies könne etwa in Fällen gegeben sein, in denen sich der Beweisführer in einer Notwehrsituation oder einer notwehrähnlichen Lage befinde.[267]

Daher ist das BAG der Auffassung, dass Arbeitnehmer den Arbeitgeber in eine Notwehrsituation oder einer notwehrähnlichen Lage versetzen lassen können. Um den rechtswidrigen Angriff des Arbeitnehmers in seinem Eigentum und seiner unternehmerischen Betätigung zu verhindern und beseitigen, ist die heimliche Videoüberwachung durch Arbeitgeber zulässig. Die Zulässigkeit der heimlichen Videoüberwachung setzt aber voraus, dass der konkrete Verdacht einer strafbaren Handlung oder einer anderen schweren Verfehlung zu Lasten des Arbeitgebers bestehe, weniger einschneidende Mittel zur Aufklärung des Verdachts ausgeschöpft seien, die verdeckte Videoüberwachung praktisch das einzig verbleibende Mitteln darstelle und insgesamt nicht unverhältnismäßig sei.[268]

Weiterhin ist das Urteil des BAG vom 21.06.2012. zu beachten.[269] Die Herangehensweise der Richter bei der Urteilsfindung ist in diesem Urteil teilweise etwas anders als in dem oben genannten Urteil. Das BAG hat sich mit der heimlichen Videoüberwachung befasst, indem es der heimlichen Videoüberwachung einerseits eine spezifische gesetzliche Regelung zugeordnet, und sie andererseits durch eine Abwägung hinsichtlich der fehlenden gesetzlichen Regelung behandelt hat.

Für die rechtsdogmatische Bewertung der heimlichen Videoüberwachung am nicht öffentlich zugänglichen Arbeitsplatz sind die Rechtsgedanken des BAG über die Frage von Bedeutung, ob der Verwertung der Beweismittel ein

265 BVerfG v. 9.10.2002 – 1 BvR 1611/96 und 1 BvR 805/98.
266 BAG v. 27.03.2003 – 2 AZR 51/02, Rn. 27.
267 BAG v. 27.03.2003 – 2 AZR 51/02, Rn. 27.
268 BAG v. 27.03.2003 – 2 AZR 51/02, Rn. 28.
269 BAG v. 21.06.2012 – 2 AZR 153/11.

prozessuales Verbot wegen einer Verletzung des allgemeinen Persönlichkeitsrechts von Arbeitnehmer aus Art. 2 I i.V.m. Art. 1 I GG entgegenstand.[270]

Im gerichtlichen Verfahren trete der Richter den Verfahrensbeteiligten in Ausübung staatlicher Hoheitsgewalt gegenüber. Er sei daher nach Art. 1 III GG bei der Urteilsfindung an die insoweit maßgeblichen Grundrechte gebunden und zu einer rechtsstaatlichen Verfahrensgestaltung verpflichtet. Dabei können sich auch aus materiellen Grundrechten wie Art. 2 I GG Anforderungen an das gerichtliche Verfahren ergeben, wenn es um die Offenbarung und Verwaltung von persönlichen Daten gehe. Ebenso legetim sei die Verwertung von heimlich beschafften persönlichen Daten und Erkenntnissen, die sich aus diesen Daten ergeben, wenn dies mit dem allgemeinen Persönlichkeitsrecht des Betroffenen vereinbart werden könne.[271]

Wie in dem oben genannten Urteil erläutert, ist eine funktionstüchtige Rechtspflege ein wichtiger Belang des Gemeinwohls. Im Unterschied zu dem Rechtsgedanken des BAG in dem oben genannten Urteil, wo eine Güterabwägung zwischen Arbeitgeber- und Arbeitnehmerinteresse unter Berücksichtigung einer wirksamen Rechtspflege durchzuführen ist, steht hier eine Abwägung zwischen dem Interesse an einer funktionstüchtigen Rechtspflege und dem Schutz des informationellen Selbstbestimmungsrechts als Ausfluss des allgemeinen Persönlichkeitsrechts im Zentrum. Bei der Abwägung habe das Interesse an der Verwertung der einschlägigen Daten und Erkenntnisse nur dann höheres Gewicht, wenn weitere, über das schlichte Beweisinteresse hinausgehende Aspekte hinzukommen, die ergeben, dass das Verwertungsinteresse trotz der Persönlichkeitsbeeinträchtigung überwiege. Allein das Interesse, sich ein Beweismittel zu sichern, reiche aber nicht aus. Die weiteren Aspekte müssen gerade eine bestimmte Informationsbeschaffung und Beweiserhebung als schutzbedürftig qualifizieren.[272]

Für die Frage, welche Informationsbeschaffung und Beweiserhebung sich als schutzbedürftig qualifizieren lassen, verweist das BAG auf das oben genannte Urteil.

Danach sind die Informationsbeschaffung und Beweiserhebung (eine heimliche Videoüberwachung eines Arbeitnehmers) zulässig, wenn der konkreten Verdacht einer strafbaren Handlung oder einer anderen schweren Verfehlung zu Lasten des Arbeitgebers bestehe, weniger einschneidende Mittel zur Aufklärung

270 BAG v. 21.06.2012 – 2 AZR 153/11, Rn. 27.
271 BAG v. 21.06.2012 – 2 AZR 153/11, Rn. 28.
272 BAG v. 21.06.2012 – 2 AZR 153/11, Rn. 29.

des Verdachts ergebnislos ausgeschöpft seien, die verdeckte Videoüberwachung damit praktisch das einzig verbleibende Mittel darstelle und sie insgesamt nicht unverhältnismäßig sei. Der Verdacht müsse in Bezug auf eine konkrete strafbare Handlung oder andere schwere Verfehlungen zu Lasten des Arbeitgebers gegen einen zumindest räumlich und funktional abgrenzbaren Kreis von Arbeitnehmern bestehen. Er dürfe sich nicht auf die allgemeine Mutmaßung beschränken, dass Straftaten begangen werden können, wobei er sich nicht notwendig nur gegen einen einzelnen bestimmten Arbeitnehmer richten müsse.[273]

Diese Prämissen hat das BAG auch in einem anderen Urteil vom 21.11.2013 zum Ausdruck gebracht.[274]

Abgesehen von dem Ansatzpunkt der dogmatische Herangehensweise des Rechtsgedanken in den beiden Urteilen, kann geschlussfolgert werden, dass das BAG eine heimliche Videoüberwachung nicht grundsätzlich als unzulässig ansieht, wobei es außer Acht gelassen hat, dass sich jene Videoüberwachung in öffentlich zugänglichen oder in nicht öffentlich zugänglichen Räumen befinden kann.

Obwohl das BAG diese Differenzierung nicht trifft, hält es die heimliche Videoüberwachung für zulässig, wenn die bestimmten Voraussetzungen für einen rechtmäßigen Einsatz heimlicher Videoüberwachung erfüllt werden. Sein Ansatz ist in der Literatur umstritten. Nach einer Auffassung solle die Rechtsprechung die erkennbare Tendenz zur Heranziehung von Tatbeständen aus dem Straf- und Strafprozessrecht eindämmen. Gleiches gelte für eine mögliche Heranziehung strafprozessualer Rechtfertigungen für bestimmte Überwachungsmaßnahmen des Arbeitgebers. Von einer weiteren „Strafprozessualisierung" des arbeitsgerichtlichen Verfahrens ist deshalb Abstand zu nehmen.[275] Neben der Kritik werden anderenfalls die Grundsätze der Rechtsprechung des BAG für eine heimliche Videoüberwachung in der Literatur begrüßt. Nach herrschender Ansicht finden die Grundsätze der Rechtsprechung, die sich zur Videoüberwachung am Arbeitsplatz herausgebildet haben, weiterhin Anwendung. Die heimliche Videoüberwachung am nicht öffentlich zugänglichen Arbeitsplatz kann in bestimmten Ausnahmefällen zulässig erfolgen.[276]

---

273 BAG v. 21.06.2012 – 2 AZR 153/11, Rn. 30.

274 BAG v. 21.11.2013 – 2 AZR 797/11, Rn. 49, 50.

275 R. Grosjean, Sascha: DB 2003, 2650(2654).

276 Byers, Philipp: Die Videoüberwachung am Arbeitsplatz S. 144, 145; Bayreuther, Frank: NZA 2005, 1038 (1042); Bayreuther, Frank: DB 2012, 2222(2224); Bergwitz, Christoph: NZA 2012, 1205(1207); Bauer, Jobst-Hubertus/Schansker, Mareike: NJW 2012, 3537(3540).

III. Videoüberwachung von Arbeitnehmern nach § 32 BDSG

Für die Videoüberwachung von Arbeitnehmern (offene / heimliche Videoüberwachung am öffentlich zugänglichen Arbeitsplatz oder offene / heimliche Videoüberwachung am nicht öffentlich zugänglichen Arbeitsplatz) bietet sich keine einheitliche gesetzliche Regelung an. Auf eine offene Videoüberwachung von Arbeitnehmern in öffentlich zugänglichen Räumen findet zwar § 6b BDSG Anwendung, in der Gesetzbegründung des § 6b BDSG hat der Gesetzgeber aber klar dargestellt, dass die Videoüberwachung öffentlich zugänglicher Räume durch diese Vorschrift eine gesetzliche Grundlage erhalte, die der Wahrung des informationellen Selbstbestimmungsrechts durch einen angemessenen Interessensausgleich Rechnung trage.[277] Diese Vorschrift gilt für alle sich im Raum aufhaltenden Personen.[278] Weiterhin seien für nicht öffentlich zugängliche Räume besondere Regelungen, beispielsweise im Rahmen eines Arbeitnehmerdatenschutzgesetzes, erforderlich. Zum einen ist daraus zu entnehmen, dass der Gesetzgeber bewusst eine Rechtslücke bei der offenen / heimlichen Videoüberwachung von Arbeitnehmern in nicht öffentlich zugänglichen Räumen zulässt. Bei der Gesetzgebung des § 6b BDSG hat der Gesetzgeber aber unbewusst eine Rechtslücke bei der heimlichen Videoüberwachung von Arbeitnehmern an öffentlich zugänglichen Arbeitsplätzen offen gelassen, da nach § 6b II BDSG eine Videoüberwachung stets bekannt zu machen ist. Daher ist für die heimliche Videoüberwachung von Arbeitnehmern in öffentlich zugänglichen Räumen und die offene oder heimliche Videoüberwachung von Arbeitnehmern in nicht öffentlich zugänglichen Räumen die richterliche Rechtsfindung in der Rechtsprechung von Bedeutung, bevor der Gesetzgeber für diese eine gesetzliche Grundlage geschaffen hat. Dies ist auch der Grund dafür, warum sich dieses Kapitel ausführlich mit der Rechtsprechung des BAG auseinandersetzt. Zum 01.09.2009 ist die Neuregelung des § 32 BDSG in Kraft getreten. Damit hat der Gesetzgeber eine Rahmenregelung für den Datenschutz im Arbeitsverhältnis geschaffen.

1. § 32 BDSG

§ 32 BDSG enthält eine allgemeine Regelung zum Schutz personenbezogener Daten von Beschäftigten, die die von der Rechtsprechung erarbeiteten Grundsätze des Datenschutzes im Beschäftigungsverhältnis nicht ändern, sondern

---

277 BT-Dr. 14/4329, S. 37.

278 Bayreuther, Frank: NZA 2005, 1038(1039).

zusammenfassen.[279] Mit dem neuen § 32 reagierte der Gesetzgeber auf eine Reihe an Datenschutzskandalen in mehreren Großunternehmen, (wie bei der Telekom AG, Aldi und Lidl).[280] Durch § 32 II BDSG wird der Anwendungsbereich für den Umgang mit Arbeitnehmerdaten bestimmt. Im Vergleich des Anwendungsbereich des § 27 I, II BDSG, der lediglich für die digitale Videotechnik gilt, verzichtet § 32 II BDSG auf diese Einschränkung. Er legt fest, dass der Anwendungsbereich des § 32 I BDSG ohne Rücksicht auf die Form der Datenspeicherung oder Datenübermittlung eröffnet ist.[281] Dadurch wird mithin jede Form der Videoüberwachung von Arbeitnehmern erfasst.

Im § 32 I BDSG hat der Gesetzgeber zwei Zulässigkeitstatbestände für die Datenerhebung, Datenverarbeitung und Datennutzung für Zwecke des Beschäftigungsverhältnisses angeführt(§ 32 I 1 BDSG, § 32 I 2 BDSG). Gemäß § 32 I 1 BDSG dürfen personenbezogene Daten eines Arbeitnehmers für Zwecke des Arbeitsverhältnisses erhoben, verarbeitet oder genutzt werden, wenn dies nach Begründung des Arbeitsverhältnisses für dessen Durchführung erforderlich ist. Gemäß § 32 I 2 BDSG dürfen zur Aufdeckung von Straftaten personenbezogene Daten eines Arbeitnehmers nur dann erhoben, verarbeitet oder genutzt werden, wenn tatsächlich zu dokumentierende Anhaltspunkte den bestehenden Verdacht begründen. Diese beinhalten etwa, dass der Arbeitnehmer im Arbeitsverhältnis eine Straftat begangen hat, die Erhebung, Verarbeitung und Nutzung zur Aufdeckung erforderlich ist und das schutzwürdige Interesse des Arbeitnehmers an dem Ausschluss der Erhebung, Verarbeitung oder Nutzung nicht überwiegt und insbesondere Art und Ausmaß im Hinblick auf den Anlass nicht unverhältnismäßig sind.

Nachfolgend werden die Zulässigkeitstatbestände des § 32 BDSG ausführlich dargestellt.

§ 32 I 1 BDSG schreibt vor, dass personenbezogene Daten eines Arbeitnehmers für Zwecke des Arbeitsverhältnisses erhoben, verarbeitet oder genutzt werden dürfen, wenn dies nach Begründung des Arbeitsverhältnisses für dessen Durchführung erforderlich ist. Um diesen Rechtssatz leicht zu begreifen, hat ihn der Gesetzgeber in seiner Gesetzesbegründung[282] beispielsweise ausführlich erklärt. Unter „Zwecken des Beschäftigungsverhältnisses" ist zu verstehen, dass der Arbeitgeber für die Begründung eines Beschäftigungsverhältnisses das Fragerecht

279 BT-Dr. 16/13657, S. 20.
280 Seifert, Achim: in Simitis, Spiros/Dammann, Ulrich/Arendt, Anne: BDSG § 32 Rn. 2; vgl. BT-Dr. 16/13657, S. 20.
281 BT-Dr. 16/13657, S. 21.
282 BT-Dr. 16/13657, S. 21.

nach fachlichen Fähigkeiten, Kenntnissen und Erfahrungen hat. Weiterhin fällt darunter, dass der Arbeitgeber sich nach der Einstellung von seinen Beschäftigten über deren Umstände informiert oder Daten verwendet, um seine vertraglichen Pflichten gegenüber den Beschäftigten erfüllen zu können, z. B. Pflichten im Zusammenhang mit der Personalverwaltung, Lohn- und Gehaltsabrechnung. Des Weiteren versteht der Gesetzgeber unter „Zwecken des Beschäftigungsverhältnisses", dass der Arbeitgeber seine im Zusammenhang mit der Durchführung des Beschäftigungsverhältnisses bestehenden Rechte wahrnimmt, z. B. durch Ausübung des Weisungsrechts oder durch Kontrollen der Leistung oder des Verhaltens des Beschäftigten. Danach ist somit z. B. auch die Zulässigkeit solcher Maßnahmen zu beurteilen, die zur Verhinderung von Straftaten oder sonstigen Rechtsverstößen, die im Zusammenhang mit dem Beschäftigungsverhältnis stehen, erforderlich seien. Ferner lässt sich unter „Zweck des Beschäftigungsverhältnisses" fassen, dass der Arbeitgeber beispielsweise die Abmahnung oder Kündigung (Maßnahmen) zur Beendigung des Beschäftigungsverhältnisses ausspricht. Der Begriff der Beendigung umfasse auch die Abwicklung eines Beschäftigungsverhältnisses.

Fraglich ist, wieso sich § 32 I 1 BDSG überhaupt auf die Videoüberwachung von Arbeitnehmern beziehen lässt. Der Arbeitgeber darf seine im Zusammenhang mit der Durchführung des Arbeitsverhältnisses bestehenden Rechte wahrnehmen, z. B. durch Ausübung des Weisungsrechtes oder durch Kontrollen der Leistung oder des Verhaltens des Mitarbeiters. Mit anderen Worten heißt das, dass der Arbeitgeber zur Wahrnehmung seiner Rechte die Leistung oder das Verhalten von Arbeitnehmern kontrollieren darf. Fraglich ist hier aber doch das „Wie". Zur Kontrolle der Leistung oder des Verhaltens des Arbeitnehmers muss der Arbeitgeber bestimmte Maßnahmen ergreifen. In der Praxis gehört zu solchen Maßnahmen die Videoüberwachung durch den Arbeitgeber. Daher ist § 32 BDSG einschlägig für eine Videoüberwachung von Arbeitnehmern.

In Bezug auf die Videoüberwachung von Arbeitnehmern ist § 32 I 1 BDSG so umzuformulieren, dass die durch Videoüberwachung erlangte personenbezogenen Daten eines Arbeitnehmers für Zwecke des Arbeitsverhältnisses erhoben, verarbeitet oder genutzt werden dürfen, wenn dies für die Durchführung des Arbeitsverhältnisses erforderlich ist. Daraus ist zu entnehmen, dass die Erhebung von Mitarbeiterdaten durch Videoüberwachung, sowie die Verarbeitung und Nutzung von den durch Videoüberwachung gewonnenen Mitarbeiterdaten für Zwecke des Arbeitsverhältnisses nur dann zulässig sind, wenn dies für die Durchführung des Arbeitsverhältnisses erforderlich ist. Dabei ist wieder auf die

Gesetzesbegründung[283] zurückzugreifen. Mit bestimmten Maßnahmen, z. B. durch Ausübung des Weisungsrechtes oder durch Kontrollen der Leistung oder des Verhaltens des Mitarbeiters, dürfe der Arbeitgeber seine im Zusammenhang mit der Durchführung des Arbeitsverhältnisses bestehende Rechte wahrnehmen. Allerdings hält er nur solche Maßnahmen für zulässig, wenn sie zur Verhinderung von Straftaten oder sonstigen Rechtsverstößen erforderlich sind, und die Straftaten oder sonstigen Rechtsverstöße im Zusammenhang mit dem Arbeitsverhältnis stehen. Im Hinblick auf die Videoüberwachung von Arbeitnehmern wird daraus abgeleitet, dass der Arbeitgeber seine im Zusammenhang mit der Durchführung des Arbeitsverhältnisses bestehenden Rechte durch die mit einer Videoüberwachung funktionierten Kontrollen der Leistung oder des Verhaltens des Mitarbeiters wahrnehmen darf. Dabei ist jedoch die Videoüberwachung nicht generell zur Kontrolle der Leistung oder des Verhaltens des Mitarbeiters zulässig. Solche Videoüberwachung ist nur zulässig, wenn sie zur Verhinderung von Straftaten oder sonstigen Rechtsverstößen, die im Zusammenhang mit dem Arbeitsverhältnis stehen, erforderlich ist.

Nun stellt sich aber die Frage, unter welchen Voraussetzungen das Merkmal der Erforderlichkeit für die Videoüberwachung von Arbeitnehmern gegeben ist. In der Gesetzesbegründung[284] wird bereits verdeutlicht, dass der Gesetzgeber mit dieser Vorschrift lediglich die bisherige Rechtsprechung der Arbeitsgerichte zum Datenschutz im Beschäftigungsverhältnis kodifizieren wollte.[285] Bei der Auslegung des § 32 I 1 BDSG ist daher auf die Rechtsprechung des BAG[286] zurückzugreifen. Laut der Rechtsprechung sei bei einer Kollision der Grundrechte des Arbeitnehmers mit den Grundrechten des Arbeitgebers eine Güterabwägung unter Berücksichtigung der Umstände des Einzelfalls erforderlich. Die Güterabwägung bestimmt sich nach dem Grundsatz der Verhältnismäßigkeit. In der Konstellation, dass der Arbeitgeber eine Videoüberwachung gegenüber dem Arbeitnehmer einsetzt, um seine Grundrechte zu beschützen, wobei die Grundrechte des Arbeitnehmers dadurch beeinträchtigt werden, ist eine Güterabwägung (Interessenabwägung zwischen Arbeitnehmer und Arbeitgeber) unter Berücksichtigung des Verhältnismäßigkeitsgrundsatzes erforderlich, um festzustellen, ob eine Videoüberwachung durch den Arbeitgeber rechtlich zulässig ist. Nach dem Verhältnismäßigkeitsgrundsatz müsse sie geeignet, erforderlich und

283 BT-Dr. 16/13657, S. 21.

284 BT-Dr. 16/13657, S. 21.

285 Seifert, Achim: in Simitis, Spiros/Dammann, Ulrich/Arendt, Anne: BDSG § 32 Rn. 9.

286 BAG v 29.06.2004 – 1 ABR 21/03; BAG v 14.12.2004 – 1 ABR 34/03; BAG v 26.08.2008 – 1 ABR 16/07.

angemessen sein, um den erstrebten Zweck zu erreichen. Die „Erforderlichkeit" in § 32 I 1 BDSG richtet sich nach dem Grundsatz in der Rechtsprechung des BAG. Danach liegt dann eine Erforderlichkeit vor, wenn die Videoüberwachung ein geeignetes Mittel für die Erreichung des beabsichtigten Zwecks darstellt, und kein anderes, gleich wirksames aber das Persönlichkeitsrecht weniger einschränkendes Mittel zur Verfügung steht. Darüber hinaus muss sie angemessen sein. Die Intensität eines Eingriffs in das allgemeine Persönlichkeitsrecht des Arbeitnehmers steht nicht außer dem Gewicht der Gründe des Arbeitgebers, die die Videoüberwachung von Arbeitnehmern rechtfertigen. Eine nur präventive Videoüberwachung ohne konkreten Grund genügt daher grundsätzlich nicht den Anforderungen an die Erforderlichkeit des § 32 I 1 BDSG. Eine Videoüberwachung muss besonders intensiv in das Persönlichkeitsrecht der betroffenen Arbeitnehmer eingreifen. Zu verlangen sei deshalb, dass das Interesse des Arbeitsgebers an einer Videoüberwachung wegen des Vorliegens konkreter Anhaltspunkte für Diebstähle oder sonstige Straftaten gegen den Arbeitgeber und wegen fehlender milderer Mittel begründet sei.[287]

Die Videoüberwachung als ein Kontrollinstrument der Leistung und des Verhaltens der Arbeitnehmer kann sich in öffentlich zugänglichen Räumen und in nicht öffentlich zugänglichen Räumen befinden. Sie werde sichtbar in Kaufhäusern, Supermärkten oder Tankstellen eingesetzt, wobei es dort nicht in erster Linie um die Überwachung der Arbeitnehmer, sondern um den Schutz des Eigentums des Arbeitgebers vor Diebstahl durch Kunden gehe.[288] Obwohl diese Videoüberwachung zu dem Eigentumsschutz als Beobachtungsobjekt dient, ist problematisch einzustufen, dass aufgrund der tatsächlichen Nutzungsmöglichkeit unter anderem der Arbeitnehmer am Arbeitsplatz aufgezeichnet wird. In dieser Konstellation können sich also Arbeitnehmer auf den Schutz des § 6b BDSG berufen,[289] der insoweit § 32 I verdrängt.[290] Überwiegend finde Arbeit jedoch in nicht öffentlich zugänglichen Räumen statt. Für eine offene Videoüberwachung

287 Seifert, Achim: in Simitis, Spiros/Dammann, Ulrich/Arendt, Anne: BDSG § 32 Rn. 79, 80; vgl. BAG v 29.06.2004 - 1 ABR 21/03, BAG v 14.12.2004 - 1 ABR 34/03, BAG v 26.08.2008 - 1 ABR 16/07.

288 Seifert, Achim: in Simitis, Spiros/Dammann, Ulrich/Arendt, Anne: BDSG § 32 Rn. 78.

289 Gola, Peter/Wronka, Georg: Handbuch zum Arbeitnehmerdatenschutz, S. 242, Rn. 807.

290 Seifert, Achim: in Simitis, Spiros/Dammann, Ulrich/Arendt, Anne: BDSG § 32 Rn. 79.

von Arbeitnehmern am nicht öffentlich zugänglichen Arbeitsplatz greife die Norm des § 32 I BDSG.[291]

Zur Kontrolle der Arbeitnehmer komme aber in der Praxis der heimliche Einsatz von Videokameras immer wieder vor. Es kommt nicht darauf an, dass die heimliche Videoüberwachung am öffentlich zugänglichen Arbeitsplatz oder am nicht öffentlich zugänglichen Arbeitsplatz stattfindet.[292] Mit § 32 I 2 BDSG sollen die vom BAG entwickelten Grundsätze zur Zulässigkeit von Videoüberwachung allgemein festgeschrieben werden. In der Gesetzesbegründung wird verdeutlicht, dass sich diese Regelung im Wortlaut sowohl an § 100 Absatz 3 Satz 1 des Telekommunikationsgesetzes als auch inhaltlich an den Anforderungen orientiert, die die Rechtsprechung zur verdeckten Überwachung von Beschäftigten aufgestellt habe (vgl. BAG, Urteile vom 27. März 2003, NZA 2003, S. 1193, und Beschluss vom 26. August 2008, NZA 2008, S. 1187).[293] Daraus ist zu entnehmen, dass der Gesetzgeber mit dieser neuen Regelung der heimlichen Videoüberwachung ihren gesetzlichen Spielraum genommen hat. Dabei hat er davon abgesehen, ob eine heimliche Videoüberwachung in öffentlich zugänglichen Räumen oder in nicht öffentlich zugänglichen Räumen stattfindet. Im Urteil vom 27.03.2003 – 2 AZR 51/02 hatte sich das BAG nicht damit beschäftigt, ob sich die heimliche Videoüberwachung in öffentlich zugänglichen Räumen oder in nicht zugänglichen Räumen befindet.

Daher findet § 32 I 2 BDSG Anwendung auf die heimliche Videoüberwachung sowohl am öffentlich zugänglichen Arbeitsplatz als auch am nicht öffentlich zugänglichen Arbeitsplatz. Eine heimliche Videoüberwachung ist im Betrieb zulässig, wenn hierfür die Voraussetzung nach § 32 I 2 BDSG in der Praxis vorliegt. Stimmen in der Literatur bemängeln indessen, dass die neue Regelung für die Videoüberwachung am Arbeitsplatz wenige praktische Auswirkungen habe, und zu restriktive Voraussetzungen aufstelle.[294]

In der Gesetzesbegründung wird ausdrücklich erwähnt, dass sich die präventive Abwehr von Straftaten oder die Kontrolle der Leistung und des Verhaltens der Arbeitnehmer durch § 32 I 1 BDSG rechtfertigen lassen. Durch § 32 I 2 BDSG werden daher ausschließlich die Voraussetzungen für repressive Überwachungsmaßnahmen geregelt. Die Zulässigkeit von Präventivmaßnahmen und sonstigen

291 Gola, Peter/Wronka, Georg: Handbuch zum Arbeitnehmerdatenschutz, S. 246, Rn. 819, 820.

292 Seifert, Achim: in Simitis, Spiros/Dammann, Ulrich/Arendt, Anne: BDSG § 32 Rn. 78.

293 BT-Dr. 16/13657, S. 21.

294 Byers, Philipp: Die Videoüberwachung am Arbeitsplatz S. 137.

Überwachungszwecken, die das berechtigte Arbeitgeberinteresse wahren sollen, sind unter anderem nach § 32 I 1 BDSG zu beurteilen.[295]

2. *Verhältnis des § 32 BDSG zum § 28 BDSG*

Nach § 28 I 1 Nr. 1 BDSG ist das Erheben, Speichern, Verändern oder Übermitteln personenbezogener Daten oder ihre Nutzung als Mittel für die Erfüllung eigener Geschäftszwecke zulässig, wenn es für die Begründung, Durchführung oder Beendigung eines rechtsgeschäftlichen oder rechtsgeschäftsähnlichen Schuldverhältnisses mit dem Betroffenen erforderlich ist. Daher kann § 28 I 1 Nr. 1 BDSG Anwendung auf eine Videoüberwachung von Arbeitnehmern finden. Nach § 28 I 1 Nr. 1 BDSG ist zu erwägen, ob eine Videoüberwachung von Arbeitnehmern zulässig ist. Für die Zulässigkeit einer Videoüberwachung ist nach § 28 I 1 Nr. 2 BDSG notwendig, dass sie zur Wahrung berechtigter Interessen der verantwortlichen Stelle erforderlich ist und kein Grund zu der Annahme besteht, dass das schutzwürdige Interesse des Betroffenen an dem Ausschluss der Verarbeitung oder Nutzung überwiegt. Darüber hinaus sind gemäß § 28 I 2 BDSG bei der Erhebung personenbezogener Daten die Zwecke, für die die Daten verarbeitet oder genutzt werden sollen, konkret festzulegen. Daraus ist zu entnehmen, dass die konkrete Zweckfestlegung vor Überwachungsbeginn erfolgen müsse.[296]

Allerdings sei § 28 BDSG mit allgemein gehaltenen, weitgehend aus Generalklauseln bestehenden Formulierungen durchsetzt. Der Interpretationsspielraum sei deshalb von vornherein sehr groß, egal ob es um die „berechtigten Interessen" der verantwortlichen Stelle oder das „offensichtlich überwiegende schutzwürdige Interesse des Betroffenen" gehe. Jede dieser Klauseln könne unschwer dazu benutzt werden, die Verarbeitungsmöglichkeiten konsequent auszubauen. Das Ziel der gesetzlichen Regelung, das Entscheidungsvorrecht der Betroffenen zwar einzuschränken, eine Verwendung personenbezogener Angaben aber lediglich innerhalb bestimmter, verbindlich festgelegter und daher ebenso überschaubarer wie kontrollierbarer Grenzen hinzunehmen, drohe damit unterlaufen zu werden.[297] Daher kann man leicht verstehen, warum bereichsspezifische Vorschriften für Datenschutz im Beschäftigungsverhältnis nötig sind. Der neue § 32 BDSG enthält restriktive Grundregeln zum Umgang mit Beschäftigtendaten. In der Gesetzesbegründung[298] ist festgesetzt, dass § 32 BDSG § 28 I 1 Nr. 1 BDSG im

---

295 Byers, Philipp: Die Videoüberwachung am Arbeitsplatz S. 137.

296 Simitis, Spiros: in Simitis, Spiros/Dammann, Ulrich/Arendt, Anne: BDSG § 28 Rn. 61.

297 Simitis, Spiros: in Simitis, Spiros/Dammann, Ulrich/Arendt, Anne: BDSG § 28 Rn. 21.

298 BT-Dr. 16/13657, S. 20.

Hinblick auf Beschäftigungsverhältnisse konkretisiere und insoweit verdränge. Ebenfalls durch § 32 verdrängt werde § 28 I 2 BDSG. Daraus ergibt sich, dass § 32 BDSG die zentrale Norm für den zulässigen Umgang mit den aus der Videoüberwachung erlangten Daten ist. Obwohl § 32 BDSG § 28 BDSG als Generalklausel ablöst, verdeutlicht die Gesetzesbegründung, dass außer § 28 I 1 Nr. 1 BDSG für andere Zwecke die Vorschriften des BDSG und anderer Gesetze, die eine Datenerhebung, -verarbeitung und –nutzung erlauben oder anordnen, auch weiterhin auf das Verhältnis von Arbeitgeber und Beschäftigten Anwendung finden können. Dazu gehören die Regelungen über die Datenerhebung, -verarbeitung und -nutzung zur Wahrung berechtigter Interessen des Arbeitgebers (§ 28 I 1 Nr. 2 BDSG) und über die Datenübermittlung und -nutzung zur Wahrung berechtigter Interessen eines Dritten (§ 28 III 1 Nr. 1 BDSG).[299]

Aus der Gesetzesbegründung ist abzuleiten, dass Verarbeitungen und Nutzungen erlaubt sein können, die zwar nicht der Durchführung des Arbeitsverhältnisses oder einer diesbezüglich bestehenden Pflicht dienen, aber gleichwohl im Zusammenhang mit dem Arbeitsverhältnis stehen.[300] Jedoch stehe der Tatbestand der Interessenabwägung des § 28 I 1 Nr. 2 BDSG dem Arbeitgeber nicht alternativ neben den Zulässigkeitsregelungen des § 32 I BDSG zur Verfügung.[301] Die nicht auf der vertraglichen Erforderlichkeit beruhende Zulässigkeit des § 28 I 1 Nr. 2 BDSG könne als Ausnahmefall greifen, wenn es um mit dem Arbeitsverhältnis in Bezug stehende Vorgänge gehe, die jedoch bei enger Interpretation nicht mehr der Zweckbestimmung des Vertragsverhältnisses zuzuordnen seien.[302] Hierbei ist fraglich, warum § 28 I 1 Nr. 2 BDSG neben § 32 BDSG für den Schutz der durch eine Videoüberwachung gewonnenen Beschäftigtendaten in der Praxis von Bedeutung ist. Ein Fall kann hier beispielsweise die Videoüberwachung im Betrieb bei der Veräußerung eines Betriebs zum gesetzlichen Arbeitgeberwechsel gemäß § 613a BGB sein. Der neue Arbeitgeber ist nun nicht mehr Dritter. Er ist berechtigt, auf Arbeitnehmerdaten im Rahmen des mit ihm fortbestehenden Arbeitsverhältnisses zuzugreifen. Nach der herrschenden Meinung ist aus § 613a BGB keine derartige Ermächtigung für Arbeitgeber zu entnehmen, sondern § 28 I 1 Nr. 2 zu beachten.[303] Dabei muss der neue Arbeitgeber nach § 28 I 2 BDSG bei der Videoüberwachung die Zwecke, für die die Mitarbeiterdaten verarbeitet oder genutzt werden sollen, konkret festlegen. Dieser

299 BT-Dr. 16/13657, S. 21.

300 Gola, Peter/Klug, Christoph/Körffer, Barbara/Schomerus, Rudolf: BDSG § 32 Rn 33.

301 Gola, Peter/Klug, Christoph/Körffer, Barbara/Schomerus, Rudolf: BDSG § 32 Rn 33.

302 Gola, Peter/Klug, Christoph/Körffer, Barbara/Schomerus, Rudolf: BDSG § 32 Rn 33.

303 Gola, Peter/Klug, Christoph/Körffer, Barbara/Schomerus, Rudolf: BDSG § 32 Rn 33.

Zweckbindungsgrundsatz gilt als Rechtmäßigkeitsvoraussetzung für alle Zulässigkeitstatbestände des § 28 I 1 BDSG.[304]

C. Gesetzesentwurf zum Beschäftigtendatenschutz

I. Allgemein

Nach h. M. schaffe § 32 BDSG erstmals einen allgemeinen gesetzlichen Rahmen für den Beschäftigtendatenschutz. Gegenüber der bisherigen Rechtslage bringe die Vorschrift keine grundlegenden Neuerungen und beschränke sich im Wesentlichen auf die gesetzliche Festschreibung von Regeln und Prinzipien, die zuvor bereits richterrechtlich anerkannt seien. Der Gesetzgeber selbst sehe die Vorschrift des § 32 BDSG allerdings nur als Zwischenstadium an. Sie lasse sich der Ankündigung des Bundesrates entnehmen, die vorsieht, die Arbeiten zu einem „Arbeitnehmerdatenschutzgesetz" im Rahmen einer „Arbeitsgruppe der Bundesressorts" fortführen zu wollen. Bereits im August 2009, also schon kurze Zeit nach Inkrafttreten von § 32 BDSG, legte der damalige Bundesarbeitsminister Scholz einen Diskussionsentwurf für ein Gesetz zum Datenschutz im Beschäftigungsverhältnis vor, der zum Teil erheblich über die Vorschriften des § 32 BDSG hinausging, aber infolge der veränderten Mehrheitsverhältnisse im Deutschen Bundestag nach der Bundestagswahl im September 2009 von der Bundesregierung nicht mehr weiterverfolgt wurde. Die neue Regierungsmehrheit erhob die Ausgestaltung des Arbeitnehmerdatenschutzes in einem eigenen Kapitel des BDSG in ihrem Koalitionsvertrag von Oktober 2009 zum Programm und verabschiedete am 25. August 2010 – auf der Grundlage eines Referentenentwurfs des Bundesinnenministerium – einen Entwurf eines Gesetzes zur Regelung des Beschäftigtendatenschutzes. Der Entwurf habe die Schaffung eines neuen Unterabschnitts „Datenerhebung, -verarbeitung und –nutzung für Zwecke des Beschäftigungsverhältnisses" im Anschluss an § 31 vorgesehen.[305]

Der Regierungsentwurf habe aber in sehr kurzer Zeit eine intensive Debatte im juristischen Schrifttum ausgelöst und werde von nicht wenigen als nicht weitgehend genug kritisiert und es wird ihm vorgeworfen, die Kontrolle der Beschäftigten sogar noch stärker als nach geltendem Recht zu ermöglichen. Ob der Entwurf zukünftig tatsächlich mit diesem Inhalt vom Parlament verabschiedet werde, sei derzeit noch nicht absehbar.[306]

---

304 Byers, Philipp: Die Videoüberwachung am Arbeitsplatz S. 140.

305 Seifert, Achim: in Simitis, Spiros/Dammann, Ulrich/Arendt, Anne: BDSG § 32 Rn. 2.

306 Seifert, Achim: in Simitis, Spiros/Dammann, Ulrich/Arendt, Anne: BDSG § 32 Rn. 3.

In diesem Entwurf werden u. a. die Datenverarbeitung im Beschäftigungsverhältnis (§§ 32c, 32d BDSG-RegE), die Datenerhebung ohne Kenntnis des Beschäftigten zur Aufdeckung und Verhinderung von Straftaten und anderen schwerwiegenden Pflichtverletzungen im Beschäftigungsverhältnis (§ 32e BDSG-RegE) und die Videoüberwachung der Beschäftigten (§ 32 f BDSG-RegE) geregelt, wobei §§ 32e, 32f BDSG-RegE für die Videoüberwachung von Arbeitnehmern relevant sind. Jedoch hat sie der Gesetzgeber noch nicht umgesetzt. Daher gibt es gegenwärtig kein Gesetz dazu.

II. Heimliche Videoüberwachung von Arbeitnehmern in öffentlich zugänglichen Räumen und in nicht öffentlich zugänglichen Betriebsstätten

Nach § 32f I 2 BDSG-RegE ist die verdeckte Videoüberwachung von Arbeitnehmern in nicht öffentlich zugänglichen Betriebsstätten generell unzulässig. Weiterhin ist der allgemeinen Vorschrift § 32e IV Nr. 3 BDSG-RegE zu entnehmen, dass die Erhebung von Beschäftigtendaten ohne Kenntnis des Beschäftigten mit Hilfe sonstiger besonderer technischer Mittel, die für Beobachtungszwecke bestimmt sind, unzulässig ist. Zulässig sind danach nur heimliche Überwachungen durch Ferngläser und Fotoapparate. Dadurch wird befolgt, dass eine verdeckte Videoüberwachung von Arbeitnehmern am öffentlich zugänglichen Arbeitsplatz unzulässig ist. Fraglich sei in der Literatur, inwiefern dies noch verfassungsgemäß sei.[307] In der Tat würde ein absolutes Verbot verdeckter Videoaufzeichnungen die Grundrechtspositionen des Arbeitgebers aus Art. 12 I GG und Art. 14 I GG stark tangieren, weil es den Arbeitgebern in den einschlägigen Fallkonstellationen nicht ermöglicht, entsprechende Vorfälle aufzuklären. Ihnen bleiben meist nur wenig effektive Alternativen, die für die Belegschaft häufig sogar eher belastender wären als eine kurzzeitige verdeckte Videoüberwachung. Schließlich wäre es widersprüchlich, wenn etwa ein des Diebstahls verdächtiger Arbeitnehmer zwar im nicht öffentlich zugänglichen Lagerbereich eines Supermarkts, jedoch nicht im Ladenbereich überwacht werden dürfte.[308]

Gerade weil die Videoüberwachung unzulässig wäre, wäre der Arbeitgeber gegebenenfalls berechtigt, weitergehende Eingriffe in das Recht auf informationelle Selbstbestimmung seiner Mitarbeiter zu tätigen. Gelte bereits jetzt, dass eine verdeckte Videoüberwachung nur zulässig sei, soweit es kein milderes Mittel zur Aufklärung gebe, wären zukünftig andere Mittel zulässig, die den Arbeitnehmer

307 Beckschulze, Martin/Natzel, Ivo: BB 2010, 2368(2373).

308 Bayreuther, Frank: DB 2012, 2222(2223).

vielleicht stärker betreffen, aber ohne technische Hilfemittel auskommen. Der Arbeitgeber dürfte daher unter Umständen einen Detektiv einstellen, der eine Observierung vornehme oder Nachfragen bei den Kollegen vornehme, die den einen oder anderen Arbeitnehmer in ein schlechtes Licht rücken könnten.[309]

Auf längere Sicht wären die §§ 32e IV Nr. 2 und 3, sowie 32f I BDSG-RegE verfassungswidrig. Der Gesetzgeber würde diese Regelungen in Kenntnis der umfassenden Diskussion über die Zulässigkeit einer heimlichen Videoüberwachung erlassen und ihrem Wortlaut keinerlei Interpretationsspielraum eröffnen, weil diese nicht verfassungskonform ausgelegt und letztlich wohl noch nicht einmal teleologisch reduziert werden könnte.[310]

Dogmatisch richtig wäre es, nicht generell unzulässige Mittel zu schaffen, sondern allgemein den Maßstab der Verhältnismäßigkeit zu wahren und die Verhältnismäßigkeit klar durch Vorgaben des Gesetzgebers zu strukturieren.[311]

III. Offene Videoüberwachung in nicht öffentlich zugänglichen Betriebsstätten

In der Literatur wird kritisiert, dass die neu eingefügte „Qualitätskontrolle" ein uferloses Merkmal sei.[312] § 32f BDSG-RegE sei so weit formuliert, dass der Arbeitgeber nach Gutdünken eine Videoüberwachung anordnen könne, wenn er „den Umstand" erkennbar mache. Der Datenschutzskandal bei Lidl hätte ansonsten eine nachträgliche Legalisierung erfahren. Dennoch bleibe die Norm kritikwürdig, denn sie bietet den Beschäftigten kaum Schutz vor einer erkennbaren Videoüberwachung, auch diese stelle aber einen Eingriff in das allgemeine Persönlichkeitsrecht dar.[313] Darüber hinaus sei eine offene Videoüberwachung für Arbeitnehmer problematisch, da sie den Leistungsdruck erhöhe. Private Rückzugsräume wie Umkleideräume dürfen nie überwacht werden. Eindeutig sei diese Regelung auch nicht, denn laut Begründung sollen z. B. Raucherzimmer nicht darunter fallen. Zwar dürfen nach § 32f I BDSG-RegE für die Zulässigkeit der Videoüberwachung „keine Anhaltspunkt dafür bestehen, dass schutzwürdige Interessen der Betroffenen" überwiegen, dennoch sei die Norm hauptsächlich als Ermächtigung für Arbeitgeber und nicht als Schutz für Arbeitnehmer

309 Thüsing, Gregor: NZA 2011, 16(17).
310 Bayreuther, Frank: DB 2012, 2222(2224).
311 Thüsing, Gregor: NZA 2011, 16(17).
312 Viotto, Regina: AuR 2010, 422(423).
313 Viotto, Regina: AuR 2010, 422(423).

konstruiert.[314] Würde § 32f BDSG-RegE geltendes Recht sein, so dürfte der Arbeitgeber in der Praxis nach eigenem Ermessen eine erkennbare Videoüberwachung anordnen und wäre wiederum privilegiert gegenüber staatlichen Hoheitsträgern. Eine Begrenzung dieser Machstellung lasse sich allenfalls von der die unbestimmten Rechtsbegriffe konkretisierenden Rechtsprechung erhoffen. Diese Feststellung lasse sich auf den gesamten Entwurf ausdehnen. Aufgrund der Weite der Formulierungen würde die Lösung für viele innerbetriebliche Probleme auf die Rechtsprechung verlagert. Damit entziehe sich der Gesetzgeber seiner Verantwortung, denn er sei verfassungsrechtlich dafür zuständig, „das Wesentliche" also die grundrechtsrelevanten Sachverhalte selbst zu regeln.[315]

Über §§ 32e, 32f BDSG-RegE hinaus ist ferner eine Argumentation über Rechtsunsicherheit und Überregulierung des Referentenentwurfes denkbar.[316] Danach gebe es im BDSG grundsätzlich zwei denkbare Regelungstechniken. Man verwende allgemeine Generalklauseln oder arbeite mit bereichsspezifischen Detailregelungen. Wir wissen heute nicht oder können nur erahnen, welche Datenerhebungsinstrumente oder Datenverarbeitungsinstrumente in fünf Jahren eingesetzt werden. Detailgenaue, instrumentenbezogene Regelungen laufen Gefahr, schnell zu veralten und neue technische Entwicklungen nicht mehr hinreichend zu erfassen. Gegen allgemeine Generalklauseln spreche, dass das Ergebnis der rechtlichen Prüfung im BDSG stets Folge einer Verhältnismäßigkeitsprüfung und Interessenabwägung sei, deren Ausgang nie sicher prognostiziert werden könne. Der Referentenentwurf knüpfe an die verschiedenen Stadien der Vertragsdurchführung an. Die insoweit bestehenden widerstreitenden Interessen von Arbeitnehmer und Arbeitgeber werden typisiert bewertet, ohne dass der Referentenentwurf auf offene Rechtsbegriffe wie „Erforderlichkeit" oder „Verhältnismäßigkeit" verzichten könnte. Darüber hinaus regele der Entwurf technische Vorgänge und Instrumente (Videoüberwachung, Ortungssysteme, biometrische Verfahren usw.). Insoweit komme der Referentenentwurf ebenfalls nicht ohne den Rückgriff auf Generalklauseln und den Verhältnismäßigkeitsgrundsatz aus. Diese Herangehensweise bringe die Gefahr der Kumulation als ein Nachteil beider Regelungstechniken. Außerdem werde nicht ganz klar, ob die genannten technischen Instrumente den Anforderungen beider Regelungskonzeptionen genügen müssen oder ob die instrumentenbezogenen Erlaubnistatbestände stets spezieller seien. Der Entwurf sei bei diesem Ansatz notwendigerweise abstrakt,

314 Körner, Marita: AuR 2010, 416(419).

315 Viotto, Regina: AuR 2010, 422(424).

316 Franzen, Martin: RdA 2010, 258(261).

generalklauselartig und gleichzeitig überregulierend. Die Praxis werde bei dieser Gesetzestechnik durch Rechtsunsicherheit und Überregulierung geprägt.

IV. Zwischenergebnis

Die Gesetzesbegründung[317] zu § 32e IV BDSG-RegE ist so formuliert, dass unabhängig von dem zeitlichen Ausmaß technische Mittel zum Abhören oder Aufzeichnen des nicht öffentlich gesprochenen Wortes oder sonstige besondere, zur Beobachtung bestimmte technische Mittel nicht eingesetzt werden dürfen. Hiervon ausgenommen seien Ferngläser und Fotoapparate; das bedeute, dass z. B. Videokameras nicht eingesetzt werden dürfen. Eine heimliche Videoüberwachung sei daher unzulässig. Weiterhin habe der Arbeitgeber nach § 32f I 2 BDSG-RegE aus Gründen der Transparenz die Beobachtung durch geeignete Maßnahmen wie beispielsweise deutlich sichtbare Hinweisschilder erkennbar zu machen. Eine heimliche Videoüberwachung ist in nicht öffentlich zugänglichen Betriebsstätten generell unzulässig.

Die Bundesvereinigung der Deutschen Arbeitgeberverbände[318] bemängelt, dass der Entwurf nicht praxistauglich und rechtsklar ist. Für Arbeitgeber und Arbeitnehmer sei es ein wichtiges Anliegen, Korruption und Kriminalität zu bekämpfen. Zu Recht verpflichten nationale und internationale Regelungen die Unternehmen, dagegen vorzugehen. Der Arbeitnehmerdatenschutz dürfe die Unternehmen dabei nicht behindern. Nach dem vorliegenden Gesetzentwurf dürfen Daten und Fakten zur Bekämpfung von Korruption aber nur erhoben werden, wenn ein konkreter Verdacht auf eine Straftat vorliege. Es wäre dem Arbeitgeber damit künftig nicht mehr möglich, auch Auffälligkeiten und Hinweisen auf Gesetzesverstöße nachzugehen. Wenn ein konkreter Verdacht auf eine bestimmte Straftat vorliege, könne zur Beweisführung eine Videoaufnahme notwendig sein. Deshalb sei das rigorose Verbot einer gezielten Videoüberwachung zum Beispiel in Laden- oder Verkaufsräumen nicht akzeptabel. Arbeitnehmerdatenschutz dürfe nicht Täterschutz sein.

Der Deutsche Industrie- und Handelskammertag (DIHK) hat Ähnliches in seiner Stellungnahme zum Referentenentwurf eines Gesetzes, welches die Regelung des Beschäftigtendatenschutzes enthält, verdeutlicht. Darüber hinaus hat aber der DIHK die Bedeutung des vom BAG entwickelten Grundsatzes zur Videoüberwachung am Arbeitsplatz betont. § 32e IV Ziff. 2 BDSG-RegE erschwere

---

317 BT-Dr. 17/4230, S. 19.

318 http://www.arbeitgeber.de/www/arbeitgeber.nsf/id/C0805AD30A9AF-CA5C125778A0030AB61.

dem Arbeitgeber die Aufklärung von Straftaten. Bei Sachverhalten, die sich nur schwer aufklären lassen, dürfte dies dazu führen, dass die Polizei bei dem Verdacht von Straftaten frühzeitig hinzugerufen werden müsse. Dies werde sich erheblich auf den Betriebsfrieden auswirken. Besser wäre es, dem Arbeitgeber in begründeten Verdachtsfällen die Möglichkeit zu geben, zunächst selbst zu ermitteln. Das in § 32e IV Ziff. 3 BDSG-RegE neu enthaltene Verbot einer verdeckten Videoüberwachung stehe im Widerspruch zu den bislang höchstrichterlich (z.B. BAG, Urt. Vom 27.03.2003) bestätigten Erfordernissen der Praxis. In der Rechtsprechung wurde anerkannt, dass eine verdeckte Videoüberwachung zulässig sei, wenn der konkrete Verdacht einer strafbaren Handlung bestehe, weniger einschneidende Maßnahmen ausgeschöpft seien und die Videoüberwachung praktisch das einzig verbleibende Mittel darstelle. Jetzt wäre nicht einmal mehr eine den Beschäftigten dienliche Aufklärung von Bürodiebstählen möglich, bei denen der Mitarbeiter der Aufstellung einer versteckten Videokamera in seinem Büro zugestimmt habe („Diebesfalle"), um während seiner Abwesenheit erfolgte Diebstähle aufzuklären. Die Konsequenz sei, dass die offene Videoüberwachung zukünftig erheblich ausgeweitet werde, womit dem Datenschutz nicht Genüge getan werde.[319]

Aus Arbeitnehmersicht hat der Deutsche Gewerkschaftsbund (DGB) diesen Entwurf scharf kritisiert. Mit dem Katalog in § 32f I 1 BDSG-RegE werden die Zutrittskontrolle, die Wahrnehmung des Hausrechts, der Schutz des Eigentums und Qualitätskontrollen auf eine Stufe mit besonderen Sicherheitsinteressen auch für die Beschäftigten oder der Gefahrenabwehr gestellt. Aus Arbeitnehmersicht sei die Definition der wichtigen betrieblichen Interessen auf einer sehr niedrigen Schwelle angesiedelt und lasse es zu, dass beispielsweise eine Videoüberwachung, die bei Lidl erhebliche Empörung ausgelöst habe, zukünftig zulässig sein werde. Denn dort sei es gerade der Schutz des Eigentums und die Verhinderung von Ladendiebstählen, die Lidl als Begründung dafür angeführt habe, dass die Überwachung durchgeführt worden sei. Deshalb sei es notwendig, dass der Katalog auf die Fälle beschränkt werde, in denen ein besonderes Sicherheitsinteresse aufgrund der Besonderheiten der jeweiligen Arbeitsstätte bestehe. Nicht akzeptabel sei aber, dass nach dem Entwurf demnächst in jedem Betrieb die offene Videoüberwachung zur Grundausstattung gehören werde. Diese werde dann noch zusätzlich zur Verhaltens- und Leistungskontrolle eingesetzt. Außerdem sei hier eine Konkretisierung erforderlich, damit deutlich werde, wie, an

319 Stellungnahme des DIHK vom 29.09.2010 zum Entwurf der Bundesregierung zu einem Gesetz zur Regelung des Beschäftigtendatenschutzes, S. 10, zu § 32e IV.

welcher Stelle und wann die Videoüberwachung erfolge. Fehlen diese Voraussetzungen, erhalte der Arbeitgeber vom Gesetzgeber die Handhabe, jederzeit eine Videoüberwachung im Betrieb einzusetzen, nachdem sie dies vorher(wo auch immer) kenntlich gemacht haben.[320]

Handwerkliche Schwächen liegen nicht nur in §§ 32e, 32f BDSG-RegE vor, sondern treten auch an anderen Stellen des Entwurfes auf. All die handwerklichen Nachlässigkeiten seien vielleicht charakteristisch dafür, dass hier mit dem BMI, dem BMAS und dem BMJ zu viele Köche an einem Brei gekocht haben und zum Schluss der eine nicht mehr wusste, was der andere gesagt habe.[321] Daraus ergibt sich Verbesserungsbedarf beim Beschäftigtendatenschutz.

Daher stoppte Schwarz-Gelb die Reform des Beschäftigtendatenschutzes. Die Regierungskoalition habe die Gesetzesinitiative zur Privatsphäre von Beschäftigten erneut von der Tagesordnung des Innenausschusses und des Plenums des Bundestags genommen.[322] Seit dem 17. Dezember 2013 sei die Koalition aus den großen Volksparteien CDU/CSU und SPD im Amt. Deutschland hat eine neue Bundesregierung.[323] Nun ist zu erwarten, wie die neue Bundesregierung den Entwurf eines Gesetzes zur Regelung des Beschäftigtendatenschutzes verbessern kann.

D. Mitbestimmungsrecht des Betriebsrats bei der Videoüberwachung

I. Einführung

Im Alltag ist es üblich, dass der Arbeitgeber aufgrund des Hausrechts in seinem Betrieb, der sich im öffentlich zugänglichen Raum befindet, eine sichtbare Videoüberwachung gegenüber den Betriebsfremden führt. Beispielsweise hat der Arbeitgeber des Supermarktes „REWE" in einer der Filialen in Passau Videokameras installiert, um das Hausrecht gegenüber den Betriebsfremden zu gewährleisten. Problematisch und unvermeidbar ist allerdings, dass die Mitarbeiterin, die im Kassenbereich arbeitet, stets durch die Videokameras mitgefilmt wird, da sie den Arbeitsplatz vertragsgemäß nicht verlassen kann. Eine Überwachung im öffentlich zugänglichen Raum muss die Belegschaft als arbeitsplatzimmanent

320 Stellungnahme des DGB vom 03.09.2010 zum Entwurf eines Gesetzes zur Regelung des Beschäftigtendatenschutzes, S. 12, zu Abs. 1.

321 Thüsing, Gregor: NZA 2011, 16(17).

322 http://www.heise.de/newsticker/meldung/Schwarz-Gelb-stoppt-Reform-des-Arbeitnehmerdatenschutzes-1793450.html.

323 http://www.tatsachen-ueber-deutschland.de/de/politisches-system/inhaltsseiten/hintergrund/die-deutsche-bundesregierung.html?type=1.

annehmen, wenn der Arbeitgeber sie Dritten gegenüber nach § 6b BDSG vornehmen darf. In jener Angelegenheit erscheint es sowohl dem einzelnen Arbeitnehmer als auch der ganzen Belegschaft in der „ REWE"-Filiale Passau sachlich nicht verhältnismäßig, dass der Arbeitgeber aufgrund des Eigentumsschutzes eine offene Videoüberwachung im Laden einführt, und die Arbeitnehmer der Videoüberwachung schutzlos aussetzt.

Daher ist es fraglich, ob die Zulässigkeit einer Videoüberwachung von Arbeitnehmern dem Rechtsschutz der Arbeitnehmer, insbesondere ihrem allgemeinen Persönlichkeitsrecht entgegensteht. Die Zulässigkeit der Videoüberwachung von Arbeitnehmern, und der daraus folgende Eingriff in das allgemeine Persönlichkeitsrecht von Arbeitnehmern bedeuten nicht, dass Arbeitnehmer schutzlos bei der Videoüberwachung bleiben sollen. Es kommt nur darauf an, inwieweit eine Videoüberwachung in das allgemeine Persönlichkeitsrecht des Arbeitnehmerseingreift. Sie darf nur in einem gewissen Ausmaß eingreifen, über dieses Ausmaß hinaus wird eine Videoüberwachung von Arbeitnehmern als eine Verletzung ihres allgemeinen Persönlichkeitsrechts angesehen. Man kann es so verstehen, dass der Eingriff in das allgemeine Persönlichkeitsrecht des Arbeitnehmers durch eine zulässige Videoüberwachung abgegrenzt werden soll, um das allgemeine Persönlichkeitsrecht des Arbeitnehmers zu schützen. Entscheidend ist hierfür das „Wie", also wie das allgemeine Persönlichkeitsrecht des Arbeitnehmers geschützt werden soll, soweit eine Videoüberwachung im Betrieb zulässig ist. Für diese Frage ist die Vorschrift des § 87 I Nr. 6 BetrVG von Bedeutung. Nach § 87 I Nr. 6 BetrVG hat der Betriebsrat bei der Einführung und Anwendung von technischen Einrichtungen, die dazu bestimmt sind, das Verhalten oder die Leistung der Arbeitnehmer zu überwachen, mitzubestimmen, soweit eine gesetzliche oder tarifliche Regelung nicht besteht.DieAusübung des Mitbestimmungsrechtes nach § 87 I Nr. 6 BetrVG ist jedoch nicht schrankenlos. § 75 II 1 BetrVG hat die Mitbestimmungsmacht des Betriebsrats und des Arbeitgebers in § 87 I Nr. 6 BetrVG begrenzt. Nach § 75 II 1 BetrVG haben der Betriebsrat und Arbeitgeber die freie Entfaltung der Persönlichkeit der im Betrieb beschäftigten Arbeitnehmer zu schützen und zu fördern. Daraus ist zu entnehmen, dass der Betriebsrat und Arbeitgeber dazu verpflichtet sind, alles zu unterlassen, was rechtswidrig in die Persönlichkeitsrechte der Arbeitnehmer eingreift. Bei dem Abschluss einer Betriebsvereinbarung müssen der Betriebsrat und Arbeitgeber das allgemeine Persönlichkeitsrecht der Arbeitnehmer beachten.[324] Mit dieser

324 Wiese, Günther: in Wiese, Günther/Kreutz, Peter/Oetker, Hartmut/Raab, Thomas/Weber, Christoph/Franzen, Martin: GK-BetrVG § 87 Rn. 489.

Vorschrift schließt der Gesetzgeber wirkungsvoll aus, dass die Betriebsvereinbarung in unangemessener oder rechtlich unzulässiger Art und Weise in das allgemeine Persönlichkeitsrecht der Arbeitnehmer eingreift. Bevor auf § 87 I Nr. 6 BetrVG eingegangen wird, ist hier allgemein § 87 I BetrVG zu erörtern, um den Entstehungsgrund des § 87 I Nr. 6 BetrVG hervorzuheben.

II. Mitbestimmungsrechte des Betriebsrats § 87 I BetrVG

Im Gesetzessystem des Betriebsverfassungsgesetzes gehört § 87 BetrVG zu dem dritten Abschnitt des vierten Teiles „Mitwirkung und Mitbestimmung der Arbeitnehmer". Mitbestimmungsrechte in § 87 BetrVG beziehen sich ausschließlich auf soziale Angelegenheiten. Nach dem Wortlaut § 87 I BetrVG hat der Betriebsrat das Mitgestaltungsrecht in bestimmten sozialen Angelegenheiten.

Geschichtlich habe diese Vorschrift eine lange Tradition. Durch § 134a des sog. Arbeiterschutzgesetzes vom 1. Juni 1891 wurde der Arbeitgeber verpflichtet, für gewerbliche Betriebe mit in der Regel mindestens zwanzig Arbeitern eine Arbeitsordnung zu erlassen. Nach § 134b III dieses Gesetzes konnte der Betriebsinhaber neben den gesetzlich vorgeschriebenen Bestimmungen noch weitere die Ordnung des Betriebs und das Verhalten der Arbeitnehmer im Betrieb betreffende Vorschriften in die Arbeitsordnung aufnehmen. Dabei sei nach § 134d II in Betrieben, für welche ein ständiger Arbeitsausschuss bestehe, dieser vorher anzuhören. Dagegen bedürfe es nach § 78 Nr. 3, § 80 BRG 1920 hierfür die Vereinbarung zwischen Arbeitgeber und Grupp- bzw. Betriebsrat. Nach § 27 III AOG gehören Bestimmungen über die Ordnung des Betriebs und das Verhalten der Beschäftigten im Betrieb zum fakultativen Inhalt der Betriebsordnung, die vom „Führer des Betriebes" zu erlassen sei (§ 26 AOG). Durch § 56 I Buchst. f BetrVG 1952 werden diese Fragen der notwendigen Mitbestimmung des Betriebsrats zugewiesen, ohne dass von der Arbeits- oder Betriebsordnung gesprochen werde.[325] Sie knüpfe an § 56 BetrVG 1952 an, sei aber wesentlich umgestaltet worden. Ihr Aufbau entspreche insgesamt der bisherigen Regelung, die die Mitbestimmung des Betriebsrats in sozialen Angelegenheiten primär um die Ordnung des Betriebs und nicht um die Regelung der arbeitsvertragsrechtlichen Beziehungen gehe, obwohl sie inhaltlich neu gestaltet sei. Der Katalog der mitbestimmungspflichtigen Angelegenheiten ist beträchtlich erweitert worden.

325 Wiese, Günther: in Wiese, Günther/Kreutz, Peter/Oetker, Hartmut/Raab, Thomas/Weber, Christoph/Franzen, Martin: GK-BetrVG § 87 Rn. 169.

Materielle Arbeitsbedingungen und Individualmaßnahmen sind in die Mitbestimmung einbezogen worden.[326]

Was ist der Zweck der Mitbestimmung in § 87 I BetrVG? Im Ausschussbericht zu § 56 BetrVG 1952 werde darauf hingewiesen, dass in dieser Bestimmung diejenigen sozialen Angelegenheiten zusammengefasst seien, in denen der Betriebsrat sowohl durch Abschluss von Betriebsvereinbarungen und bei ihrer Durchführung als auch bei einzelnen Maßnahmen ein Mitbestimmungsrecht habe mit der Wirkung, dass im Nichteinigungsfalle die betriebliche Einigungsstelle bzw. die tarifliche Schlichtungsstelle verbindlich entscheide.[327] Das BetrVG 1952 kenne nicht mehr eine öffentlich-rechtliche Verpflichtung des Arbeitgebers, über bestimmte betriebliche Angelegenheiten eine Betriebsvereinbarung herbeizuführen. Die Besonderheit der Mitbestimmung des Betriebsrats liege nicht in der Regelungsnotwendigkeit, sondern in der Einigungsnotwendigkeit. Die Mitbestimmungskonzeption werde durch die Abgrenzung der Mitbestimmungstatbestände bestätigt. Grundtatbestand für die Anerkennung der Mitbestimmung sei die Abhängigkeit der Arbeitnehmer in der Organisation der arbeitsteiligen Produktionsweise. Zweck der Mitbestimmung sei eine gleichberechtigte Berücksichtigung der Arbeitnehmerinteressen bei der Gestaltung dieser Ordnung. Die Mitbestimmung erschöpfe sich nicht in einem Schutzzweck für die Arbeitnehmer, sondern sie erfülle primär eine Integrationsfunktion. Durch sie werde der Arbeitnehmer in die Lage versetzt, eigene Initiativen zur Wahrung seiner Interessen in dem Bereich zu entfalten, in dem nach arbeitsvertraglicher Regelung der Arbeitgeber allein entscheide.[328] Damit diene das Arbeitsrecht nicht nur dem Schutz der Arbeitnehmer, sondern gewähre ihnen zugleich eine Teilhabe an den sie essentiell berührenden Entscheidungen im Arbeitsleben. Zu diesem Zweck seien den Arbeitnehmern und ihren Repräsentanten für den betrieblichen Bereich zahlreiche Befugnisse eingeräumt worden. Die stärkste Form der Beteiligung sei die Mitbestimmung, wie sie etwa für den Bereich der sozialen Angelegenheiten bestehe. Sie begründe eine gleichberechtigte Teilhabe der durch den Betriebsrat repräsentierten Arbeitnehmerseite an den sie betreffenden Entscheidungen. Mit Recht spreche das BAG davon, dass Mitbestimmung gleiche Rechte für beide Betriebspartner bedeute. Damit wird das Vertragsprinzip als

326 Wiese, Günther: in Wiese, Günther/Kreutz, Peter/Oetker, Hartmut/Raab, Thomas/Weber, Christoph/Franzen, Martin: GK-BetrVG § 87 Rn. 1.

327 Richardi, Reinhard: in Richardi, Reinhard/Thüsing, Gregor/Annuß, Georg/Dietz, Rolf: BetrVG § 87 Rn. 7.

328 Richardi, Reinhard: in Richardi, Reinhard/Thüsing, Gregor/Annuß, Georg/Dietz, Rolf: BetrVG § 87 Rn. 8.

wichtigste Ausprägung der Privatautonomie umgesetzt und die Privatautonomie dieser immanenten Selbstbestimmung der Beteiligten im Betriebsverfassungsrecht auf kollektiver Ebene verwirklicht.[329]

Daher wird geschlussfolgert, dass aus dem Machtungleichgewicht[330] zwischen dem Arbeitgeber und dem einzelnen Arbeitnehmer eine Störung der Vertragsparität besteht. Durch § 87 BetrVG hat der Gesetzgeber die Störung der Vertragsparität beseitigt, indem sich das Vertragsprinzip und die Privatautonomie im Betriebsverfassungsrecht auf kollektiver Ebene verwirklichen lassen.

III. Entstehungsgrund des Mitbestimmungstatbestand des § 87 I Nr. 6 BetrVG 1972

Nach dem BetrVG 1952 war es umstritten, ob dem Betriebsrat bei der Aufstellung eines Produktographen unter dem Gesichtspunkt der Ordnung des Betriebs und des Verhaltens der Arbeitnehmer im Betrieb ein Mitbestimmungsrecht zustand.[331] Nach der Auffassung des BAG falle die Aufstellung und Bedienung sog. Produktographen nicht unter die Mitbestimmung über die Ordnung des Betriebs und das Verhalten der Arbeitnehmer im Betrieb in § 56 BetrVG 1952.[332] Diese Auslegung des § 56 I Buchst.f BetrVG ergebe sich aus Sinn und Zweck der Arbeitsordnung. Eine solche Ordnung der Arbeit sei notwendig, um bei dem engen Zusammenleben und Zusammenwirken vieler Menschen in einem Betrieb eine Ordnung aufrechterhalten zu können, die Voraussetzung für ein gedeihliches Funktionieren dieses Betriebes sei. Die betriebliche Ordnung oder Arbeitsordnung im Sinne des § 56 I Buchst. f BetrVG umfasse nur allgemeingültige, für alle Arbeitnehmer oder Gruppen von ihnen verbindliche Verhaltensregeln,

329 Wiese, Günther: in Wiese, Günther/Kreutz, Peter/Oetker, Hartmut/Raab, Thomas/Weber, Christoph/Franzen, Martin: GK-BetrVG § 87 Rn. 95.

330 Das Arbeitsverhältnis zwischen Arbeitgeber und Arbeitnehmer hat als Dauerschuldverhältnis seine eigenen Besonderheiten. Eine der Besonderheiten wird durch das Merkmal „Machtgefälle" gekennzeichnet. Wer seine Arbeitskraft einem anderen zur Verfügung stelle, trete zu ihm in ein Unterordnungsverhältnis. Der Arbeitgeber sei typischerweise der wirtschaftlich stärkere. Da er sich leichter die Ressourcen der rechts- und wirtschaftsberatenden Berufe erschließen könne, sei er oft auch der wissensmäßig überlegene Partner. Daraus wird das Ungleichgewicht zwischen den Vertragsparteien herausgebildet (Junker, Abbo: Grundkurs Arbeitsrecht, 7. Aufl. S. 5, Rn. 9).

331 Wiese, Günther: in Wiese, Günther/Kreutz, Peter/Oetker, Hartmut/Raab, Thomas/Weber, Christoph/Franzen, Martin: GK-BetrVG § 87 Rn. 482.

332 Richardi, Reinhard: in Richardi, Reinhard/Thüsing, Gregor/Annuß, Georg/Dietz, Rolf: BetrVG § 87 Rn. 475.

ohne die nicht gewährleistet werden kann, dass das betriebliche Leben möglichst reibungslos ablaufe. Im Gegensatz dazu stehen solche Anordnungen, die sich auf den einzelnen Arbeitsplatz oder auf einzelne Arbeitsplätze beschränken und die Art und Weise der Ausführung der jeweiligen an diesen Arbeitsplätzen zu verrichtenden Arbeit regeln. Auf dem letztgenannten Gebiet sei allein maßgeblich das arbeitsvertragliche, die geschuldete Arbeitsleistung näher bestimmende Weisungsrecht des Arbeitgebers.[333] Es ergebe sich hieraus, dass die Aufstellung und Bedienung sog. Produktographen einem Mitbestimmungsrecht des Betriebsrats nicht unterliegt. Ob ein Produktograph eingeführt und im Betrieb angewendet werden könne, sei eine Frage, deren Entscheidung allein dem Arbeitgeber kraft des ihm zustehenden Weisungsrechts obliege, denn hierbei handele es sich um den Arbeitsablauf und die Arbeitsleistung eines einzelnen Arbeitnehmers oder mehrerer Arbeitnehmer bei der ihnen besonders zugewiesenen Arbeitsverrichtung. Die Arbeitsverrichtung des einzelnen Arbeitnehmers sei weisungsbestimmt, und sie könne konkretisiert werden durch das Weisungsrecht des Arbeitgebers.[334] Weiterhin war das BAG der Auffassung, dass die Einführung des Produktographen nicht gegen Grundrechte der Verfassung verstoße, insbesondere den Persönlichkeitsschutz, den das Grundgesetz allen Menschen gewähre. Kontrollmittel und Kontrollfunktionen seien im Arbeitsleben allgemein üblich. Wer sich in ein Arbeitsverhältnis begebe, unterwerfe sich damit einer Kontrolle durch den Arbeitgeber. In welcher Weise eine solche Kontrolle ausgeübt werde, sei letztlich dem Arbeitgeber kraft seines im Rahmen der Rechtsordnung auszuübenden Weisungsrechts hinsichtlich der Ausführung der Arbeitsleistung selbst überlassen. Diese Entscheidung sei seinerzeit zum Teil auf Ablehnung gestoßen.[335] Der Gesetzgeber habe aufgrund dieser Rechtsprechung den besonderen Mitbestimmungstatbestand des § 87 I Nr. 6 BetrVG 1972 geschaffen.[336] Ferner seien nach der neuen Vorschrift des § 75 II BetrVG 1972 Arbeitgeber und Betriebsrat verpflichtet, die freie Entfaltung der Persönlichkeit der im Betrieb beschäftigten Arbeitnehmer zu schützen und zu fördern. Eine Konkretisierung dieses Grundsatzes enthalte § 87 I Nr. 6 BetrVG.[337] In der Gesetzesbegründung

333 BAG v. 27.05.1960 – 1 ABR 11/59, Rn. 6.

334 BAG v. 27.05.1960 – 1 ABR 11/59, Rn. 7.

335 Monjau, Herbert: BB 64, 887(889); Musa, Wilhelm: AuR 1961, 357(359); Fitting, Karl/Kraegeloh, Walter/Auffarth, Fritz: BetrVG § 56 Anm. 37a; zustimmend hingegen Dietz, Rolf: BetrVG § 56 Anm. 164.

336 BAG v. 14.05.1974 – 1 ABR 45/73, Rn. 7.

337 BAG v. 14.05.1974 – 1 ABR 45/73, Rn. 9.

wird daher verdeutlicht, dass technische Kontrolleinrichtungen stark in den persönlichen Bereich der Arbeitnehmer eingreifen.[338]

Die neue Vorschrift sei aus sich heraus auszulegen; ihr Wortlaut könne nicht mehr in Zusammenhang mit dem Gedanken gebracht werden, dass ein Mitbestimmungsrecht in der sozialen Angelegenheit entfalle, von denen das einzelvertragliche Verhältnis Arbeitgeber-Arbeitnehmer betroffen sei.[339] Unter sozialen Angelegenheiten nach § 87 BetrVG seien die Arbeitsbedingungen im weitesten Sinne zu verstehen, gleichgültig, ob sie primär den Inhalt des Arbeitsverhältnisses oder die Ordnung des Betriebs betreffen.[340] Soweit der Arbeitgeber eine technische Kontrolleinrichtung im Betrieb verwendet, gilt die Verwendung einer technischen Kontrolleinrichtung als Arbeitsbedingung. Sie führe unbeschadet der ihrem Einsatz zugrundeliegenden Absichten des Arbeitgebers kraft ihrer technischen Natur immer zu einer Überwachung von Maschine und Mensch. Es werde also auf jeden Fall durch die ständige Kontrolle des Verhaltens der Arbeitnehmer und die jederzeitige Auswertungsmöglichkeit der Bilder in die persönliche Sphäre des einzelnen Arbeitnehmers eingegriffen.[341] Das Arbeitnehmerinteresse an dem allgemeinen Persönlichkeitsrechtsschutz soll bei der Verwendung der technischen Kontrolleinrichtung gleichberechtigt Berücksichtigt werden. Daher wird hierbei eine Mitbestimmung benötigt. Die Mitbestimmung ermöglicht eine gleichberechtigte Berücksichtigung der Arbeitnehmerinteressen bei der Verwendung einer technischen Kontrolleinrichtung.

IV. Zweck der Mitbestimmung in § 87 I Nr. 6 BetrVG

Zweck der Mitbestimmungsnorm sei der Persönlichkeitsschutz der Arbeitnehmer, weil eine unpersönliche, anonyme Verhaltens- und Leistungskontrolle durch technische Einrichtungen Eingriffe in die Persönlichkeitssphäre ermögliche, die für die betroffenen Arbeitnehmer nicht erkennbar und damit auch nicht abwendbar seien. Der Schutzgedanke sei, dass die Mitbestimmung dem Zweck diene, unzulässige Eingriffe in den Persönlichkeitsbereich zu verhindern; durch sie werde das in § 75 II 1 BetrVG enthaltene Gebot ergänzt, dass Arbeitgeber und Betriebsrat die freie Entfaltung der Persönlichkeit der im Betrieb beschäftigten

338 BT- Drs. VI/1786, S. 49.

339 BAG v. 14.05.1974 – 1 ABR 45/73, Rn. 7.

340 Wiese, Günther: in Wiese, Günther/Kreutz, Peter/Oetker, Hartmut/Raab, Thomas/Weber, Christoph/Franzen, Martin: GK-BetrVG vor § 87 Rn. 3.

341 BAG v. 14.05.1974 – 1 ABR 45/73, Rn. 9.

Arbeitnehmer zu schützen und zu fördern haben.[342] Die Mitbestimmung diene dem Persönlichkeitsschutz vor den Gefahren technisierter Ermittlung von Verhaltens- und Leistungsdaten der Arbeitnehmer.[343] Durch das Mitbestimmungsrecht werde dem Arbeitgeber nicht das Recht verwehrt, technische Einrichtungen in den Überwachungsvorgang einzuschalten, sondern es gehe ausschließlich um einen Schutz vor den Gefahren, die bei technischer Überwachung für den Arbeitnehmer entstehen.[344]

V. Mitbestimmungsrecht § 87 I Nr. 6 BetrVG bei der Videoüberwachung von Arbeitnehmern

Auf das Beispiel des Ansatzpunktes „ Videoüberwachung bei REWE" ist zurückzugreifen. In seinem Beschluss[345] hatte das BAG bereits geäußert, dass die Fragen danach, ob ein Produktograph eingeführt und im Betrieb angewendet werden könne und weiter bestimmt werden könne, dass ein Drucker an seiner Maschine angebrachte Meldetasten zu bedienen habe, solche Fragen seien, deren Entscheidung allein dem Arbeitgeber kraft des ihm zustehenden Weisungsrechts obliege. Denn hierbei geht es um den Arbeitsablauf und die Arbeitsleistung eines einzelnen Arbeitnehmers oder mehrerer Arbeitnehmer bei der ihnen zugewiesenen Arbeitsverrichtung. Die Arbeitsverrichtung des einzelnen Arbeitnehmers sei weisungsbestimmt, und sie könne konkretisiert werden durch das Weisungsrecht des Arbeitgebers. Mit der gleichen Herangehensweise kann bei der Videoüberwachung in „REWE" davon ausgegangen werden, dass der Arbeitgeber „REWE" allein darüber entscheidet, ob eine Videoüberwachung eingeführt und im Betrieb angewendet werden kann, und außerdem bestimmen kann, ob der Arbeitnehmer an dem durch Videokamera überwachten Arbeitsplatz arbeiten soll, weil seiner Entscheidung das ihm zustehenden Weisungsrecht (§106 I GewO) zugrunde liegt. Arbeitnehmer bei REWE können ihren Arbeitgebern nicht das Recht verwehren, technische Einrichtung (Videoüberwachung) in den Überwachungsvorgang einzuschalten. Bei technischer Überwachung (Videoüberwachung) entstehen jedoch für Arbeitnehmer die Gefahren

342 Richardi, Reinhard: in Richardi, Reinhard/Thüsing, Gregor/Annuß, Georg/Dietz, Rolf: BetrVG § 87 Rn. 480.

343 Richardi, Reinhard: in Richardi, Reinhard/Thüsing, Gregor/Annuß, Georg/Dietz, Rolf: BetrVG § 87 Rn. 481.

344 Richardi, Reinhard: in Richardi, Reinhard/Thüsing, Gregor/Annuß, Georg/Dietz, Rolf: BetrVG § 87 Rn. 483.

345 BAG v. 27.05.1960 – 1 ABR 11/59, Rn. 7.

technisierter Ermittlung von Verhaltens- und Leistungsdaten der Arbeitnehmer. Gefahren ergeben sich daraus, dass der Arbeitnehmer anonymer Kontrolle ausgesetzt sei, weiterhin bestehen bei der Datenverarbeitung auch die mit der Aufzeichnung verbundenen Gefahren, dass Informationen stets verfügbar bleiben und nicht „vergessen" werden können.[346] Aufgrund der Abhängigkeit der Arbeitnehmer von der Organisation der arbeitsteiligen Produktionsweise, sofern allein der Arbeitgeber individuell arbeitsvertraglich nach Weisungsrecht über etwas entscheidet, was nach den Interessen der Arbeitnehmer nicht oder nicht sachgerecht zu tragen ist, entsteht eine Störung der Vertragsparität. Das Vertragsprinzip und die Privatautonomie der Vertragsparteien sind im Arbeitsverhältnis zwischen Arbeitgeber und Arbeitnehmer nicht ausdrücklich verwirklicht. Die Videoüberwachung kraft des Weisungsrechts führt dazu, dass die Interessen des Arbeitnehmers daran nicht gleichberechtigt berücksichtigt werden können, vor den Gefahren des Eingriffes in seine Persönlichkeitssphäre zu schützen. Um diese Störung der Vertragsparität zu beseitigen, hat der Gesetzgeber das Vertragsprinzip und die Privatautonomie der Vertragsparteien auf kollektiver Ebene zur Verwirklichung gebracht. Durch das Mitbestimmungsrecht im § 87 I Nr.6 BetrVG wird der Arbeitnehmer in die Lage versetzt, eigene Initiativen zur Wahrung seiner Interessen in dem Bereich zu entfalten, in dem nach arbeitsvertraglicher Regelung der Arbeitgeber allein entscheidet. Mit anderen Worten gewährleistet der Arbeitnehmer sein allgemeines Persönlichkeitsrecht bei der von seinem Arbeitgeber eingesetzten Videoüberwachung durch die Ausübung des Mitbestimmungsrecht/Mitgestaltungsrecht, obwohl der Arbeitgeber allein nach arbeitsvertraglichen Regelungen die Entscheidung über eine Videoüberwachung im Betrieb trifft.

VI. Voraussetzungen des Mitbestimmungsrecht des § 87 I Nr. 6 BetrVG bei der Videoüberwachung von Arbeitnehmern

§ 87 I Nr. 6 BetrVG sieht vor, dass der Betriebsrat bei der Einführung und Anwendung von technischen Einrichtungen mitzubestimmen hat, wenn die technischen Einrichtungen dazu bestimmt sind, das Verhalten oder die Leistung der Arbeitnehmer zu überwachen. Der Betriebsrat übt zwar das Mitbestimmungsrecht aus, aber dessen Ausübung setzt voraus, dass eine gesetzliche oder tarifliche Regelung nicht besteht. Bei der Videoüberwachung von Arbeitnehmern, wenn das Mitbestimmungsrecht ausgeübt werden soll, müssen die Voraussetzungen

346 Richardi, Reinhard: in Richardi, Reinhard/Thüsing, Gregor/Annuß, Georg/Dietz, Rolf: BetrVG § 87 Rn. 483.

des § 87 I Nr. 6 BetrVG erfüllt werden. Im Folgenden werden die Voraussetzungen ausführlich erörtert.

1. *Ausübung des Mitbestimmungsrechts durch den Betriebsrat in der Form der Betriebsvereinbarung*

a) *Ausübungsformen des Mitbestimmungsrechts im § 87 I Nr. 6 BetrVG (Betriebsvereinbarung)*

Aus dem Wortlaut des § 87 I Nr. 6 BetrVG ist nicht zu entnehmen, in welcher Form der Betriebsrat sein Mitbestimmungsrecht verwendet. Für die Ausübung des Mitbestimmungsrechts reicht es aus, dass sich der Betriebsrat mit dem Arbeitgeber über die Regelung einer Angelegenheit einigt. In der Literatur wird die Meinung vertreten, dass die Einigung zwischen Arbeitgeber und Betriebsrat durch Abschluss einer Betriebsvereinbarung herbeigeführt wird. Das BAG hat aber den Zweck der Mitbestimmung in der Einigungsnotwendigkeit gesehen und ging davon aus, dass auch eine formlose Einigung (Betriebsabsprache) für die Verwirklichung der Mitbestimmung genügt.[347] Daher stellt sich die Frage, welche Ausübungsform der Mitbestimmung § 87 I Nr. 6 BetrVG trifft.

Die Betriebsvereinbarung ist Rechtsinstitut der Mitbestimmung des § 87 I BetrVG. Im § 87 I BetrVG hat der Gesetzgeber dem Betriebsrat ein Mitbestimmungsrecht eingeräumt. Zugleich hat er eine betriebsverfassungsrechtliche Regelungsbefugnis für den Vertragsinhalt des Arbeitsverhältnisses geschaffen. Soweit Arbeitgeber und Betriebsrat eine Regelung treffen möchten, die für die zur Belegschaft gehörenden Arbeitnehmer unmittelbar und zwingend gilt, müssen sie eine Betriebsvereinbarung abschließen(§ 77 IV 1 BetrVG). Die Wirkung einer formlosen Betriebsabsprache erschöpfe sich in der Aufhebung der betriebsverfassungsrechtlichen Beschränkung der Rechte des Arbeitgebers, begründe aber keine Rechte im Verhältnis zu den Arbeitnehmern.[348] Die betriebsverfassungsrechtliche Pflicht zur Durchführung der formlosen Betriebsabsprache gibt dem Arbeitgeber keine individualrechtliche Kompetenz gegenüber dem von einer mitbestimmungspflichtigen Maßnahme betroffenen Arbeitnehmer. Das ist vor allem von Bedeutung, wenn dem Arbeitgeber nach dem Inhalt des Arbeitsvertrages kein einseitiges Weisungsrecht zu Verfügung steht, sondern die Einverständniserklärung des Arbeitnehmers erforderlich ist. Der Arbeitgeber braucht

---

347 Richardi, Reinhard: in Richardi, Reinhard/Thüsing, Gregor/Annuß, Georg/Dietz, Rolf: BetrVG § 87 Rn. 76.

348 Richardi, Reinhard: in Richardi, Reinhard/Thüsing, Gregor/Annuß, Georg/Dietz, Rolf: BetrVG § 87 Rn. 77.

es deshalb nicht hinzunehmen, dass der Betriebsrat nur formlos seine Zustimmung zu einer mitbestimmungspflichtigen Maßnahme gibt. Nach der Meinung des BAG lasse sich die Frage nicht trennen, ob Mitbestimmungsrechte in einer bestimmten Angelegenheit bestehen und ob diese Angelegenheit durch eine Betriebsvereinbarung geregelt werden könne.[349] Mitbestimmung des Betriebsrats in einer Angelegenheit bedeute nicht bloße Zustimmung des Betriebsrats zu einer vom Arbeitgeber geplanten Maßnahme, sondern –jedenfalls im Regelfall- die Regelung der betreffenden Angelegenheit durch beide Betriebspartner. Das geeignete Instrument, um eine mitbestimmungspflichtige Angelegenheit für den Betrieb zu regeln, sei die Betriebsvereinbarung; denn nur sie wirke gemäß § 77 IV BetrVG unmittelbar und zwingend auf die Arbeitsverhältnisse ein. Daher sei allein die Betriebsvereinbarung geeignet, den zwingenden und unabdingbaren Schutz der Arbeitnehmer herbeizuführen, um dessentwillen § 87 I BetrVG die Mitbestimmungsrechte des Betriebsrats in den hier genannten Angelegenheiten begründe.[350]

b) Das Verhältnis des Betriebsrats zu Arbeitnehmern in Bezug auf Wirkungsweise der Betriebsvereinbarung

Der Gesetzgeber legt die Wirkungsweise der Betriebsvereinbarungen zunächst so fest, dass sie unmittelbar und zwingend gelten (§ 77 IV BetrVG). Daraus ist zu entnehmen, dass die am Abschluss der Betriebsvereinbarung nicht selbst beteiligten Arbeitnehmer deren Regelungen unterliegen, ohne dass noch eine rezipierende Vertragsabrede der Parteien des Arbeitsvertrages erforderlich sei.[351] Darüber hinaus wird die Betriebsvereinbarung abgeschlossen ohne Rücksicht auf die Kenntnis der betroffenen Arbeitnehmer von der getroffenen Regelung zu nehmen.[352] Durch die Betriebsvereinbarung werden Drittrechtsverhältnisse gestaltet, die hauptsächlich die Arbeitsverhältnisse der einzelnen Arbeitnehmer seien,[353] weil der Gegenstand einer Betriebsvereinbarung die jeweiligen Arbeitsbedingungen sind (77 III 1 BetrVG).

Nun stellt sich die Frage, zu welcher Rechtsnatur die Betriebsvereinbarung gehört. Entspricht sie einer privatautonom-rechtsgeschäftliche Gestaltung, einer Rechtsnorm oder etwas anderem?

---

349 BAG v. 24.02.1987 – 1 ABR 18/85, NZA 1987, 639(640).

350 Richardi, Reinhard: in Richardi, Reinhard/Thüsing, Gregor/Annuß, Georg/Dietz, Rolf: BetrVG § 87 Rn. 78.

351 Kreutz, Peter: Grenzen der Betriebsautonomie S. 47.

352 Kreutz, Peter: Grenzen der Betriebsautonomie S. 47.

353 Kreutz, Peter: Grenzen der Betriebsautonomie S. 50.

Die Arbeitnehmer unterliegen der Betriebsvereinbarung. Die Geltung der Regelungen der Betriebsvereinbarungen sei vom individuellen Willen der betroffenen Arbeitnehmer des Betriebes unabhängig und lasse sich nicht auf deren Selbstbestimmung gründen. Die Betriebsvereinbarung sei für die regelungsbetroffenen Arbeitnehmer nicht die Selbst-, sondern die Fremdbestimmungsordnung. Sie sei kein Akt der Privatautonomie.[354] Regelungen der Betriebsvereinbarung seien aber auch keine Rechtsnormen im Sinne der staatlichen Rechtstheorie. Sie seien keine hoheitlichen Rechtssätze, weil Betriebsrat und Arbeitgeber nicht Träger hoheitlicher Gewalt sein können und sie deshalb die Betriebsvereinbarung auch nicht in Ausübung hoheitlicher Gewalt setzen. Aus Gründen der Rechtsstaatlichkeit müsse insbesondere die Vorstellung aufgegeben werden, die Betriebspartner seien als Subjekte des Privatrechts mit hoheitlicher Rechtsetzungsbefugnis beliehen.[355] Die Betriebsvereinbarung ist daher weder Akt der Privatautonomie, noch Akt staatlicher Rechtsetzung.

Richtig erscheine es, die Betriebsvereinbarung als privatheteronomes Rechtsgeschäft in das Rechtssystem einzuordnen. Nach Ansicht von Kreutz werde die rechtsgeschäftliche Regelung nicht mit privatautonomer Gestaltung gleichgesetzt.[356] Das Rechtsgeschäft sei aber funktionsgemäß nicht stets ein Instrument der Gestaltung von Rechtsverhältnissen in Selbstbestimmung. Rechtsgeschäfte können auch Fremdbestimmungsakte und Fremdbestimmungsregelungen sein. Das belegen die Rechtsgeschäfte der Vertreter von Gesetzes (Eltern, Vormund, Pfleger) und von Amts wegen (Insolvenzverwalter, Testamentsvollstrecker, Nachlassverwalter). Die Betriebsvereinbarung sei heteronom-rechtsgeschäftlicher Art.[357] Das Rechtsverhältnis des Betriebsrats zu dem Arbeitnehmer ist wie die Rechtsbeziehung zwischen Eltern und ihren Kindern. Was die Eltern im Namen des Kindes und der Vertragspartner vereinbart haben, gelte, weil diese Personen es mit einer bestimmten Intention vereinbart haben. Die Wirkung dieses Rechtsgeschäfts tritt aber nicht in der Rechtssphäre der Eltern, sondern nur in der Sphäre des Kindes ein, was die Eltern und der Vertragspartner auch so beabsichtigt haben. Bei gesetzlicher Vertretung lasse sich die Geltung der von den Eltern nach ihrem Willen gestalteten Regelung in keiner Weise auf einen rechtlich relevanten Willen des Kindes zurückführen. Die Vertretungsmacht der Eltern beruht auf Gesetz. Sie tritt ein, weil ein eigenverantwortliches, selbstbestimmtes

354 Kreutz, Peter: Grenzen der Betriebsautonomie S. 74.
355 Kreutz, Peter: Grenzen der Betriebsautonomie S. 110.
356 Kreutz, Peter: Grenzen der Betriebsautonomie S. 110.
357 Kreutz, Peter: in Wiese, Günther/Kreutz, Peter/Oetker, Hartmut/Raab, Thomas/Weber, Christoph/Franzen, Martin: GK-BetrVG § 77 Rn. 226, 227.

Handeln des Kindes aus tatsächlichen oder rechtlichen Gründen nicht möglich ist.[358] Durch die gleiche Herangehensweise kommt die Betriebsvereinbarung als Vertrag zwischen Betriebsrat und Arbeitgeber zustande. Was Betriebsrat und Arbeitgeber in der Betriebsvereinbarung vereinbaren, gelte, weil es von beiden gewollt sei und das Gesetz dieses Wollen rechtlich anerkenne. Die von der Rechtsordnung anerkannte Geltungsanordnung der Betriebspartner sei mithin der Geltungsgrund für die Regelungen der Betriebsvereinbarung.[359]

Der Grund für die heteronomen Rechtsgeschäfte, zu denen etwa die Geschäfte gesetzlicher Vertreter gerechnet werden können, besteht darin, dass den Regelungsbetroffenen die Selbstbestimmungsfähigkeit fehlt, gestört oder eingeschränkt wird. Daher erlaubt der Gesetzgeber, die Fremdbestimmung durch die heteronomen Rechtsgeschäfte anstelle fehlender, gestörter oder eingeschränkter Selbstbestimmungsfähigkeit des Regelungsbetroffenen gelten zu lassen. In diesen Fällen lasse sich die Fremdbestimmung keineswegs auf das Selbstbestimmungsprinzip stützen; sie stehe zu diesem auch nicht von vornherein im Gegensatz, sondern habe eher ergänzende, kompensierende Funktion.[360]

Daraus ergibt sich, dass der Gesetzgeber durch den gesetzlichen Vertreter (Betriebsrat) mit seiner Fremdbestimmung als das heteronomer Rechtsgeschäft, fehlende, gestörte oder eingeschränkte Selbstbestimmungsfähigkeit von Arbeitnehmern, die als Regelungsbetroffenen der Betriebsvereinbarung gelten, ergänzt und kompensiert. Allerdings habe der Gesetzgeber notwendige Vorkehrungen getroffen, die verhindern, dass die Arbeitnehmer dem privatheteronomen Rechtsgeschäft der Betriebsvereinbarung schutzlos ausgeliefert seien. Zum einen beuge der Gesetzgeber Machtmissbrauch und mangelnder Beachtung der Arbeitnehmerinteressen durch den Betriebsrat mit seinen verschiedenen demokratischen Kontrollmechanismen im BetrVG wirkungsvoll vor. Zu nennen seien hierbei die Begrenzung der Amtszeit der Mitglieder des Betriebsrats auf vier Jahre, die vierteljährlichen Betriebsversammlungen, die dem Betriebsrat als Gradmesser für die Beurteilung seiner Arbeit dienen, sowie die Abwahlmöglichkeit des Betriebsrats durch die Belegschaft nach § 23 III BetrVG. Zum anderen gewährleiste der Gesetzgeber, dass die Betriebsvereinbarung höherrangiges Recht beachte, sich nur auf den betrieblichen Bereich beziehe und nach § 75 II 1 BetrVG die Persönlichkeitsrechte der Arbeitnehmer schütze. Der Gesetzgeber schließe damit

358 Kreutz, Peter: Grenzen der Betriebsautonomie S. 104.
359 Kreutz, Peter: Grenzen der Betriebsautonomie S. 110.
360 Kreutz, Peter: Grenzen der Betriebsautonomie S. 107.

wirkungsvoll aus, dass die Betriebsvereinbarung in unangemessener oder rechtlich unzulässiger Art und Weise in die Rechte des Arbeitnehmers eingreife.[361]

c) Betriebsvereinbarung durch Spruch der Einigungsstelle

Nach § 87 II BetrVG entscheidet die Einigungsstelle, wenn eine Einigung zwischen Arbeitgeber und Betriebsrat über eine mitbestimmungspflichtige Angelegenheit nicht zustande kommt. Hierbei stellt sich aber die Frage, warum überhaupt eine Einigungsstelle besteht.

Arbeitgeber und Betriebsrat seien bei der Wahrnehmung ihrer betriebsverfassungsrechtlichen Aufgaben gleichermaßen gehalten, sich am Wohl der Arbeitnehmer und des Betriebs zu orientieren(§ 2 I BetrVG). Das schließe widerstreitende Zielvorstellung und Interessen nicht aus. Das Gesetz müsse daher für eine angemessene Konfliktlösung sorgen. Das Arbeitskampfverbot (§ 74 II 1 BetrVG) und das Behinderungs- und Benachteiligungsverbot (§§ 78, 119 BetrVG) schließen aus, die Konfliktlösung dem freien Spiel der Kräfte zu überlassen. Die beiderseitige Verpflichtung zur Verhandlung über strittige Fragen mit dem ernsten Willen zur Einigung (§ 74 I 2 BetrVG) gebe noch keine Gewähr dafür, dass die erforderlichen oder geforderten betrieblichen Regelungen zustande kommen. Vor allem aber in Fällen der notwendigen Mitbestimmung des Betriebsrats bedürfe es eines Verfahrens, um Pattsituationen aufzulösen, damit Betriebsabläufe nicht verzögert oder blockiert werden, die zugleich eine Gefahr für die Arbeitnehmer und ihre Arbeitsplätze bedeuten würden. Das Gesetz habe deshalb die Konfliktlösung institutionalisiert. Der Gesetzgeber weise strittige Fälle auf Antrag der Einigungsstelle zu, um die Konflikt zu lösen.[362]

Die Einigungsstelle selbst sei kein Gericht im Sinne des Art. 92 GG und übe keine richterliche Tätigkeit aus. Ihr Spruch unterliege der umfassenden richterlichen Kontrolle. Sie werde als privatrechtliche innerbetriebliche Schlichtungsstelle zur Beilegung von Meinungsstreitigkeiten zwischen den Betriebsparteien gesehen.[363]

Wie oben erörtert, ist die Betriebsvereinbarung die Ausübungsform des Mitbestimmungsrechts im § 87 I BetrVG. Der Einigungsstellenspruch nach § 87 II BetrVG steht daher qualitativ eine Betriebsvereinbarung gleich. Die unmittelbare und zwingende Wirkung nach § 77 IV 1 BetrVG gelte auch für den Spruch

361 Byers, Philipp: Die Videoüberwachung am Arbeitsplatz S. 34.

362 Kreutz, Peter: in Wiese, Günther/Kreutz, Peter/Oetker, Hartmut/Raab, Thomas/Weber, Christoph/Franzen, Martin: GK-BetrVG § 76 Rn. 1.

363 Byers, Philipp: Die Videoüberwachung am Arbeitsplatz S. 25.

der Einigungsstelle. Der Spruch sei Regelungsakt im Rahmen privatrechtlich organisierter Zwangsschlichtung.[364]

Die Einigungsstelle werde nur auf Antrag tätig. Antragsberechtigt seien der Betriebsrat und der Arbeitgeber. Die Einigungsstelle entscheide im verbindlichen Einigungsverfahren. Sie werde auf Antrag einer Seite tätig (§ 76 V 1 BetrVG). Sofern eine Einigungsstelle erst gebildet werden müsse, könne jede Seite beantragen, dass das Arbeitsgericht den Vorsitzenden der Einigungsstelle und die Zahl der Beisitzer festlege.[365]

Der Spruch der Einigungsstelle muss die Grenzen der Verletzung des Wohls des Arbeitnehmers einerseits und die betrieblichen Interessen anderseits beachten. Des Weiteren muss die Beschlussfassung nach den Grundsätzen billigen Ermessens (§ 76 V 3 BetrVG) erfolgen. Dabei seien die Belange des Betriebes und die Rechte der betroffenen Arbeitnehmer zu berücksichtigen. Ein Verstoß sei nach der Rechtsprechung anzunehmen, wenn der Spruch der Einigungsstelle keine sachgerechte Interessenabwägung enthalte. Dies sei der Fall, wenn die Interessen der einen oder anderen Seite überhaupt nicht berücksichtigt werden oder die Regelung nicht nur unzweckmäßig, sondern auch objektiv ungeeignet sei. Die Grenzen der Einigungsstelle bei ihrer Beschlussfassung über den Einigungsstellenspruch seien daher nach § 76 V 3 BetrVG wesentlich enger gezogen, als dies bei dem Abschluss einer Betriebsvereinbarung durch die Betriebsparteien der Fall sei.[366]

2. *Keine gesetzliche oder tarifliche Regelung*

§ 87 I BetrVG schreibt vor, dass der Betriebsrat in gesetzlich feststehenden Angelegenheiten mitbestimmen darf, soweit keine gesetzliche oder tarifliche Regelung besteht.

Mit diesem Vorrang geht der Gesetzgeber davon aus, dass für die Erreichung des Mitbestimmungszwecks kein Raum mehr vorhanden sei, wenn eine den Arbeitgeber bereits bindende Regelung durch Gesetz oder Tarifvertrag vorliege. Die Betriebspartner seien bei der Mitbestimmungsausübung an gesetzliche und

364 Kreutz, Peter: in Wiese, Günther/Kreutz, Peter/Oetker, Hartmut/Raab, Thomas/Weber, Christoph/Franzen, Martin: GK-BetrVG § 76 Rn. 137.

365 Richardi, Reinhard: in Richardi, Reinhard/Thüsing, Gregor/Annuß, Georg/Dietz, Rolf BetrVG § 87 Rn. 966, 967, 968.

366 Byers, Philipp: Die Videoüberwachung am Arbeitsplatz S. 26.

tarifliche Regelungen gebunden. Das ergebe sich aus der Bindung an höherrangige Rechtsquellen.[367]

Zur gesetzlichen Regelung i.S. dieser Bestimmung gehören alle zwingenden Rechtsnormen einschließlich Verordnungen der Europäischen Union oder autonomes Satzungsrecht öffentlich-rechtlicher Körperschaften.[368] Eine zwingende Regelung liege auch vor, wenn von einer bestehenden gesetzlichen Regelung nicht zu Ungunsten der Arbeitnehmer abgewichen werden könne.[369] Eine solche Abweichung sei dann nur durch eine freiwillige Betriebsvereinbarung möglich. Sie könne nicht über die Einigungsstelle erzwungen werden.[370] Zur zwingenden gesetzlichen Regelung gehöre auch das gesetzesvertretende Richterrecht, soweit es zwingendem Recht gleichkomme.[371]

Der Tarifvorrang i.S. dieser Vorschrift bezieht sich auf die zwingende tarifliche Regelung. Nur sie schließt das Mitbestimmungsrecht des Betriebsrats aus. Eine tarifliche Regelung gilt für den Betrieb, soweit der Betrieb in den räumlichen, fachlichen und persönlichen Geltungsbereich des Tarifvertrags fällt. Für die Tarifbindung genügt bereits die Tarifgebundenheit des Arbeitsgebers.[372] Die Tarifgeltung für den Betrieb ist unabhängig davon, ob und wie viele betriebszugehörige Arbeitnehmer tarifgebunden sind. Das ergibt sich aus § 3 II TVG, nach dem Rechtsnormen des Tarifvertrages über betriebliche und betriebsverfassungsrechtliche Fragen für alle Betriebe gelten, wenn deren Arbeitgeber tarifgebunden ist. Die Angelegenheiten des § 87 I BetrVG seien weithin Gegenstand betrieblicher Normen i.S. des § 3 II TVG und daher besteht die Tarifbindung des Arbeitgebers[373] Grund für diese Vorschrift ist der Gedanke, dass es sich bei derartigen Normen regelmäßig um solche Vorschriften handelt, die nur einheitlich im Betrieb angewandt werden können. Die durch die Vorschrift angeordnete Geltung betrieblicher und betriebsverfassungsrechtlicher Normen auf Außenseiterarbeitnehmer

367 Richardi, Reinhard: in Richardi, Reinhard/Thüsing, Gregor/Annuß, Georg/Dietz, Rolf: BetrVG § 87 Rn. 143, 144.

368 Fitting, Karl: in Fitting, Karl/Auffarth, Fritz/Engels, Gerd: BetrVG § 87 Rn. 32.

369 Wiese, Günther: in Wiese, Günther/Kreutz, Peter/Oetker, Hartmut/Raab, Thomas/Weber, Christoph/Franzen, Martin: GK-BetrVG § 87 Rn. 58.

370 Fitting, Karl: in Fitting, Karl/Auffarth, Fritz/Engels, Gerd: BetrVG § 87 Rn. 32.

371 Wiese, Günther: in Wiese, Günther/Kreutz, Peter/Oetker, Hartmut/Raab, Thomas/Weber, Christoph/Franzen, Martin: GK-BetrVG § 87 Rn. 58.

372 Wiese, Günther: in Wiese, Günther/Kreutz, Peter/Oetker, Hartmut/Raab, Thomas/Weber, Christoph/Franzen, Martin: GK-BetrVG § 87 Rn. 67.

373 Wiese, Günther: in Wiese, Günther/Kreutz, Peter/Oetker, Hartmut/Raab, Thomas/Weber, Christoph/Franzen, Martin: GK-BetrVG § 87 Rn. 68.

stellt zwar eine Einschränkung der negativen Koalitionsfreiheit dar. Die durch § 3 Abs. 2 TVG bewirkte Einschränkung der negativen Koalitionsfreiheit ist jedoch als verhältnismäßiger Ausgleich (im Sinne einer praktischen Konkordanz) zwischen Art. 9 Abs. 3 GG und dem durch § 3 Abs. 2 TVG konkretisierten und in Art. 20 Abs. 1 und Art. 74 Abs. 1 Nr. 12 GG verankerten Verfassungsgut der betrieblichen Mitbestimmung anzusehen. Im Tarifvorrang des § 87 I BetrVG handelt es sich aber vielmehr um die Sicherung der Tarifautonomie, die der Gesetzgeber in Art. 9 III GG gewährleistet. Daher soll der Eingangssatz des § 87 I BetrVG § 3 II TVG in Einklang mit diesem stehen. Weiter zu beachten ist, dass der Tarifvertrag in zeitlicher Hinsicht in Kraft sein müsse, also tatsächlich gelten muss. Ein nachwirkender Tarifvertrag stehe bis zum Abschluss eines neuen Tarifvertrags dem Mitbestimmungsrecht des Betriebsrats nicht entgegen. Doch nicht jeder Tarifvertrag könne bei Tarifbindung des Arbeitgebers das Mitbestimmungsrecht des Betriebsrats verdrängen. Eine Einschränkung sei jedoch geboten. Für Angestellte, die keine leitende Angestellte seien, aber wegen ihrer Tätigkeit vom persönlichen Geltungsbereich des Tarifvertrags nicht erfasst werden, bestehe das volle Mitbestimmungsrecht des Betriebsrats. Ihre Arbeitsbedingungen seien nicht durch einen Tarifvertrag geregelt.[374]

Aus dem Eingangssatz ist ferner zu schlussfolgern, dass das Mitbestimmungsrecht des Betriebsrats in der mitbestimmungspflichtigen Angelegenheit nur dann entfällt, wenn die Tarifvertragsparteien für solche Angelegenheit inhaltlich eine zwingende und abschließende Regelung getroffen haben. Sofern der Tarifvertrag für die mitbestimmungspflichtige Angelegenheit noch ausfüllungsbedürftig sei, bleibe das Mitbestimmungsrecht in diesem Fall erhalten.[375] Des Weiteren bleibe das Mitbestimmungsrecht bestehen, wenn die Tarifvertragsparteien von dem Vorrang ihrer Regelungsbefugnis keinen Gebrauch machen oder dem Betriebsrat ausdrücklich Regelungszuständigkeiten für ergänzende betriebliche Absprachen in einer Öffnungsklausel einräumen.[376]

3. *Einführung und Anwendung der Videoüberwachung*

Eine technische Einrichtung i.S. des § 87 I Nr. 6 BetrVG stellen Geräte und Anlagen dar, die mit technischen Mitteln eine eigene Überwachungsleistung erbringen, die ansonsten eine menschliche Aufsichtsperson vornimmt. Der Überwachungsvorgang wird dabei der menschlichen Wahrnehmung zugänglich

374 Fitting, Karl: in Fitting, Karl/Auffarth, Fritz/Engels, Gerd: BetrVG § 87 Rn. 46, 47.
375 Fitting, Karl: in Fitting, Karl/Auffarth, Fritz/Engels, Gerd: BetrVG § 87 Rn. 49.
376 Fitting, Karl: in Fitting, Karl/Auffarth, Fritz/Engels, Gerd: BetrVG § 87 Rn. 55.

gemacht. Daher fällt jedes optische, mechanische, akustische oder elektronische Gerät unter den technischen Einrichtungsbegriff des § 87 I Nr. 6 BetrVG.[377] Nach allgemeiner Ansicht unterfallen Video- und Filmkameras sowie Videoüberwachungsanlagen dem Eingriff der technischen Einrichtung.[378] Gleichfalls technische Einrichtungen in diesem Sinne sind Mikrophone, die zur Erstellung akustischer Aufnahmen dienen.[379] wird eine Videoanlage also unter Verwendung einer Mikrofoneinrichtung zur Überwachung eingesetzt, liegt eine technische Einrichtung nach § 87 I Nr. 6 BetrVG vor.

Die Mitbestimmung des Betriebsrats erstreckt sich sowohl auf die Einführung als auch die Anwendung einer Videoüberwachung. Die „Einführung" umfasst das „Ob" der Anschaffung einschließlich der erforderlichen näheren Modalitäten, also die Festlegung von Art und Gegenstand der Überwachung, deren Ort und Zeit sowie die Zweckbestimmung und die Wirkungsweise der Überwachung. Die „Anwendung" bezeichnet die Handhabung und Abwicklung der eingeführten technischen Kontrolleinrichtung. Sie erfasst Aspekte wie die Art und Weise der Verwendung der Videoüberwachung, insbesondere die Festlegung des zu überwachenden Arbeitnehmerkreises und die Festlegung des konkreten Aufstellungsortes.[380]

Aus dem Wortlaut dieser Vorschrift ist nicht zu entnehmen, dass die technische Einrichtung ausschließlich oder überwiegend zur Überwachung der Arbeitnehmer dient. Ausreichend ist vielmehr, dass die Einrichtung aufgrund ihrer technischen Gegebenheiten und ihres konkreten Einsatzes objektiv zur Überwachung der Arbeitnehmer geeignet sei. Es komme nicht darauf an, ob der Arbeitgeber die technische Einrichtung gerade zur Überwachung der Arbeitnehmer einsetzen wolle und dies beabsichtige. Eine Verwendungsabsicht sei also nicht erforderlich. Für die Videoüberwachung von Arbeitnehmern bedeute dies, dass das Mitbestimmungsrecht des Betriebsrates selbst dann eröffnet sei, wenn die Installation der Videokameras ausschließlich mit der Intention erfolge, vor Eigentumsverletzungen durch Dritte zu schützen, soweit auch Arbeitnehmer von der Anlage erfasst werden können. Denn die Videoüberwachung sei

377 Wiese, Günther: in Wiese, Günther/Kreutz, Peter/Oetker, Hartmut/Raab, Thomas/Weber, Christoph/Franzen, Martin: GK-BetrVG § 87 Rn. 498, 500.

378 Richardi, Reinhard: in Richardi, Reinhard/Thüsing, Gregor/Annuß, Georg/Dietz, Rolf: BetrVG § 87 Rn. 507.

379 Richardi, Reinhard: in Richardi, Reinhard/Thüsing, Gregor/Annuß, Georg/Dietz, Rolf: BetrVG § 87 Rn. 556.

380 Wiese, Günther: in Wiese, Günther/Kreutz, Peter/Oetker, Hartmut/Raab, Thomas/Weber, Christoph/Franzen, Martin: GK-BetrVG § 87 Rn. 568, 569.

in diesem Fall nicht nur abstrakt zur Überwachung der Arbeitnehmer geeignet, sondern auch die konkrete Art der Verwendung ermögliche die Überwachung der Arbeitnehmer.[381] Dagegen ist eine Mitbestimmung bei der Aufstellung von Kameraattrappen im Betrieb zu verneinen. Bei einer Kameraattrappe kann das Merkmal der „Einrichtung“ noch bejaht werden, doch sie gilt als keine „technische“ Einrichtung. Liegt keine technische Einrichtung vor, kann § 87 I Nr. 6 BetrVG keine Anwendung finden. Der Schutzzweck dieser Norm zielt nur auf Gefahren aus Überwachungsmethoden, die sich aus technischen Überwachungsmöglichkeiten ergeben. Vor diesem Hintergrund kommt es auf die weiteren Tatbestandvoraussetzungen von § 87 I Nr. 6 BetrVG nicht mehr an, die bei Kameraattrappen allerdings ebenfalls nicht vorliegen.[382]

4. *Überwachung des Verhaltens oder der Leistung der Arbeitnehmer*

Ein Mitbestimmungsrecht besteht nur, wenn sich die Überwachung auf die Leistung und das Verhalten der Arbeitnehmer bezieht. Leistung sei dabei die vom Arbeitnehmer in Erfüllung seiner vertraglichen Verpflichtung geleistete Arbeit. Verhalten sei jedes Tun und Unterlassen im betrieblichen, aber auch außerbetrieblichen Bereich, das für das Arbeitsverhältnis erheblich sein könne. Da das Verhalten die Leistung begrifflich mit einschließe, komme es für die Mitbestimmung nicht auf eine Abgrenzung der Begriffe an.[383] Im Rahmen einer Videoüberwachung lassen sich beispielsweise Leistung und Verhalten des Arbeitnehmers die Begehung von Straftaten am Arbeitsplatz, die Einzelheiten der Vertragserfüllung, die Einhaltung von Sicherheitsvorschriften oder ein möglicher Alkohol- oder Drogenkonsum am Arbeitsplatz erfassen.[384]

Eine Überwachung von Verhalten und Leistung sei nur dann gegeben, wenn sie einem bestimmten Arbeitnehmer zugeordnet werden kann, dieser also individualisierbar ist.[385] Die Datenerhebung über die Leistung oder das Verhalten der Gesamtbelegschaft oder einer Gruppe von Arbeitnehmern reicht nicht aus. Dagegen sei es ausreichend, wenn durch die Videoüberwachung die Verhalten- oder Leistungsdaten einer überschaubaren Gruppe erfasst werden. Die Gruppenangehörigen müssen für eine bestimmte Leistung oder ein Verhalten gemeinsam verantwortlich sein. Die Individualisierung des einzelnen Arbeitnehmers sei

381 Müller, Arnold: Die Zulässigkeit der Videoüberwachung am Arbeitsplatz S. 77.

382 Lang, Markus/Lachenmann, Matthias: NZA 2015, 591(592).

383 Fitting, Karl: in Fitting, Karl/Auffarth, Fritz/Engels, Gerd: BetrVG § 87 Rn. 221.

384 Fitting, Karl: in Fitting, Karl/Auffarth, Fritz/Engels, Gerd: BetrVG § 87 Rn. 223.

385 Fitting, Karl: in Fitting, Karl/Auffarth, Fritz/Engels, Gerd: BetrVG § 87 Rn. 219.

dabei nicht entscheidend. Der in einer überschaubaren Gruppe arbeitende Arbeitnehmer sei in solchen Fällen von dem auf die Gruppe wirkenden Überwachungsdruck betroffen. Solche Konstellation seien beispielsweise gegeben, wenn in Gruppenakkord gearbeitet werde, und der jeweilige Akkordlohn von der Gesamtleistung der Gruppe abhänge. Es werde dann auf die gemeinschaftliche Verantwortlichkeit für das Arbeitsergebnis abgestellt. Die Gruppe könne in solchen Fällen die Schlechtleistung eines einzelnen Gruppenmitglieds identifizieren.[386]

Bei der Aufstellung von Kameraattrappen im Betrieb besteht keine Möglichkeit, das Verhalten oder die Leistung der Mitarbeiter zu überwachen. Dafür, das Verhalten oder die Leistung der Mitarbeiter zu überwachen, verlangt das BAG einen Vorgang, durch den Informationen über das Verhalten und die Leistung des Beschäftigten erhoben und einen späteren Zugriff zugänglich gemacht werden.[387] Bei einer Kameraattrappe ist diese Voraussetzung nicht erfüllt, da keine Daten vorliegen, aus denen ein Arbeitgeber Erkenntnisse über seine Mitarbeiter gewinnen kann. Zwar kann das Verhalten von Mitarbeitern bei einer Kameraattrappe beeinflusst werden, allerdings sind durch die Einrichtung aber Einsichten in Leistung und Verhalten von Arbeitnehmern unmöglich.

VII. Rechtsfolge bei der Verletzung des Mitbestimmungsrechts des § 87 I Nr. 6 BetrVG durch den Arbeitgeber

Wird eine Videoüberwachung ohne Zustimmung des Betriebsrats eingeführt und angewendet, kann sie rechtswidrig sein. Die Rechtswidrigkeit der Videoüberwachung ergibt sich aus § 87 I Nr. 6 BetrVG, wobei das Mitbestimmungsrecht des Betriebsrats verletzt wird. Im Folgenden ist zu prüfen, mit welchen Rechten sich Arbeitnehmer und Betriebsrat in solchen Fällen zur Wehr setzen können.

1. Rechte des Arbeitnehmers

a) Unterlassungs- und Beseitigungsansprüche des Arbeitnehmers

Gegen eine ohne Mitbestimmung des Betriebsrats vom Arbeitgeber eingeführte Videoüberwachung kann der Arbeitnehmer einen Unterlassungs- und Beseitigungsanspruch geltend machen. Der Grund dafür ist, dass der Arbeitnehmer nicht hinnehmen muss, an seinem Arbeitsplatz einer rechtswidrigen Videokontrolle ausgesetzt zu sein, soweit die Überwachungsmaßnahme rechtlich unzulässig ist.

386 Byers, Philipp: Die Videoüberwachung am Arbeitsplatz S. 14.
387 Lang Markus/Lachenmann, Matthias: NZA 2015, 591(592).

Der Arbeitnehmer verfüge wegen eines Verstoßes gegen § 87 I Nr. 6 BetrVG über einen vertraglichen Unterlassungs- und Beseitigungsanspruch. Der gesetzliche Unterlassungs- und Beseitigungsanspruch ergebe sich aus § 823 II BGB i.V.m. §§ 12, 862, 1004 BGB analog in Verbindung mit § 87 I Nr. 6 BetrVG.[388]

b) Zurückbehaltungsrecht des Arbeitnehmers

Zurückbehaltungsrecht des Arbeitnehmers bedeutet, dass der Arbeitnehmer nicht dazu verpflichtet ist, an einem Arbeitsplatz zu arbeiten, sofern der Arbeitsplatz durch Videoüberwachung überwacht wird, aber diese Videoüberwachungsmaßnahme vom Arbeitgeber ohne Zustimmung des Betriebsrats vorgenommen wurde.

Nach überwiegender Ansicht könne sich der Arbeitnehmer in solchen Fällen auf ein Zurückbehaltungsrecht nach § 273 I BGB berufen, und weiterhin seinen Anspruch auf Vergütung nach §§ 611, 615 BGB behalten. Begründet werde dies damit, dass durch eine Missachtung des Mitbestimmungsrechts aus § 87 I Nr. 6 BetrVG das Einzelarbeitsverhältnis des überwachten Arbeitnehmers betroffen sei. § 87 I Nr. 6 BetrVG bezweckt gerade den Schutz des einzelnen Arbeitnehmer vor technischen Überwachungseinrichtungen am Arbeitsplatz, die intensiv in das Persönlichkeitsrecht eingreifen können. Dieser Schutz sei bei Verstößen des Arbeitgebers gegen die betriebliche Mitbestimmung nicht mehr gewährleistet. Mithilfe eines Zurückbehaltungsrechts des Arbeitnehmers sollen die Mitbestimmungsrechte des Betriebsrats effektiv gestaltet und durchgesetzt werden können.[389]

Eine Videoüberwachungsmaßnahme, die vom Arbeitgeber ohne Zustimmung des Betriebsrats getroffen wird, verletzt das Mitbestimmungsrecht des Betriebsrats. Mithin greift sie rechtlich unzulässig in die Persönlichkeitssphäre des Arbeitnehmers ein, da rechtlich ein Eingriff in das allgemeine Persönlichkeitsrecht durch Videoüberwachung nur insoweit zulässig ist, als der Betriebsrat dieser Videoüberwachung zugestimmt hat. Als Umkehrschluss ist zu konstatieren, dass Ohne Mitbestimmung des Betriebsrats die Videoüberwachung unwirksam ist. Unwirksamkeit einer Videoüberwachung verneint grundsätzlich die Zulässigkeit eines Eingriffs in das allgemeine Persönlichkeitsrecht des Arbeitnehmers durch diese Videoüberwachung. Daraus folgt, dass der Arbeitnehmer seine Tätigkeit nicht an einem Arbeitsplatz ausüben muss, der rechtswidrig videoüberwacht wird.

---

388 Gola, Peter/Klug, Christoph/Körffer, Barbara/Schomerus, Rudolf: BDSG § 6b Rn. 21; Wiese, Günther: in Wiese, Günther/Kreutz, Peter/Oetker, Hartmut/Raab, Thomas/Weber, Christoph/Franzen, Martin: GK-BetrVG § 87 Rn. 581.

389 Byers, Philipp: Die Videoüberwachung am Arbeitsplatz S. 190.

c) *Schadenersatzansprüche des Arbeitnehmers*

Bei einem bloßen Verstoß gegen § 87 I Nr. 6 BetrVG hat der Arbeitnehmer keinen Anspruch auf materielle Schäden. Begründet wird dies damit, dass der Arbeitgeber seine Hauptleistungspflichten aus dem Arbeitsverhältnis nicht verletzt. Die Beachtung der Rechte des Betriebsrats stellt keine Hauptleistungspflicht des Arbeitsvertrags dar. Ein vertraglicher Schadensersatzanspruch besteht nach § 280 I BGB nur, wenn man in der mitbestimmungswidrigen Videoüberwachung eine Verletzung der arbeitsvertraglichen Nebenpflichten sieht. Ein Ersatz des immateriellen Schadens sei bei einem bloßen Verstoß gegen die betriebliche Mitbestimmung ebenso ausgeschlossen. Zur wirksamen Begründung eines Schadensersatzanspruches müsse die Videoüberwachung nicht nur gegen § 87 I Nr. 6 BetrVG verstoßen, sondern auch massiv in das Persönlichkeitsrecht des Arbeitnehmers eingreifen.[390]

2. *Rechte des Betriebsrats bei einer rechtswidrigen Videoüberwachung*

Dem Betriebsrat steht bei einer mitbestimmungswidrigen Videoüberwachung grundsätzlich ein Unterlassungsanspruch nach § 23 III BetrVG zu.

a) *Unterlassungsanspruch des Betriebsrats nach § 23 III 1 BetrVG*

§ 23 III 1 BetrVG sieht vor, dass der Betriebsrat bei groben Verstößen des Arbeitgebers gegen seine Verpflichtungen beim Arbeitsgericht beantragen kann, dem Arbeitgeber aufzugeben, eine Handlung zu unterlassen, die Vornahme einer Handlung zu dulden oder eine Handlung vorzunehmen.

Daraus ist zu entnehmen, dass die Voraussetzung des Unterlassungsanspruches ein grober Verstoß des Arbeitgebers gegen seine Verpflichtungen aus dem BetrVG ist. Daher ist ein Verstoß des Arbeitgebers gegen die Mitbestimmung des Betriebsrats nach § 87 I Nr. 6 BetrVG durch einen Unterlassungsanspruch gemäß § 23 III 1 BetrVG zu begründen. Dabei ist entscheidend, dass die grobe Pflichtverletzung objektiv erheblich und offensichtlich schwerwiegend ist. Als ein grober Verstoß ist zu bezeichnen, dass das Verhalten des Arbeitgebers auf leichtfertiger oder grob fahrlässiger Unkenntnis beziehungsweise Fehlbeurteilung der Rechtslage beruhe.[391] Aus diesem Grund ist ein grober Verstoß i.S. des § 23 III 1 BetrVG durch eine Videoüberwachung des Arbeitgebers ohne Mitbestimmung des Betriebsrats nach § 87 I Nr. 6 BetrVG zu verursachen. Der Schutzzweck des

390 Byers, Philipp: Die Videoüberwachung am Arbeitsplatz S. 191, 192.
391 Byers, Philipp: Die Videoüberwachung am Arbeitsplatz S. 195.

§ 87 I Nr. 6 BetrVG, unzulässige Eingriffe in das Persönlichkeitsrecht der Arbeitnehmer präventiv zu vermeiden oder abzumildern, ist durch die Missachtung der Mitbestimmungspflicht des Arbeitgebers nicht gewahrt. Das Arbeitgeberverhalten stellt offensichtlich einen groben Verstoß i.S. des § 23 III 1 BetrVG dar. Verschulden sei für eine grobe Pflichtverletzung nicht nötig,[392] da sich das arbeitsgerichtliche Erkenntnisverfahren nur auf ein zukünftiges Verhalten des Arbeitgebers bezieht, nicht aber auf eine Sanktion für die Vergangenheit gegen ihn fokussiert.

Weiterhin ist eine Forschungsposition[393] zu beachten, nach der neben dem Unterlassungsanspruch aus § 32 III 1 BetrVG ein allgemeiner Unterlassungsanspruch hinzukomme.

b) Allgemeiner Unterlassungsanspruch des Betriebsrats aus § 87 I BetrVG

Nach Philipp Byers sei es widersprüchlich, im Bereich des starken Mitbestimmungsrechts nach § 87 I BetrVG nur auf die Sanktionsmöglichkeit des § 23 III 1 BetrVG zurückgreifen zu können, während die schwächeren Mitbestimmungsrechte des §§ 99, 112 BetrVG durch zusätzliche Sanktionsmöglichkeiten nach §§ 101, 113 BetrVG stärker abgesichert wären.

§ 32 III 1 BetrVG solle die Mitbestimmung für künftige Fälle sichern. Der allgemeine Unterlassungsanspruch verschaffe dagegen einen Anspruch auf Rückgängigmachung einer ohne Betriebsratsbeteiligung durchgeführten Maßnahme. Der allgemeine Unterlassungsanspruch habe einen eigenen Regelungsbereich.

Die Anspruchsgrundlage des allgemeinen Unterlassungsanspruchs ergibt sich aus § 87 I BetrVG. Begründet wird dies damit, dass die Rechtsbeziehung zwischen Arbeitgeber und Betriebsrat im § 87 I Nr. 6 BetrVG schuldrechtlich ist. Die Beziehung werde von Rechten und Pflichten bestimmt, die sich aus den einzelnen Beteiligungsrechten ergeben, sowie durch Rücksichtnahmepflichten aus § 2 BetrVG. Daher stelle die Verletzung eines zwingenden Mitbestimmungsrechts zugleich eine Pflichtverletzung dar, die einen allgemeinen Unterlassungsanspruch aus § 87 I BetrVG begründe.[394]

Im Gegensatz zu dem Wortlaut des § 23 III BetrVG wird bei dem allgemeinen Unterlassungsanspruch aus § 87 I BetrVG eine grobe Pflichtverletzung nicht vorausgesetzt. Allerdings wird hierfür eine Wiederholungsgefahr verlangt. Es reicht aus, wenn sie schon durch einen einmaligen Verstoß in der Vergangenheit

---

392 Fitting, Karl: in Fitting, Karl/Auffarth, Fritz/Engels, Gerd: BetrVG § 23 Rn. 64.
393 Byers, Philipp: Die Videoüberwachung am Arbeitsplatz S. 199.
394 Byers, Philipp: Die Videoüberwachung am Arbeitsplatz S. 200.

indiziert werde. Der Grund des Gedankens ist, dass der allgemeine Unterlassungsanspruch aus § 87 I BetrVG betriebsverfassungswidriges Verhalten einer Betriebspartei unterbinden solle. Dies sei aber nur der Fall, wenn der mitbestimmungswidrige Vorgang noch andauere oder eine Wiederholung drohe.[395]

E. Prozessuale Verwertungsverbote bei unzulässiger Videoüberwachung

I. Beweisverwertungsverbot

1. Allgemein

Das Beweisverwertungsverbot wird in Frage gestellt, wenn eine Prozesspartei ein in rechtswidriger Weise erlangtes Beweismittel in das Gerichtsverfahren einführen will. Traditionell wird zwischen dem materiell rechtswidrigen Akt der Erlangung eines Beweismittels (Beweiserhebung) und dem prozessualen Akt der Verwertung (Beweisverwertung) unterschieden. Hierbei stellt sich eine Frage, ob aus einer unzulässigen Beweiserhebung daher automatisch ein Beweisverwertungsverbot entsteht. In Bezug auf die Videoüberwachung von Arbeitnehmern ist davon die Rede, ob die durch Videoüberwachung erlangte Beweisaufnahme gegenüber dem Arbeitnehmer imGerichtsverfahren nicht verwendet werden darf, sofern die Videoüberwachung rechtlich nicht zulässig ist. Die eigentliche Bedeutung dieser Frage bezieht sichauf den Fall der nicht zulässigen, verdeckten Videoüberwachung.

In einer langen Reihe von Rechtsprechungen[396] des BAG hat dieses sich bereits mehrfach mit den Voraussetzungen und Grenzen einer heimlichen Videoüberwachung von Arbeitnehmern und den Rechtsfolgen unzulässiger Überwachungsmaßnahmen befasst. In den meisten Rechtsprechungen ist das BAG davon ausgegangen, dass die jeweiligen Ermittlungsaktivitäten (Beweiserhebung) des Arbeitgebers wirksam sind. Daher hat sich die Frage nach der Verwertbarkeit rechtswidrig gewonnener Beweismittel nicht gestellt. Dabei ist zu beachten, dass das BAG die beiden Ebenen (Beweiserhebung und Beweisverwertung) nicht immer genau voneinander unterschieden hat. Vielmehr hat es in vielen Entscheidungen die Zulässigkeit der Beweisverwertung daraus abgeleitet,

395 Byers, Philipp: Die Videoüberwachung am Arbeitsplatz S. 201.

396 BAG v. 27.03.2003 – 2 AZR 51/02; BAG v. 13.12.2007 – 2 AZR 537/06; BAG v. 23.04.2009 – 6 AZR 189/08; BAG v. 16.12.2010 – 2 AZR 485/08; BAG v. 20.06.2013 – 2 AZR 546/12.

dass es dem Arbeitgeber nicht zumutbar war, die gegen ihn verübten Straftaten unaufgeklärt zu lassen.

Im Urteil vom 27.03.2003[397] hielt das BAG die Überwachung und Verwertung für zulässig und traf keine weiteren Äußerungen zu den Folgen einer unzulässigen Beweiserhebung. Eine alleinige Verletzung der Mitbestimmungsrechte des Betriebsrats ziehe kein Beweisverwertungsverbot nach sich.[398] Im Beschluss vom 13.12.2007[399] hat das BAG zum Ausdruck gebracht, dass ein Beweisverwertungsverbot bei einer „erheblichen“ Verletzung des Persönlichkeitsrechts denkbar wäre. In der Entscheidung vom 23.04.2009[400] hat sich das BAG an seine frühere Rechtsprechung angelehnt, wonach das heimliche Mithören eines Telefongesprächs die Vertraulichkeit des gesprochenen Wortes in besonderem Maß verletzt und folglich unzulässig ist. Darin erkennt das BAG einen derart schweren Eingriff in das allgemeine Persönlichkeitsrecht des Betroffenen, dass es einen auf diese Weise gewonnenen Beweis für unverwertbar hält. Diese Aussage bleibt aber nur obiterdictum. Weitergehend hat das BAG im Urteil vom 16.12.2010[401] verdeutlicht, dass ein Beweiserhebungsverbot keine Fernwirkung hat. Danach ist ein mittels einer unzulässigen Überwachungsmaßnahme zugänglich gewordenes Beweismittel bei Gericht zu verwenden. Jedoch ließ das BAG offen, ob die ursprüngliche Videoüberwachung zulässig war. Es beantwortete diese Frage nicht, da es der Meinung war, dass die Rechtswidrigkeit der Videoüberwachung nichts daran geändert hätte, dass der Tatrichter die Kassenbons in Augenschein nehmen durfte. Die Gerichte müssen einen unstrittig gestellten Sachverhalt zur Kenntnis nehmen. Es gibt kein Sachvortragsverwertungsverbot.[402] Auch im Urteil vom 21.06.2012[403] ist die Überwachungsmaßnahme des Arbeitgebers zulässig. Das BAG brauchte sich nicht damit zu befassen, welche beweisrechtlichen Konsequenzen eine unzulässige Videoüberwachung nach sich zieht.

Im Urteil vom 20.06.2013 hält das BAG erstmals eine heimliche Schrankkontrolle sowohl dem Anlass nach als auch auf Grund der Art und Weise ihrer Durchführung für unverhältnismäßig. In diesem Fall sind die so erlangten Beweise im Prozess nicht zu verwerten. Aus diesem Urteil ergibt sich, dass eine

---

397 BAG v. 27.03.2003 – 2 AZR 51/02.

398 Das BAG hat diese Auffassung nochmals im Urteil vom 13.12.2007 – 2 AZR 537/06 bekräftigt.

399 BAG v. 13.12.2007 – 2 AZR 537/06.

400 BAG v. 23.04.2009 – 6 AZR 189/08.

401 BAG v. 16.12.2010 – 2 AZR 485/08.

402 BAG v. 13.12.2007 – 2 AZR 537/06.

403 BAG v. 21.06.2012 – 2 AZR 153/1.

unzulässige Videoüberwachung jedenfalls dann ein Beweisverwertungsverbot nach sich zieht, wenn die Überwachung unter keinem Gesichtspunkt zulässig ist, namentlich weil kein Anfangsverdacht erkennbar ist oder ihre Unverhältnismäßigkeit einigermaßen offen zu Tage liegt.

In diesem Urteil ist das BAG davon ausgegangen, dass die Zivilprozessordnung für rechtswidrig erlangte Informationen oder Beweismittel kein ausdrückliches prozessuales Verwendung- bzw. Verwertungsverbot kenne.[404] Der Richter tritt den Verfahrensbeteiligten in Ausübung staatlicher Hoheitsgewalt gegenüber. Nach Art. 1 III GG ist er bei der Urteilsfindung an die Grundrechte gebunden und zu einer rechtsstaatlichen Verfahrensgestaltung verpflichtet.[405] Die Gerichte sind verpflichtet, den von den Parteien vorgetragenen Sachverhalt und die von ihnen angebotenen Beweise zu berücksichtigen(§ 286 ZPO i.V.m. Art. 103 I GG). Daher bedürfe es für die Annahme eines Beweisverwertungsverbots, das zugleich die Erhebung der angebotenen Beweise hindern soll, einer besonderen Legitimation in Gestalt einer gesetzlichen Grundlage.[406] Im Gegensatz dazu werden die Gerichte aus materiellen Grundrechten wie Art. 2 I GG aufgefordert, dass die persönlichen Daten grundrechtlich vor der Kenntnis durch Dritte geschützt sind, wenn es um die Offenbarung und Verwertung von persönlichen Daten geht. Daher hat das Gericht zu prüfen, ob die Verwertung von rechtswidrig beschafften persönlichen Daten und Erkenntnissen mit dem allgemeinen Persönlichkeitsrecht des Betroffenen vereinbar sei.[407]

Die gerichtliche Verwertung von Beweismitteln, die unter Verletzung des allgemeinen Persönlichkeitsrechts erlangt worden sind, stellt einen Eingriff in den Schutzbereich des allgemeinen Persönlichkeitsrechts dar. Allerdings ist das allgemeine Persönlichkeitsrecht nicht schrankenlos gewährleistet. Es wird durch die verfassungsmäßige Ordnung beschränkt, zu welcher auch die Vorschriften über die richterliche Beweiswürdigung zählen. Das Grundgesetz- insbesondere das Rechtsstaatsprinzip (Art. 20 III GG)- messe dem Erfordernis einer wirksamen Rechtspflege besondere Bedeutung bei. Die Aufrechterhaltung einer funktionstüchtigen Rechtspflege und das Streben nach einer materiell richtigen Entscheidung seien wichtige Belange des Gemeinwohls.[408]

---

404 BAG v. 20.06.2013 - 2 AZR 546/12, Rn. 20.

405 BVerfG v. 09.10.2002 - 1 BvR 1611/96, 1 BvR 805/98, ZUM-RD 2003, 57(64); BVerfG v. 13.02.2007 - 1 BvR 421/05, NJW 2007, 753(758).

406 BAG v. 20.06.2013 - 2 AZR 546/12 Rn. 20.

407 BAG v. 20.06.2013 - 2 AZR 546/12 Rn. 21.

408 Bergwitz, Christoph: NZA 2012, 353(354).

Für die Rechtfertigung des Eingriffs und Zulässigkeit einer Beweisverwertung im gerichtlichen Verfahren ist im Einzelfall anhand einer Güterabwägung zwischen dem gegen die Verwertung streitenden allgemeinen Persönlichkeitsrecht des Betroffenen und dem dafür sprechenden rechtlich geschützten Interesse des Beweisführers zu ermitteln.[409]

Nach der Ansicht des BAG reicht allein das allgemeine Interesse an einer funktionstüchtigen Rechtspflege nicht aus, um das allgemeine Persönlichkeitsrecht zurücktreten zu lassen. Auch das bloße Interesse, sich ein Beweismittel für zivilrechtliche Ansprüche zu sichern, reicht nicht aus, um die Beweisverwertung zuzulassen. Das Interesse des Beweisführers ist nur dann höherwertig, wenn weitere, über das schlichte Beweisinteresse hinausgehende Aspekte hinzukommen, wonach das Beweisinteresse trotz der Persönlichkeitsbeeinträchtigung schutzwürdig ist. Die Verwertbarkeit eines unter Verletzung des allgemeinen Persönlichkeitsrechts gewonnenen Beweismittels ist daher die Ausnahme. Ein für die Beweisverwertung gerechtfertigtes besonderes Interesse liegt vor, wenn sich der Beweisführer in einer Notwehrsituation oder einer notwehrähnlichen Lage befindet.

2. *Beweisverwertungsverbot bei heimlicher Videoüberwachung*

Ausgangspunkt für die Beurteilung der prozessualen Verwertbarkeit von Beweismitteln bildet in dieser Arbeit das BDSG. Nach § 4 I BDSG sind die Verarbeitung und Nutzung personenbezogener Daten nur zulässig, soweit das BDSG oder eine andere Rechtsvorschrift dies erlaubt, anordnet oder der Betroffene eingewilligt hat. Nach Wortlaut des § 6b II BDSG ist der Umstand der Videoüberwachung durch geeignete Maßnahmen erkennbar zu machen. Danach darf in öffentlich zugänglichen Räumen keine heimliche Videoüberwachung angebracht werden. Mithin sind die Verarbeitung und Nutzung der durch solche Videoüberwachung erlangten personenbezogenen Daten nicht zulässig, weil das BDSG dies nicht regelt oder der Betroffene nicht eingewilligt hat. In der Forschungsliteratur plädiert man jedoch aus Praktikabilitätserwägungen dafür, dass es dem Arbeitgeber nicht zumutbar ist, die gegen ihn verübten Straftaten unaufgeklärt zu lassen.[410] Daher soll § 6b II BDSG bei der Interpretation teleologisch beschränkt werden. Eine teleologische Reduktion dieser Vorschrift ist erforderlich. Die heimliche Videoüberwachung lässt sich nicht mit § 6b II BDSG vereinbaren. Es gibt kein

---

409 BVerfG v. 09.10.2002 – 1 BvR 1611/96, 1 BvR 805/98, ZUM-RD 2003, 57(64); BVerfG v. 13.02.2007 – 1 BvR 421/05, NJW 2007, 753(758).

410 Bayreuther, Frank: AP BGB § 626 Verdacht strafbarer Handlung Nr. 53.

Beweisverwertungsverbot wegen des Verstoßes gegen § 6b II BDSG. Die heimlich angefertigte Videoaufnahme ist jedenfalls dann verwertbar, wenn sich der Arbeitgeber in einer notwehrähnlichen Lage befunden hat. Ist eine notwehrähnliche Lage bei einer heimlichen Videoüberwachung durch den Arbeitgeber gegeben? Damit hat sich das BAG in einer langen Reihe von Entscheidungen befasst[411] und eine Richtlinie herausgearbeitet. Danach ist eine heimliche Videoüberwachung im Betrieb zulässig, wenn der konkrete Verdacht einer strafbaren Handlung oder einer anderen schweren Verfehlung zu Lasten des Arbeitgebers besteht, weniger einschneidende Mittel zu Aufklärung des Verdachts ausgeschöpft sind, die verdeckte Videoüberwachung praktisch das einzig verbleibende Mittel darstellt und insgesamt nicht unverhältnismäßig ist. Letztlich hat der Gesetzgeber diesen Grundgedankenin § 32 I BDSG festgelegt. Aber ein Beweisverwertungsverbot wegen des Verstoßes gegen § 32 I BDSG ist bis dato noch nicht höchstrichterlich geklärt. Zukünftig wird man diesem Verbot zustimmen müssen. Soweit kein Anfangsverdacht erkennbar ist oder die Unverhältnismäßigkeit einigermaßen offen zu Tage liegt, besteht keine notwehrähnliche Lage. Die Videoüberwachung ist als Abwehrmittel mithin nicht zulässig. Eine unzulässige Videoüberwachung zieht daher ein Beweisverwertungsverbot nach sich.

In der Literatur[412] ist das BAG auf Kritik gestoßen. Natürlich muss man feststellen, dass es im Einzelfall unzuträglich erscheinen kann, wenn der Arbeitgeber einen Verhaltensverstoß zwar mühelos beweisen könnte, er diesen jedoch nicht beweisen darf und damit auch nicht ahnden kann. Trotzdem scheint die Diskussion über das Beweisverwertungsverbot wegen einer heimlichen Videoüberwachung von Arbeitnehmern unnötig zu sein, da die Situation einer Beweisverwertung im Zivilprozess von jener im Strafprozess grundsätzlich zu unterscheiden ist. Im arbeitsrechtlichen Gerichtsverfahren zwingt niemand den Arbeitnehmer, die Kündigung gerichtlich anzugreifen und noch weniger, die vom Arbeitgeber ihm gegenüber ausgesprochenen Verhaltensvorwürfen bei Gericht wahrheitswidrig zu bestreiten. Dazu kommt von Seiten des Arbeitnehmers die prozessuale Wahrheitspflicht. Im Gegensatz dazu kann sich der Beschuldigte im Strafprozess eben gerade nicht aussuchen, ob er angeklagt wird oder nicht und überdies den Tatvorwurf auch wahrheitswidrig bestreiten darf.

Weiterhin wäre der Schutz des Persönlichkeitsrechts stark entwertet, würde man zwar auf der Tatbestandsebene eine sorgfältige Abwägung der miteinander

---

411 BAG v. 27.03.2003 – 2 AZR 51/02; BAG v. 13.12.2007 – 2 AZR 537/06; BAG v. 23.04.2009 – 6 AZR 189/08; BAG v. 16.12.2010 – 2 AZR 485/08; BAG v. 21.06.2012 – 2 AZR 153/1.

412 Bayreuther, Frank: AP BGB § 626 Verdacht strafbarer Handlung Nr. 53.

konkurrierenden Interessen verlangen und überschießende Datenerhebungen verbieten, im Prozess aber die Ergebnisse einer unter Missachtung der rechtlichen Maßgaben erfolgten Überwachung doch berücksichtigen. Dabei handelt es sich um den Persönlichkeitsschutz gegenüber den gesamten Arbeitnehmern, die alle rechtswidrig überwacht werden. Auf der Arbeitgeberseite ist es daher nicht erlaubt, dass der Arbeitgeber versucht, eine Videoüberwachung ohne hinreichenden Verdacht einzusetzen. Sonst könnte der Arbeitgeber ohne hinreichenden Verdacht jeder Zeit eine Videoüberwachung testen, ganz gleich, ob diese zulässig ist oder nicht. Wenn sich nichts ergibt, kann er die Sache auf sich beruhen lassen. Wenn dagegen ein Fehlverhalten des Arbeitnehmers zu beweisen ist, hat er aber keine Angst davor, dass die Überwachungsmaßnahme rechtswidrig ist, und kann sie als Beweismittel verwenden,da er weiß, dass die Rechtswidrigkeit der Überwachung für ihn folgenlos bleibt.

II. Fernwirkung von Beweisverwertungsverboten

Es stellt sich nunmehr die Frage, ob sich ein Beweisverwertungsverbot für eine materiell rechtswidrige Videoüberwachung auf andere Beweismittel, die sich mittelbar aus der Aufzeichnung ergeben haben, erstrecken lässt. Eng verbunden ist dies mit der Frage, ob ein Beweismittel einem prozessualen Verwertungsverbot unterliegt, wenn es seinerseits ohne eine weitere, zuvor rechtswidrig gewonnene Information nicht hätte erlangt werden.

Im Urteil vom 16.12.2010 hat das BAG eine entsprechende Antwort geliefert. Nach seiner Ansicht[413] gehe es im Streitfall nicht um Erkenntnisse, die der Beklagte tatsächlich nur durch die möglicherweise rechtswidrige Videoüberwachung hat gewinnen können. Sie seien ihm unabhängig davon zugänglich. Die Auswertung des Kassenstreifens und die Befragung der Klägerin und ihrer Kollegin seien auch ohne technische Überwachung möglich, zumal nach eigenem Vortrag der Klägerin Einkäufe von den Mitarbeitern mit deren Einverständnis in den Tagesunterlagen besonders vermerkt wurden. Damit komme einer möglichen Verletzung des allgemeinen Persönlichkeitsrechts der Klägerin kein solches Gewicht zu, dass unter Berücksichtigung des Anspruchs des Beklagten auf Gewährung rechtlichen Gehörs ein Außerachtlassen der letztlich erst aus dem Kassenstreifen gewonnenen Erkenntnisse gerechtfertigt wäre. Gleiches gelte für die Einlassungen der Klägerin im Personalgespräch vom 02.04.2007. Dabei komme es nicht darauf an, ob der Beklagte im Rahmen seiner Aufklärungsbemühungen ohnehin auf den fraglichen Kassenauszug gestoßen wäre. Vielmehr könne

---

413 BAG v.16.12.2010 – 2 AZR 485/08, Rn. 40.

einer Prozesspartei die Möglichkeit, für sie günstige Tatsachen mit rechtlich unbedenklichen Mitteln nachzuweisen, nicht deshalb versagt werden, weil sie das Wissen von der Geeignetheit eines solchen Mittels auf rechtswidrige Weise erlangt habe. Das gelte im Streitfall umso mehr, als es um den Nachweis eines schwerwiegenden Vertrauensbruchs gehe.

Diese Ausführungen kann man so verstehen, dass das BAG die Fernwirkung eines Beweisverwertungsverbotes abgelehnt hat, weil das Beweismittel seinerseits ohne eine weitere, zuvor rechtswidrig gewonnene Information eben erlangt werden kann, obwohl es der Arbeitgeber von der rechtswidrigen Videoaufzeichnung erlangen kann. In diesem Streitfall legt das BAG seine Aufmerksamkeit auf den schwerwiegenden Vertrauensbruch. Das Verhalten der Arbeitnehmerin hat das Vertrauen des Arbeitgebers in eine künftig ordnungsgemäße Vertragserfüllung nachhaltig beeinträchtigt. Obwohl der Arbeitgeber erst auf das neue Beweismittel durch die rechtswidrige Videoüberwachung gestoßen ist, kann ihm die Möglichkeit, für ihn günstige Tatsachen mit rechtlich unbedenklichen Mitteln nachzuweisen, nicht versagt werden. Das BAG hat hier beabsichtigt, das neue Beweismittel von den rechtswidrigen Videoaufzeichnungen zu trennen, um einen schwerwiegenden Vertrauensbruch nachzuweisen. Es ist ihm aber bewusst, dass die ursprüngliche Videoüberwachung rechtswidrig ist, und das neue Beweismittel durch die rechtswidrigen Videoaufzeichnungen erlangt wird. Denn selbst wenn diese rechtswidrig sind, hat das nichts daran geändert, dass der Tatrichter die Kassenbons in Augenschein nehmen darf, weil das Gericht einen unstreitig gestellten Sachverhalt zur Kenntnis nehmen muss. Daher hat das BAG im Urteil argumentiert, dass die Auswertung des Kassenbons und die Befragung der Klägerin und ihrer Kollegin ohne technische Überwachung ermöglichen, das neue Beweismittel zu sammeln.

Im Strafprozessrecht habe die Rechtsprechung die Fernwirkung des Beweisverwertungsverbotes abgelehnt, die eine Übernahme der im US-Strafprozess geltenden „fruit-of-the-poisonoustree-doctrine" darstellt.[414] Es liefe dem verfassungsrechtlich anerkannten Interesse der Allgemeinheit an einer wirksamen Strafverfolgung sowie dem öffentlichen Interesse an einer möglichst vollständigen Wahrheitsermittlung zuwider, wenn ein Verfahrensfehler, welcher ein Verwertungsverbot für ein Beweismittel zur Folge habe, die gesamte Hauptverhandlung lahm legen könnte. Eine Begrenzung der Fernwirkung des Beweisverwertungsverbotes sei auch schon deshalb erforderlich, weil sich der

414 Bergwitz, Christoph: NZA 2012, 353(358).

Kausalzusammenhang zwischen dem Verfahrensfehler und der Überführung des Beschuldigten kaum sicher feststellen lasse.[415]

Höchstrichterlich ist die Frage noch nicht geklärt. Nach der Ansicht in der Literatur sollten für Privatpersonen keine strengeren Anforderungen als für die Strafverfolgungsbehörden gelten.[416] Gegen eine Fernwirkung spreche auch die praktische Erwägung, dass sich im Einzelfall kaum nachvollziehen lassen werde, ob der Arbeitgeber tatsächlich allein aufgrund der Videoüberwachung von der zu beweisenden Tatsache Kenntnis erlangt habe und diese Kenntnis nicht auch ohne die Videoüberwachung erlangt hätte.[417]

III. Verwertungsverbot des Sachvortrags

Dieses Problem stelle sich dann, wenn der Arbeitnehmer, die Tatsachenkenntnis, die in rechtswidriger Weise erlangt wurde und im Prozess vorgetragen wird, nicht bestreitet oder ausdrücklich zugesteht.[418] Nach einer Position in der Literatur solle ein Sachvortragsverwertungsverbot nicht von Beweisverwertungsverboten unterschieden bzw. nach anderen Maßstäben geprüft werden. Mit der Zeit hat das BAG auch seine Haltung gegenüber einem Sachvortragsverwertungsverbot verändert. In einer Entscheidung aus dem Jahr 2007 war das BAG der Auffassung, dass das deutsche Zivilprozessrecht ein Verwertungsverbot durch einen Sachvortrag nicht kenne.[419] Der beigebrachte Tatsachenstoff sei entweder unschlüssig oder unbewiesen, aber nicht „unverwertbar". Dies gelte umso mehr, wenn der Sachverhalt unstreitig sei. Das BAG prüfe – genauso wie beim Beweisverwertungsverbot- anhand einer Güterabwägung, ob dem allgemeinen Persönlichkeitsrecht des Arbeitnehmers gegenüber dem Interesse des Arbeitgebers an der Verwertung seines unstreitigen Sachvortrags der Vorrang zukomme. Im Rahmen dieser Abwägung berücksichtige das BAG insbesondere, dass die Aufrechterhaltung einer funktionsfähigen Rechtspflege und das Streben nach einer materiell richtigen Entscheidung wichtige Belange des Gemeinwohls seien und die Gerichte daher grundsätzlich gehalten seien, den von den Parteien in den

415 BGH v. 24.08.1983 – 3 StR 136/83, NJW 1984, 2772(2773); BGH v. 06.08.1987 – 4 StR 333/87, NJW 1988, 1223(1224) ; BVerfG v. 08.12.2005 – 2 BvR 1686/04, BeckRS 2011, 51747 Rn. 11.

416 Pötters, Stephan: in Thüsing, Gregor: Beschäftigtendatenschutz und Compliance §21 Rn. 34.

417 Bergwitz, Christoph: NZA 2012, 353(359).

418 Dzida, Boris/Grau, Timon: NZA 2010, 1201(1205).

419 BAG v. 13.12.2007 – 2 AZR 537/06, NZA 2008, 1008(1010).

Prozess eingeführten Sachvortrag zu berücksichtigen.[420] In einer Entscheidung aus dem Jahre 2010 vertrat das BAG hingegen die Meinung, dass ein Sachvortragsverwertungsverbot nur „grundsätzlich“ abzulehnen sei[421] Ein Sachvortragsverwertungsverboten könne auf Grund einer Güterabwägung im Einzelfall geboten sein.[422]

Wenn der Arbeitnehmer den Sachvortrag des Arbeitgebers entgegen seiner prozessualen Wahrheits- und Erklärungspflicht (§ 138 I, II ZPO) bestreitet, um sich auf ein Beweisverwertungsverbot berufen zu können, befindet sich der Arbeitgeber wegen versuchten Prozessbetrugs des Arbeitnehmers in einer Notwehrlage, welche die prozessuale Verwertung der Videoaufnahme gestattet. In diesem Fall ist ein Beweisverwertungsverbot auszuschließen. Soweit man das Beweisverwertungsverbot bei rechtswidrig erlangten Beweismitteln nicht praktisch leerlaufen lassen will, werde man daher auch ein Sachvortragsverwertungsverbot grundsätzlich für möglich halten müssen.[423] Ein Sachvortragsverwertungsverbot dürfte im Wesentlichen unter denselben Voraussetzungen anzuerkennen sein, die für ein Beweisverwertungsverbot gelten.

F. Zusammenfassung

Bei der offenen Videoüberwachung von Arbeitnehmern am öffentlich zugänglichen Arbeitsplatz ist § 6b BDSG zu beachten. Der Gesetzgeber geht davon aus, dass eine offene Videoüberwachung im öffentlich zugänglichen Raum zulässig ist, wenn sie zur Wahrnehmung des Hausrechts oder zur Wahrnehmung berechtigter Interessen (§ 6b I Nr. 2, 3) für konkretfestgelegte Zwecke erforderlich ist und keine Anhaltspunkte bestehen, dass schutzwürdige Interessen der Betroffenen überwiegen(§ 6b I BDSG). Wenn der Arbeitgeber zur Wahrnehmung des Hausrechts eine offene Videoüberwachung verwendet(§ 6b I Nr. 2 BDSG), dient diese Überwachung zur Prävention (vor allem Vermeidung von Diebstählen, Sachbeschädigungen oder Störungen usw. durch Betriebsfremde) und Abschreckung. Diese Videoüberwachung muss durch geeignete Maßnahmen kenntlich gemacht werden (§ 6b II BDSG). Die Belegschaft muss eine offene Videoüberwachung im öffentlichen zugänglichen Raum als arbeitsplatzimmanent annehmen. Die Persönlichkeitsrechte der Arbeitnehmer sollen in die erforderliche

420 Bergwitz, Christoph: NZA 2012, 353(359).

421 Pötters, Stephan: in Thüsing, Gregor: Beschäftigtendatenschutz und Compliance §21 Rn. 35.

422 Bergwitz, Christoph: NZA 2012, 353(359).

423 Bergwitz, Christoph: NZA 2012, 353(359).

Interessenabwägung voll eingebracht werden (§ 6b I BDSG). Bei der offenen Videoüberwachung von Arbeitnehmern liegt das Interesse des Arbeitgebers im präventiven Schutz vor Diebstählen und anderen Straftaten durch die eigenen Mitarbeiter sowie in der repressiven Aufklärung bereits begangener Straftaten. Solche Interessen des Arbeitgebers gehören zu den berechtigen Interessen im Sinne des § 6b I Nr. 3 BDSG. Vor Beginn einer offenen Videoüberwachung im öffentlich zugänglichen Raum ist aber eine Dokumentation der Festlegung der Zweckbestimmung erforderlich. Die vorherige Festlegung des konkreten Zwecks dient dem effektiven Persönlichkeitsrechtsschutz. Dadurch wird verhindert, dass eine Überwachungsmaßnahme ohne Beachtung der strengen Voraussetzungen des § 6b I Nr. 3 BDSG durchgeführt wird, und dass sich der konkrete Zweck womöglich erst durch diese Überwachungsmaßnahme selbst herausstellt und im Nachhinein als solcher festgelegt wird. Der Gesetzgeber hat in § 6b I BDSG die Erforderlichkeit und Interessenabwägung festgeschrieben. Das BAG hat sie bei der offenen Videoüberwachung von Arbeitnehmern konkretisiert. Das BAG ist der Auffassung, dass eine offene Videoüberwachung gegenüber dem Arbeitnehmer nach § 6b I BDSG nur zulässig ist, wenn der begründete Anfangsverdacht einer Straftat oder eines schweren Fehlverhaltens von Arbeitnehmern besteht, dem Arbeitgeber keine weniger einschneidenden Mittel zur Aufklärung des Verdachts zur Verfügung stehen und sie insgesamt nicht unverhältnismäßig ist. Die Tauglichkeit und die weniger belastende Wirkung von alternativen Überwachungsmöglichkeiten sind im konkreten Einzelfall festzustellen. Die Interessenabwägung richtet sich nach dem Verhältnismäßigkeitsgrundsatz. Danach spielt die Intensität der Überwachung eine wichtige Rolle. Auch die Anzahl der eingesetzten Kameras, die zeitliche Überwachungsdauer und die eingesetzte Videotechnik werden bei der Prüfung der Verhältnismäßigkeit berücksichtigt. Des Weiteren muss der von der Überwachung betroffene Personenkreis ausreichend abgegrenzt sein. Bei der Beurteilung der Verhältnismäßigkeit ist auf jedem Fall auf den konkreten Umstand zurückzugreifen.Ferner ist der vorab festgelegte Überwachungszweck ebenfalls für die Interessenabwägung entscheidend. Weiterhin ist eine offene Videoüberwachung von Arbeitnehmern der Belegschaft im Betrieb bekannt (§ 6b II BDSG). In der Praxis ist aber eine offene Videoüberwachung von Arbeitnehmern am Arbeitsplatz als eine repressive Maßnahme zur Aufklärung der bereits begangenen Straftat oder eines schweren Fehlverhaltens nicht tauglich. § 6b BDSG findet nur auf die offene Videoüberwachung von Arbeitnehmern am Arbeitsplatz in öffentlich zugänglichen Raum Anwendung, wenn diese als Präventionsmittel den Täter (Arbeitnehmer) an der erneuten Verübung einer Straftat hindert.

Der Einsatz einer verdeckten Videoüberwachung von Arbeitnehmern am Arbeitsplatz in öffentlich zugänglichen Raum ist grundsätzlich nicht ausgeschlossen. Das absolute Verbot verdeckter Videoüberwachung tangiert stark die Grundrechtsposition des Arbeitgebers nach Art. 12 I GG und Art. 14 I GG. § 6 b BDSG und findet für die verdeckte Videoüberwachung von Arbeitnehmern am Arbeitsplatz in öffentlich zugänglichen Raum keine Anwendung. Nach der Auffassung des BAG ist eine notwehrähnliche Lage nötig, um solch eine Videoüberwachung zu rechtfertigen. Das allgemeine Persönlichkeitsrecht (Art. 2 I i.V.m. Art. 1 I GG) der Arbeitnehmer, das bei der verdeckten Videoüberwachung durch Arbeitgeber verletzt wird, ist nicht uneingeschränkt gewährleistet. Bei einer Kollision des allgemeinen Persönlichkeitsrechts mit den Interessen des Arbeitgebers ist durch eine Güterabwägung im Einzelfall zu ermitteln, ob das allgemeine Persönlichkeitsrecht den Vorrang verdient. Danach ist eine verdeckte Videoüberwachung von Arbeitnehmern am Arbeitsplatz in öffentlich zugänglichen Raum zulässig, wenn ein hinreichend konkreter Verdacht einer strafbaren Handlung oder einer anderen schweren Verfehlung zu Lasten des Arbeitgebers gegen eine hinreichend bestimmte Personengruppe besteht sowie weniger einschneidende Mittel zur Aufklärung des Verdachts nicht vorhanden oder bereits erfolglos ausgeschöpft sind. Die verdeckte Videoüberwachung muss das praktisch einzig verbleibende Mittel darstellen und darf insgesamt nicht unverhältnismäßig sein.

§ 32 I 1 BDSG findet auf die offene Videoüberwachung von Arbeitnehmern am Arbeitsplatz in Betriebsstätten Anwendung. § 32 I 1 BDSG sieht vor, dass personenbezogene Daten eines Arbeitnehmers für Zwecke des Arbeitsverhältnisses erhoben, verarbeitet oder genutzt werden dürfen, wenn dies nach Begründung des Arbeitsverhältnisses für dessen Durchführung erforderlich ist. Der Gesetzgeber hat diesen Aspekt etwa in seiner Gesetzesbegründung „Zwecke des Beschäftigungsverhältnisses“ ausführlich erklärt. Unter „Zwecke des Beschäftigungsverhältnisses“ versteht der Gesetzgeber u.a. die Wahrnehmung der Arbeitgeberrechte im Zusammenhang mit der Durchführung des Beschäftigungsverhältnisses. Der Arbeitgeber kann beispielsweise durch Ausübung des Weisungsrechts, oder durch Kontrolle der Leistung bzw. des Verhaltens des Arbeitnehmers seine Rechte wahrnehmen. Zur Kontrolle der Leistung oder des Verhaltens des Arbeitnehmers muss der Arbeitgeber bestimmte Maßnahmen ergreifen. Die Videoüberwachung durch den Arbeitgeber gehört zu solchen Maßnahmen. Jedoch ist die Videoüberwachung nicht generell zur Kontrolle der Leistung oder des Verhaltens des Arbeitnehmers zulässig. Eine offene Videoüberwachung von Arbeitnehmern am Arbeitsplatz in Betriebsstätten ist nur zulässig, wenn sie zur Verhinderung von Straftaten oder sonstigen Rechtsverstößen, die im Zusammenhang mit dem Arbeitsverhältnis stehen, erforderlich ist. In der Gesetzesbegründung wird bereits verdeutlicht, dass der Gesetzgeber mit dieser Vorschrift lediglich die bisherige Rechtsprechung der Arbeitsgerichte zum Datenschutz im Beschäftigungsverhältnis kodifizieren wollte. Bei der Auslegung „Erforderlichkeit" im § 32 I 1 BDSG ist daher auf die Rechtsprechungen des BAG zurückzugreifen. Danach liegt die Erforderlichkeit vor, wenn die Videoüberwachung ein geeignetes Mittel für die Erreichung des beabsichtigten Zwecks darstellt, und kein anderes, gleich wirksames aber das Persönlichkeitsrechts weniger einschränkendes Mittel zur Verfügung steht. Darüber hinaus muss sie angemessen sein. Die Intensität eines Eingriffs in das allgemeine Persönlichkeitsrecht des Arbeitnehmers ist nicht unabhängig von den schwerwiegenden Gründen des Arbeitgebers, die die offene Videoüberwachung von Arbeitnehmern rechtfertigen. Eine nur präventive offene Videoüberwachung ohne konkreten Grund genügt grundsätzlich nicht den Anforderungen an die Erforderlichkeit des § 32 I 1 BDSG. Das Interesse des Arbeitgebers an einer offenen Videoüberwachung erweist sich als überwiegend, wenn konkrete Anhaltspunkte für Diebstähle, sonstige Straftaten von Arbeitnehmern vorliegen, und kein milderes Mittel zur Verfügung steht. Eine offene Videoüberwachung von Arbeitnehmern in Betriebsstätten gem.§ 32 I 1 BDSG dient nur zur präventiven Abwehr von Straftaten oder sonstigen Rechtsverstößen durch Arbeitnehmer.

Bei der verdeckten Videoüberwachung von Arbeitnehmern am Arbeitsplatz kommt § 32 I 2 BDSG in Betracht. In der Gesetzesbegründung hat der Gesetzgeber bereits erklärt, dass sich diese Regelung im Wortlaut u.a. inhaltlich an den Anforderungen orientiert, die die Rechtsprechung zur verdeckten Überwachung von Beschäftigten aufgestellt hat. Daraus ist abzuleiten, dass der Gesetzgeber mit dieser neuen Regelung der heimlichen Videoüberwachung ihren gesetzlichen Spielraum geschaffen hat. § 32 I 2 BDSG findet auf die verdeckte Videoüberwachung von Arbeitnehmern am Arbeitsplatz sowohl im öffentlich zugänglichen Raum als auch in Betriebsstätten/im nicht öffentlich zugänglichen Raum Anwendung. Die Zulässigkeit der verdeckten Videoüberwachung von Arbeitnehmern gem. § 32 I 2 BDSG richtet sich nach der Zulässigkeit der verdeckten Videoüberwachung, mit welcher sich das BAG bereits in den oben dargestellten Rechtsprechungen auseinandergesetzt hat. Eine verdeckte Videoüberwachung von Arbeitnehmern am Arbeitsplatz ist dann zulässig, wenn ein hinreichend konkreter Verdacht einer strafbaren Handlung oder einer anderen schweren Verfehlung zu Lasten des Arbeitgebers gegen eine hinreichend bestimmte Personengruppe besteht, weniger einschneidende Mittel zur Aufklärung des Verdachts nicht vorhanden oder bereits erfolglos ausgeschöpft sind. Die verdeckte

Videoüberwachung muss das praktisch einzig verbleibende Mittel darstellen und darf insgesamt nicht unverhältnismäßig sein.§ 32 I 1 BDSG dient nur als ein repressives Mittel zur Aufklärung des konkreten Verdachts einer strafbaren Handlung oder einer anderen schweren Verfehlung zu Lasten des Arbeitgebers. Neben § 32 I BDSG ist § 28 I 1 Nr. 2 BDSG für den Schutz der durch eine Videoüberwachung gewonnenen Beschäftigtendaten bedeutend. Ein Fall kann hier eine Videoüberwachung im Betriebsstätten bei dem Betriebsübergang gem. § 613a BGB sein. Der neue Arbeitgeber ist nicht mehr betriebsfremd. Er ist berechtigt, auf Arbeitnehmerdaten im Rahmen des mit ihm fortbestehenden Arbeitsverhältnisses zuzugreifen. § 613a BGB vergibt ihm aber keine derartige Ermächtigung. Der Arbeitgeber kann sich auf die Wahrnehmung seiner berechtigten Interessen nach § 28 I 1 Nr. 2 berufen. Damit kann er auf Arbeitnehmerdaten zugreifen. Dabei muss der neue Arbeitgeber jedoch nach § 28 I 2 BDSG die Zwecke, für die die Daten verarbeitet oder genutzt werden sollen, konkret festlegen.

Obwohl § 32 BDSG einen allgemeinen gesetzlichen Rahmen für den Beschäftigtendatenschutz schafft, bringt diese Vorschrift keine grundlegenden Neuerungen und beschränkt sich im Wesentlichen auf die gesetzliche Festschreibung von Regeln und Prinzipien, die zuvor bereits richterrechtlich anerkannt waren. Der Gesetzgeber sieht die Vorschrift des § 32 BDSG nur als Zwischenstadium an. Aus der Ankündigung des Bundesrates ist zu entnehmen, dass er beabsichtigt, die Arbeiten zu einem Arbeitnehmerdatenschutzgesetz fortzuführen. Am 25. August 2010 wurde ein Entwurf eines Gesetzes zur Regelung des Beschäftigtendatenschutzes verabschiedet. Der Entwurf hat einen neuen Unterabschnitt „Datenerhebung, Datenverarbeitung und Datennutzung für Zwecke des Beschäftigungsverhältnisses“ im Anschluss an § 31 BDSG geschaffen. In diesem Entwurf werden u.a. die Datenverarbeitung im Beschäftigungsverhältnis (§§ 32c, 32d BDSG-RegE), die Datenerhebung ohne Kenntnis des Beschäftigten zur Aufdeckung und Verhinderung von Straftaten und anderen schwerwiegenden Pflichtverletzungen im Beschäftigungsverhältnis (§ 32e BDSG-RegE) und die Videoüberwachung der Beschäftigten (§ 32f BDSG-RegE) geregelt. Für die Videoüberwachung von Arbeitnehmern sind §§ 32e, 32f BDSG-RegE relevant. Jedoch haben §§ 32e, 32f BDSG-RegEvielhandwerkliche Schwächen. Es besteht Verbesserungsbedarf an §§ 32e, 32f BDSG-RegE. Die Schwarz-Gelb Regierungskoalition hat daher die Reform des Beschäftigtendatenschutzes nicht fortgesetzt. Sie hat die Gesetzesinitiative zur Privatsphäre von Beschäftigten erneut von der Tagesordnung des Innenausschusses und des Plenums des Bundestags genommen. Seit 2014 hat Deutschland eine neue Bundesregierung. Nun bleibt es abzuwarten, wie die neue Bundesregierung den Entwurf eines Gesetzes zur Regelung des Beschäftigtendatenschutzes verbessern kann.

Nach § 87 I Nr. 6 BetrVG hat der Betriebsrat bei der Einführung und Anwendung von technischen Einrichtungen, die dazu bestimmt sind, das Verhalten oder die Leistung der Arbeitnehmer zu überwachen, mitzubestimmen, soweit eine gesetzliche oder tarifliche Regelung nicht besteht. Die Ausübung des Mitbestimmungsrechtes nach § 87 I Nr. 6 BetrVG ist jedoch nicht schrankenlos. § 75 II 1 BetrVG hat die Mitbestimmungsmacht des Betriebsrats und Arbeitgebers in § 87 I Nr. 6 BetrVG begrenzt. Nach § 75 II 1 BetrVG haben der Betriebsrat und Arbeitgeber die freie Entfaltung der Persönlichkeit der im Betrieb beschäftigten Arbeitnehmer zu schützen und zu fördern. Mit dieser Vorschrift schließt der Gesetzgeber wirkungsvoll aus, dass die Betriebsvereinbarung in unangemessener oder rechtlich unzulässiger Art und Weise in das allgemeine Persönlichkeitsrecht der Arbeitnehmer eingreift. § 87 I Nr. 6 BetrVG dient dem Persönlichkeitsschutz vor den Gefahren technisierter Ermittlung von Verhaltens- und Leistungsdaten der Arbeitnehmer. Durch das Mitbestimmungsrecht wird dem Arbeitgeber nicht das Recht verwehrt, technische Einrichtungen in den Überwachungsvorgang einzuschalten, sondern es geht nur um einen Schutz vor den möglichen Gefahren, die bei technischer Überwachung für den Arbeitnehmer entstehen. Durch das Mitbestimmungsrecht im § 87 I Nr. 6 BetrVG wird der Arbeitnehmer in die Lage versetzt, eigene Initiativen zur Wahrung seiner Interessen in dem Bereich zu entfalten, in dem nach arbeitsvertraglicher Regelung der Arbeitgeber allein entscheidet. Die Voraussetzungen für die Ausübung des Mitbestimmungsrechts § 87 I Nr. 6 BetrVG bei der Videoüberwachung von Arbeitnehmern sind die Ausübung des Mitbestimmungsrechts durch den Betriebsrat in Form der Betriebsvereinbarung/Betriebsvereinbarung durch den Spruch der Einigungsstelle, keine gesetzliche oder tarifliche Regelung, Einführung und Anwendung der Videoüberwachung, und Überwachung des Verhaltens oder der Leistung der Arbeitnehmer. Wenn der Arbeitgeber das Mitbestimmungsrecht des Betriebsrats in § 87 I Nr.6 BetrVG verletzt, verfügt der Arbeitnehmer über einen vertraglichen Unterlassungs- und Beseitigungsanspruch. Der gesetzliche Unterlassungs- und Beseitigungsanspruch ergibt sich aus § 823 II BGB i.V.m. §§ 12, 862, 1004 BGB analog i.V.m. § 87 I Nr. 6 BetrVG. Weiterhin kann sich der Arbeitnehmer auf ein Zurückbehaltungsrecht nach § 273 I BGB berufen. Er kann seinen Anspruch auf Vergütung nach §§ 611, 615 BGB behalten. Dem Betriebsrat steht bei einer mitbestimmungswidrigen Videoüberwachung grundsätzlich ein Unterlassungsanspruch nach § 23 III1 BetrVG zu. Des Weiteren hat der Betriebsrat einen allgemeinen Unterlassungsanspruch aus § 87 I BetrVG.

Wenn eine Prozesspartei ein in rechtswidriger Weise erlangtes Beweismittel in das Gerichtsverfahren einführen will, wird das Beweisverwertungsverbot in Frage gestellt. Traditionell wird ein materiell rechtswidriger Akt der Erlangung eines Beweismittels (Beweiserhebung) von dem prozessualen Akt der Verwertung des Beweismittels (Beweisverwertung) unterschieden. Die Bedeutung der Frage, ob aus einer unzulässigen Beweiserhebung automatisch ein Beweisverwertungsverbot abgeleitet wird, liegt an dieser Stelle im Fall der unzulässigen, verdeckten Videoüberwachung von Arbeitnehmern. Das BAG hat die beiden Ebenen (Beweiserhebung und Beweisverwertung) nicht immer genau voneinander unterschieden. Vielmehr hat es in vielen Entscheidungen die Zulässigkeit der Beweisverwertung daraus abgeleitet, dass es dem Arbeitgeber nicht zumutbar ist, die gegen ihn verübten Straftaten nicht aufklären zu lassen. Es gibt kein Beweisverwertungsverbot wegen des Verstoßes gegen § 6b II BDSG. Eine teleologische Reduktion dieser Vorschrift ist erforderlich. Sie findet auf die verdeckte Videoüberwachung von Arbeitnehmern keine Anwendung. Eine verdeckte angefertigte Videoaufnahme ist verwertbar, wenn der Arbeitgeber in eine notwehrähnliche Lage gerät. Ein Beweisverwertungsverbot wegen des Verstoßes gegen § 32 I BDSG ist bisher noch nicht höchstrichterlich geklärt. Dies wird man jedoch befürworten müssen. Das BAG hat die Fernwirkung eines Beweisverwertungsverbotes abgelehnt. Das Beweismittel kann seinerseits ohne eine weitere, zuvor rechtswidrig gewonnene Information erlangt werden. Ein Sachvortragsverwertungsverbot ist nur grundsätzlich abzulehnen. Ein Sachvortragsverwertungsverbot kann auf Grund einer Güterabwägung im Einzelfall geboten sein.

Kapitel 4. Videoüberwachung von Arbeitnehmern am Arbeitsplatz in China

A. Einführung

Am 06. 05 2011 hatten einige Mitarbeiter bei Reparaturarbeiten zufällig verdeckte Videokameras und Lauschgeräte im Betriebssaal entdeckt. Der Betrieb gehört zu einem Unternehmen in Changsha[424], das Lebensmittel produziert. In dem Betriebssaal sind 20 Mitarbeiter beschäftigt. Darüber hinaus war der Pausenraum für Mitarbeiter gleichfalls videoüberwacht. Zwei Tage später hatten ein paar wütende Mitarbeiter solche Videokameras und Lauschgeräte abgeschafft. Kurz danach waren sie wegen schwerer Verletzungen der Arbeitsordnung gekündigt worden. Der Arbeitgeber behauptet in einem Interview, dass er keine andere Wahl hatte, um den sich stets wiederholenden Diebstahl im Betrieb aufzuklären. Außerdem verrichten einige Arbeitnehmer ihre Arbeit nicht nach der Weisung des Arbeitgebers. Die Videoüberwachung gilt als die Maßnahme der Firmenverwaltung. Sie wird weiter in Dienst gestellt. Ferner gehört der Arbeitsplatz nicht zu der Privatsphäre. Arbeitnehmer würden nicht unter Anpassungsdruck durch die Videoüberwachung am Arbeitsplatz gesetzt, soweit sie ihre Arbeit nach der Arbeitsordnung verrichten. Des Weiteren veranlasste nicht die Entfernung der Videokameras durch einige Mitarbeiter, dass der Arbeitgeber ihnen gekündigt hat. Ein Journalist hatte in den Elektronikmärkten in Changsha herausgefunden, dass Arbeitgeber Videokameras für einen nötigen Teil der Büroeinrichtung halten. Der Zweck der Videoüberwachung geht über den Sicherheitsschutz hinaus, denn diese dient vielmehr zur Spionage von Mitarbeitern. In einem Elektronikladen war der Journalist einem Arbeitgeber begegnet. Dieser hatte den Verkäufer beauftragt, dass in seiner Firma nicht nur Videokameras zur Vermeidung des Diebstahls offen angebracht werden, sondern auch ein paar Videokameras heimlich zur Überwachung seiner Mitarbeiter installiert werden.[425]

424 Die Hauptstadt der Provinz Hunan

425 Liu, Zhangjing/Liu, Li: Sanxiang Zeitung(SanxiangDushibao) vom 12.05.2011 http://hn.rednet.cn/c/2011/05/12/2256248.htm; http://news.hexun.com/2011-05-12/129543338.html; http://www.chinanews.com/fz/2011/05-12/3035781.shtml.

I. Schutzbestand

Im Unternehmen Baidu finden sich vielfältige Fragen, welche die Videoüberwachung am Arbeitsplatz durch Arbeitgeber betreffen.[426] In der Praxis sind aber derzeit keine Regelungen für die Videoüberwachung am Arbeitsplatz vorhanden. Bis dato gibt es auch keine Rechtsprechung von Zivilgerichten in diesem Fall. Weiterhin bleibt die chinesische Forschung zu diesem Thema im Arbeitsrecht bisher ebenfalls offen.

Dass der Arbeitgeber eine Videoüberwachung am Arbeitsplatz einsetzt, ist nach Ansicht von Anwälten nicht rechtswidrig, da zurzeit keine Regelungen für Überwachungseinrichtungen vorhanden sind. Übrigens gilt die Videoüberwachung am Arbeitsplatz als Verwaltungsmaßnahme. Mit solcher Digitalelektronik kann der Arbeitgeber sein Unternehmen effektiv verwalten. Außer Umkleideräumen oder Toiletten, die zur absoluten Privatsphäre gehört, und nicht videoüberwacht werden dürfen, befinden sich Arbeitnehmer am Arbeitsplatz in der Öffentlichkeit. Der Arbeitgeber ist nach der Arbeitsordnung dazu berechtigt, das Verhalten von Arbeitnehmern zu kontrollieren und zu verwalten. Mit der Videoüberwachung am Arbeitsplatz kann er diese Kontrolle optimal erfüllen. Die Maßnahme selbst steht daher außer Frage. Obwohl die Videoüberwachung am Arbeitsplatz nicht rechtswidrig ist, darf der Arbeitgeber sie nicht beliebig einsetzen. Soweit der Arbeitgeber am Arbeitsplatz eine Videoüberwachung einführen möchte, muss er sie seinen Mitarbeitern bekannt machen. Außerdem muss die Videoaufnahme zweckgemäß verwendet werden. Der Arbeitgeber oder Dritte darf die Videoaufnahme nicht veröffentlichen, wenn der Betroffene nicht einwilligt. Ansonsten würde das Recht auf Privatheit oder das Recht am eigenen Bild sowie der gute Ruf des Betroffenen verletzt.[427]

---

426 Baidu ist ein chinesisches Unternehmen im Bereich Internetdienstleistung, das die gleichnamige Suchmaschine betreibt. Über die Videoüberwachung am Arbeitsplatz wird in der Gesellschaft sehr kritisch diskutiert. Für Anwälte ist es nichts gänzlich neues, darüber zu beraten. In Baidu kann man vielfältige Fragen nach der Videoüberwachung am Arbeitsplatz durch Arbeitgeber finden.
http://www.baidu.com/s?ie=utf8&f=3&rsv_bp=1&rsv_idx=1&tn=baidu&wd=%E5%85%AC%E5%8F%B8%E5%AE%89%E8%A3%85%E6%91%84%E5%83%8F%E5%A4%B4&rsv_pq=b2faf51a0001611b&rsv_t=28361iEZav05zvsKSuf341S4SI402jNA1qQ4BTlEVWxVzipURGm4hh%2BKsaU&rsv_enter=1&rsv_sug3=4&rsv_sug1=3&oq=%E5%85%AC%E5%8F%B8%E5%AE%89%E8%A3%85&rsv_sug2=1&rsp=1&inputT=16955&rsv_sug4=16956

427 Liu, Zhangjing/Liu, Li: Sanxiang Zeitung(SanxiangDushibao) vom 12.05.2011.; vgl. Yang, Wenzhan: Shanghai Legal News(Shanghai FazhiXinwen) von 02.12.2013, B06 http://newspaper.jfdaily.com/shfzb/html/2013-12/02/content_14318.htm

Diese Auffassung vertritt das Zivilgericht im Bezirk Fengtai Beijing.[428] Der Arbeitgeber ist berechtigt, Videoüberwachungen einzuführen und anzuwenden. Die Videoüberwachung gehört insofern zu der Arbeitsordnung. Die Arbeitsordnung garantiert den ordentlichen Arbeitsverlauf im Betrieb. Das Arbeitsleben basiert also auf der Arbeitsordnung. § 4 I des Arbeitsgesetzes der VR China(ArbG)[429] und § 4 I des Arbeitsvertragsgesetzes der VR China(ArbVertrG)[430] schreiben gleichfalls vor, dass der Arbeitgeber ausgewogene Arbeitsregeln festlegen und vervollkommnen muss, damit die Arbeitnehmer ihre Rechte in Anspruch nehmen können und ihre Pflichten erfüllen.[431] Weiterhin ist nach § 19 ArbG die „Arbeitsdisziplin" die erforderliche Rahmenbedingung für das Zustandekommen eines Arbeitsvertrages. Die Arbeitsdisziplin im Arbeitsvertrag bemächtigt den Arbeitgeber, die Arbeitnehmer bei der Erfüllung der Arbeitsverpflichtung zu kontrollieren, und mithin das Verhalten von Arbeitnehmern bei der Arbeit zu beeinflussen/beschränken. Videoüberwachung am Arbeitsplatz als Maßnahme dient vielmehr dazu, dass der Arbeitgeber die Arbeitsdisziplin tatsächlich umsetzen kann. Im Gegenzug hat aber der Arbeitnehmer das Recht auf Privatsphäre gem. § 2 II, dem Gesetz über die deliktische Haftung (GdH). Bei der Ausübung des Arbeitgeberrechts darf daher das Recht auf Privatsphäre von Arbeitnehmern nicht verletzt werden. Hierbei ist aber denkbar, dass das Gericht den Inhaltsumfang des Rechts auf Privatsphäre auf das Recht auf Postgeheimnis und Privatlebensgeheimnis beschränkt. Das Recht auf Privatlebensgeheimnis bezieht sich auf Finanzlage, Lebenserlebnis, und persönliche Informationsdaten, deren Nutzung anderen verboten ist. Weiterhin geht es davon aus, dass der Arbeitgeber die Videoüberwachung am Arbeitsplatz den Arbeitnehmern bekannt machen muss. Im § 4 IV ArbVertrG wird festgelegt, dass Arbeitsregeln, die unmittelbar die wesentlichen Interessen des Arbeitnehmers betreffen ebenso wie

---

428 Peking Fengtai District Court: Arbeiter Tageszeitung(GongrenRibao) vom 15.09.2012. Das Zivilgericht hat zwar die Stellungnahme zur Videoüberwachung am Arbeitsplatz in „Arbeiter Tageszeitung" gebracht, hat es aber in der Gerichtspraxis noch nie solche Streitigkeiten behandelt.

429 Übersetzung von Münzel, Frank: in: http://www.chinas-recht.de/940705b.htm.

430 Übersetzung von Münzel, Frank: in: http://www.chinas-recht.de/inhalt.htm; unter 2007.zip, 29.6.07/1 Arbeitsvertragsgesetz.

431 Arbeitsgesetz der VR China (ZhonghuaRenminGongheguoLaodongfa) v. 05.07.1994 (in Kraft 01.01.1995); chinesischer Text in: Guojiasifakaoshifalüfaguihuibian „Sammlung der Gesetze und Verordnungen für die Staatliche Richterprüfung", Beijing 2008, S. 149ff.; Arbeitsvertragsgesetz der VR China (ZhonghuaRenminGongheguoLaodonghetongfa) v. 29.06.2007 (in Kraft 01.01.2008), in: Guojiasifakaoshifalüfaguihuibian S. 157 ff.

wichtige Entscheidungen bekannt gemacht werden müssen, oder den einzelnen Arbeitnehmern mitgeteilt werden. Die offene Videoüberwachung am Arbeitsplatz gehört entweder zu den Arbeitsregeln oder zur Entscheidung des Arbeitgebers. Soweit der Arbeitgeber die Videoüberwachung am Arbeitsplatz heimlich einführt, wird das Arbeitnehmerrecht auf Privatsphäre nach § 2 II GdH[432] verletzt. Der Arbeitnehmer kann dann nach § 22 GdH gegen seinen Arbeitgeber einen Anspruch auf Ersatz der erlittenen seelischen Schäden erheben.

II. Arbeitsrechtliche Grundbegriffe bei der Videoüberwachung von Arbeitnehmern

1. Arbeitnehmer

Der Gesetzgeber hat den Begriff„Arbeitnehmer" nicht definiert. Allerdings ist aus § 2 ArbG und § 2 I ArbVertrG zu entnehmen, dass Arbeitnehmer im Sinne dieses Gesetzes Arbeiter in Unternehmen, Einzelhandelsgewerben und privaten nicht-unternehmerischen Einheiten (Arbeitgeber) sind, die sich alle innerhalb der Grenzen der Volksrepublik China befinden. Voraussetzung ist, dass er mit solchen Unternehmen, Einzelhandelsgewerben und privaten nicht-unternehmerischen Einheiten ein Arbeitsverhältnis begründet, durchführt, ändert, kündigt oder es auf andere Weise auflöst. In dieser Arbeit wird der Fokus auf Unternehmen gelegt. Sie setzt sich mit der Videoüberwachung von Arbeitnehmern in Unternehmen auseinander.

2. Arbeitgeber

Nach § 2 ArbVertrG findet das Arbeitsvertragsgesetz auf alle innerhalb der Grenzen der Volksrepublik China befindlichen Unternehmen, Einzelhandelsgewerbe und privaten nicht-unternehmerischen Einheiten Anwendung, wenn sie mit Arbeitnehmern ein Arbeitsverhältnis begründen, durchführen, ändern, kündigen oder es auf andere Weise auflösen. Weiterhin gilt dasselbe auch für Arbeitsverhältnisse zwischen staatlichen Organen, juristischen Personen des öffentlichen Rechts und gesellschaftlichen Organisationen mit Arbeitnehmern. Daraus erschließt sich, dass Arbeitgeber alle innerhalb der Grenzen der Volksrepublik

432 Gesetz der VR China über die deliktische Haftung (ZhonghuaReminGongheguoQinquanzerenfa) v. 26.12.2009 (in Kraft 01.07.2010), chinesischer und deutscher Text in: Binding, Jörg: Das Gesetz der VR China über die deliktische Haftung, Berlin 2012, S. 115ff.; Übersetzung von Münzel, Frank: in: http://www.chinas-recht.de/inhalt.htm; unter 2009.zip, 26.12.09/1 Gesetz über die Haftungen für Verletzungen von Rechten.

China befindlichen Unternehmen, Einzelhandelsgewerbe und private nicht-unternehmerische Einheiten sowie staatliche Organe, juristische Personen des öffentlichen Rechts und gesellschaftliche Organisationen sind. In dieser Arbeit wird derArbeitgeber nur auf Unternehmen beschränkt, die sich innerhalb der Grenzen der Volksrepublik China befinden.

3. *Arbeitsvertrag*

Der Gesetzgeber hat den Arbeitsvertrag nicht präzise definiert. Allerdings hat er in § 17 ArbVertrG und § 19 ArbG die Rahmenbedingungen eines Arbeitsvertrages zwischen Arbeitgeber und Arbeitnehmer geschaffen. Nach § 17ArbVertrG muss ein Arbeitsvertrag folgendes beinhalten; (1) Name des Arbeitgebers, Wohnsitz, Vertretungsberechtigte oder Hauptgeschäftsführer (2) Name des Arbeitnehmers, Wohnsitz, Personalausweis (3) Frist des Arbeitsvertrags (4) Arbeitsinhalt und Arbeitsort (5) Arbeitszeit, Pausen und Urlaub (6) Arbeitsentgelt (7) Sozialversicherung (8) Arbeitsschutz, Arbeitsbedingungen und Schutz vor Gefahren am Arbeitsplatz (9) Sonstiges, das nach Gesetzen und Verordnungen im Arbeitsvertrag enthalten sein soll. Darüber hinaus können sich Arbeitgeber und Arbeitnehmer über Probezeit, weitere Ausbildung/Schulung, Geheimnisverpflichtungen, Zusatzversicherung und Fürsorge usw. einigen. § 19 ArbG sieht vor, dass der Arbeitsvertrag schriftlich abzuschließen ist. Die Frist des Arbeitsvertrages, Arbeitsinhalt, Arbeitsschutz und Arbeitsbedingungen, Arbeitsentgelt, Arbeitsdisziplin, Bedingungen für die Beendigung des Arbeitsverhältnisses und Haftungen bei Pflichtverletzung des Arbeitsvertrages müssen im Arbeitsvertrag enthalten sein. Des Weiteren müssen sich Arbeitnehmer und Arbeitgeber beim Abschluss des Arbeitsvertrags an die Gesetze halten und die Grundsätze der Fairness, der Gleichberechtigung, der Freiwilligkeit, des Konsenses und von Treu und Glauben beachten (§ 3 I ArbVertrG). Darüber hinaus hat ein in Übereinstimmung mit diesem Gesetz geschlossener Arbeitsvertrag eine bindende Wirkung. Beide Seiten haben die vereinbarten Pflichten zu erfüllen.

B. Rechtsquellen der Videoüberwachung von Arbeitnehmern am Arbeitsplatz

Zuerst wird die verfassungsrechtliche Vorgabe betrachtet. Von der Videoüberwachung von Arbeitnehmern am Arbeitsplatz ist Art. 38 der Verfassung der VR China betroffen.

I. Verfassungsrechtliche Vorgabe (Art. 38 der Verfassung der VR China)

Art. 38 der Verfassung der VR China sieht vor, dass die persönliche Würde der chinesischen Bürger unverletzlich ist. Jede Form der Beleidigung, Verleumdung und falschen Anschuldigung ist demnach verboten. Art. 38 I der Verfassung der VR China stellt die verfassungsrechtliche Grundlage des allgemeinen Persönlichkeitsrechts in der VR China dar.[433] Die Verfassung ist jedoch auf der Rechtsprechung in der Praxis nicht anzuwenden.[434] Eine „verfassungskonforme" Auslegung der Gesetze gibt es allerdings in China nicht.

II. Einfachgesetzliche Grundlage für Videoüberwachung von Arbeitnehmern am Arbeitsplatz

Hier stellt sich zunächst die Frage, ob der Arbeitgeber berechtigt ist, die Arbeitnehmer am Arbeitsplatz durch Videoaufnahmen zu überwachen.

1. Rechtsgrundlage der Videoüberwachung am Arbeitsplatz durch den Arbeitgeber

§ 3 II ArbG schreibt vor, dass Arbeitnehmer ihre Arbeitsaufgaben erledigen, ihre Arbeitsfähigkeiten nicht vermindern sondern verbessern, die Arbeitsschutzordnung einhalten und sich nach Arbeitsdisziplin und Berufsgrundsätzen verhalten müssen.[435] § 4 ArbG befindet sich in Übereinstimmung mit § 4 I ArbVertrG. Danach muss der Arbeitgeber ausgewogene Arbeitsregeln festlegen und vervollkommnen, damit die Arbeitnehmer ihre Rechte in Anspruch nehmen können und ihre Pflichten erfüllen. Gem. § 3 II ArbVertrG hat der Arbeitsvertrag zwischen Arbeitgeber und Arbeitnehmer eine bindende Wirkung. Beide Seiten müssen die vereinbarten Pflichten erfüllen. Aus § 3 II ArbVertrG ist zu entnehmen, dass der Arbeitsvertrag den Arbeitgeber bemächtigt, Arbeitsdisziplin von den Arbeitnehmern zu verlangen, da diese zum Inhalt eines Arbeitsvertrages gehört (§ 19 ArbG). In diesem Sinn steht § 3 II ArbVertrG mit § 3 II ArbG in Einklang.

---

433 Ni, Ning: Schutz des Persönlichkeitsrechts vor allem bei Arbeitnehmern in der VR China S. 25, (1) Art. 38 der Verfassung der VR China.

434 Eine ausführliche Begründung verweist auf Werthwein, Simon: Das Persönlichkeitsrecht im Privatrecht der VR China S. 20 bis 29.

435 § 3 I ArbG gewährleistet dem Arbeitnehmer pauschal; „...und andere vom Gesetz bestimmte Arbeitsrechte", Übersetzung von Münzel, Frank: in: http://www.chinasrecht.de/940705b.htm.

In § 4 I ArbVertrG und § 4 ArbG bemächtigt der Gesetzgeber den Arbeitgeber, ausgewogene Arbeitsregeln festzulegen. Damit können die Arbeitnehmer ihre Pflichten erfüllen. Daraus ergibt sich, dass der Arbeitgeber berechtigt ist, die Videoüberwachung am Arbeitsplatz einzuführen und anzuwenden, weil der Gesetzgeber den Arbeitgeber legitimiert, solche Maßnahme als Arbeitsdisziplin festzulegen, wobei Arbeitsdisziplin zu den Arbeitsregeln zählt. Daher liegen der Rechtsgrundlage für eine Videoüberwachung am Arbeitsplatz die §§ 3 II, 4 ArbG und §§ 3 II, 4 I ArbVertrG zugrunde.

Anschließend geht es um die Frage, welche Arbeitnehmerrechte bei der Videoüberwachung am Arbeitsplatz betroffen sind.

2. *Arbeitnehmerrechte bei der Videoüberwachung am Arbeitsplatz*

§ 4 I ArbVertrG sieht vor, dass der Arbeitgeber ausgewogene Arbeitsregeln festlegen und vervollkommnen muss, damit die Arbeitnehmer ihre Rechte in Anspruch nehmen können und ihre Pflichten erfüllen. Nach § 4 II ArbVertrG bedarf es der vorherigen Diskussion und Beratung mit der Versammlung der Belegschaftsvertreter oder der ganzen Belegschaft, bei der Vorschläge gemacht und Stellungnahmen abgegeben werden können, wenn der Arbeitgeber Arbeitsregeln aufstellt oder wichtige Entscheidungen trifft, die sich auf Arbeitsvergütungen, Arbeitszeit, Ruhepausen und Urlaub, Arbeitssicherheit und Gesundheit am Arbeitsplatz beziehen. Diskussionsthemen können außerdem Versicherung und Sozialleistungen, Fortbildung der Beschäftigten, Arbeitsdisziplin und Zuteilung der Arbeitsmenge sowie andere die wesentlichen Interessen des Arbeitnehmers unmittelbar berührende Bereichesein. Nach § 80 ArbVertrG ist der Arbeitgeber verpflichtet, Schaden zu ersetzen, soweit Arbeitsregeln, die sich auf Interessen von Arbeitnehmern beziehen, Gesetzen oder Verordnungen entgegenstehen, und Arbeitnehmern Schaden verursachen.[436]

Daraus ist zu entnehmen, dass sich der Umfang von Arbeitsregeln auf Arbeitsvergütungen, Arbeitszeit, Ruhepausen und Urlaub, Arbeitssicherheit und Gesundheit am Arbeitsplatz, Versicherung und Sozialleistungen, Fortbildung der Beschäftigten, Arbeitsdisziplin und Zuteilung der Arbeitsmenge sowie andere die wesentlichen Interessen des Arbeitnehmers unmittelbar berührende Bereiche erstreckt. Arbeitsdisziplin ist der Bestandsteil von Arbeitsregeln. Diese Arbeitsregeln dürfen Gesetzen oder Verordnungen, die die Interessen von

---

436 Däubler, Wolfgang/Wang, Qian: RdA 2008, 141(143) Anhang – AVG der VR China; vgl. Übersetzung von Münzel, Frank: in: http://www.chinas-recht.de/inhalt.htm, unter 2007.zip, 29.6.07/1 Arbeitsvertragsgesetz.

Arbeitnehmern vertreten, nicht entgegenstehen. Soweit diese Arbeitsregeln gegen Gesetze oder Verordnungen verstoßen, und sie Interessen von Arbeitnehmern verletzen oder ihnen schaden, muss der Arbeitgeber die Haftung für den Schaden, der den Arbeitnehmern entstanden ist, übernehmen.

Im Kapitel 4. A. I. wurde bereits erörtert, dass die Videoüberwachung am Arbeitsplatz als Arbeitsdisziplin gilt, die zu den Arbeitsregeln gehört. Hierbei stellt sich die Frage, welche Interessen der Arbeitnehmer von der Videoüberwachung am Arbeitsplatz betroffen sind, und wie sie gesetzlich definiert werden.

a) Forschungsstand – das Recht auf Privatsphäre § 2 II GdH

Für die Videoüberwachung am Arbeitsplatz steht bislang noch nichts auf dem offiziellen Papier. Im Bereich des öffentlichen Rechts befasst man sich aber bereits mit der Forschung zur Videoüberwachung in der Öffentlichkeit. In einem Forschungsbericht[437] ist die Forscherin der Auffassung, dass bei der Videoüberwachung in der Öffentlichkeit das Recht des Bürgers auf Privatsphäre verletzt werde. Weiterhin hat sie das Recht auf Privatsphäre auf der Grundlage der Sicherheit in der Öffentlichkeit definiert. Recht auf Privatsphäre bedeutet, dass natürliche Personen das Recht haben, über ihr Privatleben und ihren Privatraum zu verfügen, Informationen über ihr Privatleben selbst bestimmt preisgeben zu können, und ihre persönlichen Informationen vor anderen nach eigenem Ermessen freizugeben.[438] Persönliche Informationen umfassen alle personenbezogenen Daten, die sich als Identifikationssignale, Symbole, Mitteilungen, Bilder oder Karte bezeichnen lassen.[439]

Für die Videoüberwachung am Arbeitsplatz ist bisher keine akademische Forschung vorhanden. Hierbei kann man nur auf die Forschung zur E-Mail Überwachung am Arbeitsplatz zurückgreifen. Nach einer Ansicht ist die Arbeitnehmerkontrolle durch den Arbeitgeber rechtlich zulässig, da der Arbeitgeber der Eigentümer von Betriebsstätten ist. Zum Zweck der Sicherheit bei der Produktion und der Fortsetzung der wirtschaftlichen Interessen der Unternehmen

---

437 Zhu, Huifang/Tang, Xiaotian/Chen, Donghu/Xia, Chunqin/Wang, Jian/Jin, Ligang/Guan, Lijuan: Regierungsforschung über Rechtsstaatsprinzip(ZhengfuFazhiYanjiu), Shanghai 2009, Heft. 8. (Gesamtanzahl Heft. 204).

438 Zhu, Huifang/Tang, Xiaotian/Chen, Donghu/Xia, Chunqin/Wang, Jian/Jin, Ligang/Guan, Lijuan: Regierungsforschung über Rechtsstaatsprinzip(ZhengfuFazhiYanjiu), Shanghai 2009, Heft. 8. (Gesamtanzahl Heft. 204), S. 3.

439 Zhu, Huifang/Tang, Xiaotian/Chen, Donghu/Xia, Chunqin/Wang, Jian/Jin, Ligang/Guan, Lijuan: Regierungsforschung über Rechtsstaatsprinzip(ZhengfuFazhiYanjiu), Shanghai 2009, Heft. 8. (Gesamtanzahl Heft. 204), S. 4.

ist der Arbeitgeber berechtigt, Arbeitnehmer am Arbeitsplatz zu kontrollieren. Die Überwachung mit moderner elektronischer Technik ist nur eine Maßnahme für die Arbeitnehmerkontrolle durch den Arbeitgeber.[440]

Bei umfassender Überwachung des Arbeitsplatzes steht dies zwangsläufig dem Arbeitsnehmerschutz von Recht auf Privatsphäre entgegen.[441] Arbeitnehmer können einige private Gegenstände an ihrem Arbeitsplatz lassen und psychologische Geheimnisse und Informationen während der Arbeit wahren.[442] Von der E-Mail Überwachung ist das Recht auf Privatsphäre des Arbeitnehmers betroffen.[443] Arbeitnehmerkontrolle durch den Arbeitgeber steht daher dem Arbeitnehmerschutz durch das Recht auf Privatsphäre entgegen.[444] Der Gesetzgeber hat in § 2 II GdH das Recht auf Privatsphäre normiert.

aa) Recht auf Privatsphäre

Das Konzept der „Privatsphäre" beruhe auf dem menschlichen Schamgefühl, welches den Ursprung menschlicher Zivilisation darstelle.[445] Was dem Einzelnen als dessen Privatsphäre zugehörig gelte, hänge von seinen Lebensumständen als Bewohner von Stadt oder Land, als Mitglied einer Agrar- oder Industriegesellschaft ab. Es handele sich also um einen in besonderem Maß gesellschafts- und zeitgebundenen Begriff. Die Fortschritte in der Kommunikationstechnik engen den Raum, in dem der Einzelne ganz für sich allein sein kann, mehr und mehr ein. Umso stärker werde das Bedürfnis, sich einen solchen privaten Rückzugsraum zu bewahren. Dazu tragen auch die infolge verbesserter materieller Lebensbedingungen gestiegenen Anforderungen an die „Lebensqualität" bei. Der

440 Zhang, Xinbao: Moderne Rechtswissenschaft im Jahr 1996 Heft. 5, S. 4, 5.

441 Zhang, Xinbao: Moderne Rechtswissenschaft im Jahr 1996 Heft. 5, S. 5.

442 Zhang, Xinbao: Moderne Rechtswissenschaft im Jahr 1996 Heft. 5, S. 4.

443 Tian, Ye: Universitätszeitung von Universität für Wissenschaft und Technologie Beijing (Version für Sozialwissenschaft) vom 03. 2008, Vol. 24, Nr. 1, S. 65–71(di 24 juan di 1 qi, S. 65–71).

444 Vgl. Zhang, Xinbao: Moderne Rechtswissenschaft im Jahr 1996 Heft. 5, S. 4–14; Tian, Ye: Universitätszeitung von Universität für Wissenschaft und Technologie Beijing (Version für Sozialwissenschaft) vom 03. 2008, Vol. 24, Nr. 1, S. 65–71(di 24 juan di 1 qi, S. 65–71); Huang, He: Universitätszeitung von Yunnan Universität (Rechtwissenschaftsversion) im Jahr 2005, Vol. 18, Nr. 2, S. 82–85(di 18 juan di 2 qi, S. 82–85); Pan, Feng: Hebei Rechtswissenschaft vom 07, 2008, Vol. 26, Nr. 7, S. 108–114(di 26 juan di 7 qi, S. 108–114); Li, Lingli: Akademischer Austausch vom 04. 2014, Gesamtsammlung Band-Nr. 241, Nr. 4, S. 61–64(zongdi 241 qi di 4 qi, S. 61–64).

445 Ni, Ning: Schutz des Persönlichkeitsrechts vor allem bei Arbeitnehmern in der VR China S. 39 f.

Begriff der Privatsphäre sei also einer ständigen Entwicklung unterworfen. Entsprechend zahlreich sind die unterschiedlichen Versuche der Definition und Systematisierung, über die hier nur ein knapper Überblick gegeben werden kann: Ganz einhellig wird betont, dass der Schutz der Privatsphäre seine Grenze in entgegenstehenden öffentlichen Interessen (etwa im Bereich der Strafverfolgung) finde. Im Übrigen gehen die Auffassungen über die Ausdehnung der zu schützenden Privatsphäre jedoch auseinander. Eine sehr weite Definition des Schutzbereichs umfasst mit persönlichen Informationen, persönlichen Angelegenheiten sowie (räumlicher) Individualsphäre alle denkbaren Aspekte der Privatsphäre. Inhaltlich sehr ähnlich ist die vor allem in der Begrifflichkeit leicht abweichende Unterscheidung zwischen privaten Informationen, privaten Aktivitäten und privatem Raum und damit zwischen einem immateriellen, einem dynamischen und einem materiellen Aspekt. Eine weitere, etwas pauschaler formulierte Variante bildet die Erstreckung des Schutzes auf die Ungestörtheit und Vertraulichkeit des Lebens. Die Grenzen des Schutzbereichs etwas enger zieht die Auffassung, wonach dieser alle ihrem Wesen nach zur Privatperson gehörenden Sachen und Informationen umfasse. Die engste Definition beschränkt den Schutzbereich auf Informationen über Umstände des Privatlebens. Das Privatleben selbst, d.h. private Aktivitäten und der räumlich-gegenständliche Bereich, innerhalb dessen diese sich entfalten, bleibt ausgeklammert. Zu der nach dieser Ansicht geschützten Sphäre gehören jedoch nicht alle Informationen über Umstände des Privatlebens, sondern nur solche, deren Verbreitung der Berechtigte nicht wünsche. Dabei sei es unbeachtlich, ob Außenstehende eine konkrete Information bereits erhalten haben, so dass beispielsweise auch die Information über ein für jeden offensichtliches Muttermal im Gesicht Teil der Privatsphäre sein könne. Umgekehrt fallen Informationen, die der Berechtigte bereits zur Verbreitung freigegeben habe, infolge dieser Freigabe nicht mehr in die Privatsphäre. Diese Einschränkung des Schutzes auf ein rein subjektiv definiertes Privatgeheimnis habe den großen Vorzug, dass der so verstandene Schutzbereich klar konturiert sei. Die Ausklammerung des Privatlebens selbst habe dabei keine größeren Schutzlücken zur Folge: Schutz vor Einmischungen in Privatangelegenheiten bieten das Recht auf persönliche Freiheit und dessen konkrete Ausprägungen wie das Recht auf Selbstbestimmung über die Ehe.[446]

446 Werthwein, Simon: Das Persönlichkeitsrecht im Privatrecht der VR China S. 82ff.; vgl. Ni, Ning: Schutz des Persönlichkeitsrechts vor allem bei Arbeitnehmern in der VR China S. 39–49; vgl.Yang, Lixin, Gesetze über die Persönlichkeitsrechte S. 305ff.

bb) Stellungnahme

Als Schlussfolgerung ist zum Ausdruck zu bringen, dass keine einheitliche Definition in der Gegenwart zum Recht auf Privatsphäre vorhanden ist. Es ist fraglich, ob bei der Videoüberwachung von Arbeitnehmern am Arbeitsplatz das Recht auf Privatsphäre des Arbeitnehmers betroffen ist. Dafür ist keine richterliche Auslegung des Obersten Volksgerichts vorhanden. Soweit „Privatsphäre" unter anderem darunter zu verstehen ist, dass die privaten Informationen keine Beziehung zum öffentlichen Interesse und zu Gruppeninteressen haben, ist es im Fall der Videoüberwachung von Arbeitnehmern am Arbeitsplatz sehr schwer zu entscheiden, welche persönlichen Informationen zu privaten Informationen im Sinne von „Privatsphäre" gehören. Die Problematik besteht bei der Videoüberwachung darin, dass die privaten Informationen von Arbeitnehmern am Arbeitsplatz mit den öffentlichen Interessen oder Gruppeninteressen korrespondieren. Das Recht auf Privatsphäre gewährleistet daher wahrscheinlich nicht vollständig den Arbeitnehmerschutz bei der Videoüberwachung am Arbeitsplatz.

Nun stellt sich die wichtige Frage, welche Rechte tatsächlich bei der Videoüberwachung von Arbeitnehmern am Arbeitsplatz betroffen. Aufgrund der gegenwärtig fehlenden Forschung über das Thema im chinesischen Arbeitsrecht ist daher auf den diesbezüglichen Forschungsstand im deutschen Arbeitsrecht zurückzugreifen.

b) Das allgemeine Persönlichkeitsrecht § 101 AGZ[447] i.V.m.§ 1 der SeelSE – Auslegung des Obersten Volksgerichts[448]

Aus den zahlreichen Rechtsprechungen des BAG, die im Kapitel 3 untersucht wurden, ist zu entnehmen, dass bei der Videoüberwachung von Arbeitnehmern am Arbeitsplatz das allgemeine Persönlichkeitsrecht des Arbeitnehmers geschützt werden soll. Das allgemeine Persönlichkeitsrecht wird dort jedoch nicht definitiv beschrieben und wird durch die Rechtsprechung des BVerfG

447 Allgemeine Grundsätze des Zivilrechts der VR China (ZhonghuaRenminGongheguoMinfatongze) v. 12.04.1986 (in Kraft 01.01.1987), chinesischer Text in: Guojiasifakaoshifalüfaguihuibian, S. 625ff.; Übersetzung von Münzel, Frank: in: http://www.chinas-recht.de/zivilrecht.htm.

448 Auslegung des Obersten Volksgerichts zu einigen Fragen der Feststellung der Haftung auf Ersatz seelischer Schäden bei zivilrechtlichen Rechtsverletzungen (Zuigao Renmin Fayuan guanyu queding minshi qinquan jingshen sunhai peichang zeren ruogan wenti de jieshi) v. 08.03.2001 (in Kraft 10.03.2001), chinesischer Text in: Guojiasifakaoshifalüfaguihuibian, S. 643f.; Übersetzung von Münzel, Frank: in: http://www.chinas-recht.de/010308.htm.

entsprechend erweitert. Bei der Videoüberwachung von Arbeitnehmern umfasst es das Recht am eigenen Bild und Wort sowie das Recht auf informationelle Selbstbestimmung.

Der Hintergrund dieses Grundgedankens ist, dass im Mittelpunkt der grundgesetzlichen Ordnung Wert und Würde der Person stehen, die in freier Selbstbestimmung als Glied einer freien Gesellschaft wirken.[449] Die Selbstbestimmung ist eine elementare Funktionsbedingung eines auf Handlungsfähigkeit und Mitwirkungsfähigkeit seiner Bürger begründeten freiheitlichen demokratischen Gemeinwesens.[450]

Das Recht am eigenen Bild und Wort sowie das Recht auf informationelle Selbstbestimmung sind drei Rechte von mehreren Erscheinungsformen der individuellen Selbstbestimmung des Menschen, wodurch der Wert und die Würde des Menschen konkretisiert und gewährleistet werden. Das allgemeine Persönlichkeitsrecht aus Art. 2 I i.V.m. Art. 1 I GG garantiert ihren Schutz.

aa) Relevante Regelungen i. S. des allgemeinen Persönlichkeitsrechts in der VR China

Das allgemeine Persönlichkeitsrecht kann bislang nicht unter ausdrücklichem Rückgriff auf gesetzliche Regelungen geschützt werden.[451]

Das Thema des allgemeinen Persönlichkeitsrechts ist schon im gegenwärtigen Gesetzgebungsverfahren zum Zivilgesetzbuch in der VR China zu einem vielfältig diskutierten Thema geworden, das eine enge Beziehung zur Bestimmung der Struktur des chinesischen Zivilgesetzbuches hat.[452] Die Hauptfragen dabei sind, ob das allgemeine Persönlichkeitsrecht im chinesischen Zivilgesetzbuch geregelt werden soll, ob die Vorschriften zum allgemeinen Persönlichkeitsrecht unter dem Kapitel „allgemeine Regelungen“ oder unter dem Kapitel „Persönlichkeitsrechte“ geregelt werden sollen und ob die Vorschriften zum Persönlichkeitsrecht als ein selbständiges Kapitel geregelt werden sollen. Das allgemeine Persönlichkeitsrecht soll im chinesischen Zivilgesetzbuch geregelt werden. Zurzeit ist nur

---

449 BVerfG v. 15.12.1983–1 BvR 209/83, Rn. 146.

450 BVerfG v. 15.12.1983–1 BvR 209/83, Rn. 148.

451 Ni, Ning: Schutz des Persönlichkeitsrechts vor allem bei Arbeitnehmern in der VR China S. 8.

452 Ni, Ning: Schutz des Persönlichkeitsrechts vor allem bei Arbeitnehmern in der VR China S. 12, 13.

fraglich, unter welchem Kapitel des Zivilgesetzbuchs die Vorschriften über das allgemeine Persönlichkeitsrecht untergebracht werden sollen.[453]

Allerdings existieren folgende gesetzliche Regelungen, die als die rechtlichen Grundlagen des Schutzes des allgemeinen Persönlichkeitsrechts gelten.

§ 101 AGZ schreibt vor, dass Bürger und juristische Personen das Recht auf Ehre genießen und die Würde der Bürger vom Gesetz geschützt wird. Ferner verbietet es die Beeinträchtigung des Rufes natürlicher oder juristischer Personen etwa mittels Verleumdung oder Beleidigung.[454] Diese Vorschrift kann in Hinblick auf dem Gesetzgebungszweck teleologisch ausgelegt werden. Eine weitere wichtige Grundlage für den nicht auf bestimmte Personengruppen beschränkten praktischen Schutz des allgemeinen Persönlichkeitsrechts wird in § 1SeelSE-Auslegung des Obersten Volksgerichts gegeben. Wenn eine natürliche Person wegen der rechtswidrigen Verletzung eines der folgenden Persönlichkeitsrechte beim Volksgericht Klage auf Ersatz des seelischen Schadens erhebt, muss das Volksgericht bei Verletzung des Rechts auf Würde der Persönlichkeit und des Rechts auf persönliche Freiheit diese Klage nach §1 der SeelSE-Auslegung zur Prüfung annehmen. Die Verletzung des Rechts auf Würde der Persönlichkeit und des Rechts auf persönliche Freiheit bezieht sich darauf, dass jemand unter Verstoß gegen die gesellschaftlichen öffentlichen Interessen oder die gesellschaftliche öffentliche Moral die Privatsphäre oder andere Persönlichkeitsinteressen eines anderen verletzt.[455] Somit gelten § 101 AGZ, § 1 der SeelSE- Auslegung als eine Grundlage für das allgemeine Persönlichkeitsrecht in der VR China.

Des Weiteren bestimmt § 3 II des Gesetzes der VR China zum Schutz von Menschen mit Behinderungen, dass die Bürgerrechte und die Würde der Menschen mit Behinderungen gesetzlich wirksam geschützt werden. § 59 regelt, dass die in ihren Rechten verletzten behinderten Personen oder ihre Vertreter das Recht haben, Beschwerden bei den zuständigen Behörden einzulegen und deren Behandlung zu fordern oder nach dem Gesetz vor Gericht einen Anspruch zu erheben, wenn ihre rechtlichen Interessen beeinträchtigt werden.

Außerdem bringen §§ 5, 21 50 des Gesetzes der VR China zum Schutz von Minderjährigen den Schutz von Menschenwürde der Minderjährigen zum Ausdruck. Ferner ist in § 42 des Gesetzes der VR China zum Schutz der Rechte und Interessen von Frauen festgeschrieben, dass das Recht auf Ehre und die Würde

453 Ni, Ning: Schutz des Persönlichkeitsrechts vor allem bei Arbeitnehmern in der VR China S. 13.

454 Vgl. Übersetzung von Münzel, Frank: in: http://www.chinas-recht.de/zivilrecht.htm.

455 Werthwein, Simon: Das Persönlichkeitsrecht im Privatrecht der VR China S. 54; Übersetzung von Münzel, Frank: in: http://www.chinas-recht.de/010308.htm.

der Persönlichkeit der Frauen vom Gesetz geschützt wird. Mit dieser Vorschrift hat der Gesetzgeber das Recht auf Ehre und die Würde der Persönlichkeit voneinander getrennt. Des Weiteren regelt § 14 des Gesetzes der VR China zum Verbraucherschutz, dass die Verbraucher bei Kauf oder Nutzung von Gütern und Dienstleistungen ein Recht auf Respektierung ihrer Menschenwürde und ihrer Sitten und Gebräuche haben. § 43 regelt speziell die zivilrechtlichen Sanktionsbestimmungen bei der Beeinträchtigung der Würde und der Freiheit der Personen. Wenn Betriebsführer mit einem Verstoß gegen § 25 dieses Gesetzes die Würde oder die Freiheit der Verbraucher beeinträchtigen, müssen sie die Verletzung einstellen, die Ehre wiederherstellen, die negativen Auswirkungen beseitigen, sich offiziell entschuldigen und Schadensersatz leisten.

Mit den oben dargestellten Vorschriften und der Auslegung des Obersten Volksgerichts wird die Gesetzgebungsintention zu vollständigen Regelungen des allgemeinen Persönlichkeitsrechts gezeigt.

bb) Inhalt des allgemeinen Persönlichkeitsrechts

In Deutschland werden der Inhalt und der Gewährleistungsumfang des allgemeinen Persönlichkeitsrechtes durch das BVerfG im Hinblick auf das Leitprinzip des Art. 1 I GG konkretisiert. Das allgemeine Persönlichkeitsrecht ergänzt als „unbenanntes" Freiheitsrecht die speziellen („benannten") Freiheitsrechte, die alle mittelbar auch dem Schutz der Persönlichkeit dienen. Das allgemeine Persönlichkeitsrecht ist als Auffanggrundrecht zu bezeichnen. Seine Aufgabe bezieht sich darauf, i.S. des obersten Konstitutionsprinzips der „Würde des Menschen"(Art.1 I) die engere persönliche Lebenssphäre und die Erhaltung ihrer Grundbedingungen zu gewährleisten.[456]

Im Gegensatz dazu besteht kein Verfassungsgericht in der VR China, das nach dem Richterrecht die chinesische Verfassung mit seiner Rechtsprechung interpretiert. Der Ständige Ausschuss des Volkskongress ist nach der chinesischen Verfassung berechtigt, die Verfassung auszulegen, aber nicht durch die gerichtliche Rechtsprechung. Weiterhin hat sich der Ständige Ausschuss des Volkskongresses bisher noch nicht mit dem Inhalt und Gewährleistungsumfang des allgemeinen Persönlichkeitsrechts befasst. Davon abgesehen, finden sich in der Literatur bereits umfangreiche Auseinandersetzungen darüber. Nach h.M. sei der Inhalt des allgemeinen Persönlichkeitsrechts nach der summarischen Methode

456 Schmidt, Ingrid: in Müller-Glöge, Rudi/Preis, Ulrich/Schmidt, Ingrid: Erfurter Kommentar zum Arbeitsrecht GG Art. 2, Rn. 37.

in vier Aspekte zu unterteilen.[457] Sie setzen sich aus Eigenständigkeit der Persönlichkeit, Gleichheit der Persönlichkeit, Freiheit der Persönlichkeit, und Würde der Persönlichkeit zusammen.

(1) Eigenständigkeit der Persönlichkeit

Die Eigenständigkeit der Persönlichkeit bedeutet die Gleichberechtigung aller Zivilsubjekte hinsichtlich ihrer Persönlichkeit. Jedes Zivilsubjekt kann über seine Persönlichkeit selbst verfügen und jeden anderen von einer Einwirkung auf die eigene Persönlichkeit ausschließen.[458]

(2) Gleichheit der Persönlichkeit

Die Gleichheit der Persönlichkeit bezieht sich auf die Abwesenheit von Diskriminierung etwa nach Geschlecht oder Ethnie. Gemeint ist also eine formale Chancengleichheit.[459]

(3) Freiheit der Persönlichkeit

Die Freiheit der Persönlichkeit sei als abstrakte privatrechtliche Freiheit zu verstehen, die die Voraussetzung und Grundlage für die selbstbestimmte Teilhabe an der Gesellschaft sowie die Innehabung und Ausübung von Rechten, mithin die Grundlage aller Freiheitsrechte des Zivilsubjekts, darstelle. Dabei schütze die Freiheit der Persönlichkeit sowohl die Erhaltung als auch die Weiterentwicklung der Persönlichkeit.[460]

(4) Würde der Persönlichkeit

Dem allgemeinen Persönlichkeitsrecht liegt Art. 38 der Verfassung der VR China zugrunde. Die Würde der Persönlichkeit ist also die Grundlage dafür, dass die Individuen tatsächlich als Menschen bestehen und leben können.[461] Die Würde vereine ein subjektives und ein objektives Element in sich: In subjektiver Hinsicht enthalte sie die Einsicht des Zivilsubjekts in seinen eigenen Selbstwert,

457 Werthwein, Simon: Das Persönlichkeitsrecht im Privatrecht der VR China S. 46.

458 Werthwein, Simon: Das Persönlichkeitsrecht im Privatrecht der VR China S. 46.

459 Werthwein, Simon: Das Persönlichkeitsrecht im Privatrecht der VR China S. 46.

460 Werthwein, Simon: Das Persönlichkeitsrecht im Privatrecht der VR China S. 47.

461 Ni, Ning: Schutz des Persönlichkeitsrechts vor allem bei Arbeitnehmern in der VR China S. 22; vgl. Liang, Huixing: Fragen zum chinesischen Zivil- und Wirtschaftsrecht S. 73.

in objektiver Hinsicht umfasse sie die Achtung eines bestimmten Subjekts als Mensch durch Dritte und durch die Gesellschaft.[462]

cc) Funktionen des allgemeinen Persönlichkeitsrechts

Das allgemeine Persönlichkeitsrecht hat eine Auslegungsfunktion, eine Ergänzungsfunktion und eine Schöpfungsfunktion.

Die Auslegungsfunktion besteht darin, dass das allgemeine Persönlichkeitsrecht zur Auslegung der besonderen Persönlichkeitsrechte heranzuziehen ist. Dabei wird offenbar in erster Linie an die erweiternde Auslegung bereits gesetzlich geregelter besonderer Persönlichkeitsrechte gedacht. Hierfür steht das Beispiel des Rechts am Bild, das gem. § 100 AGZ nur im Fall einer Verwendung des Bildes mit Gewinnerzielungsabsicht verletzt ist. Gegen diese Einschränkung wendet man sich mit dem Argument, das Recht am Bild müsse im Licht des allgemeinen Persönlichkeitsrechts erweiternd ausgelegt werden, der Schutz also auch auf Verwendungen ohne Gewinnerzielungsabsicht ausgedehnt werden.[463]

Die Ergänzungsfunktion ist die für die Praxis bedeutsamste Funktion des allgemeinen Persönlichkeitsrechts. Sie greift ein, wenn der gebotene Schutz eines Persönlichkeitsinteresses über die bereits kodifizierten besonderen Persönlichkeitsrechte nicht zu erzielen ist. Beispielsweise schützt das Recht am Ruf nach § 101 AGZ nicht gegen herabwürdigende Äußerungen oder Tätlichkeiten, die keinem Dritten zur Kenntnis gelangen. Die Selbstachtung kann nur über das allgemeine Persönlichkeitsrecht in Verbindung mit einer entsprechenden Wertung, die sich den §§14, 25 und 42 des chinesischen Verbraucherschutzgesetzes entnehmen lässt, geschützt werden.[464]

Eine weitere wichtige Funktion des allgemeinen Persönlichkeitsrechts ist die Schöpfungsfunktion. Sie soll ermöglichen, dass Richter neue besondere Persönlichkeitsrechte schöpfen dürfen. Wie bei der Bestimmung des Inhalts des allgemeinen Persönlichkeitsrechts kann er sich auch zusätzlich auf Regelungen in Spezialgesetzen stützen. Nach einer gewissen Zeit des Schutzes eines Persönlichkeitsinteresses durch das allgemeine Persönlichkeitsrecht trete dieses Persönlichkeitsinteresse langsam, kontinuierlich und deutlich hervor, so dass es als Gegenstand eines eigenständigen besonderen Persönlichkeitsrechts erscheine.

462 Werthwein, Simon: Das Persönlichkeitsrecht im Privatrecht der VR China S. 47.
463 Werthwein, Simon: Das Persönlichkeitsrecht im Privatrecht der VR China S. 44.
464 Werthwein, Simon: Das Persönlichkeitsrecht im Privatrecht der VR China S. 45.

Am Ende des Schöpfungsprozesses werde dieses neue besondere Persönlichkeitsrecht schließlich im allgemeinen Zivilrecht kodifiziert.[465]

dd) Eigener Ansatz

Obwohl das allgemeine Persönlichkeitsrecht bis jetzt noch nicht ausdrücklich in irgendeiner gesetzlichen Regelung geschützt wird, existieren bereits gesetzliche Regelungen, die dem allgemeinen Persönlichkeitsrecht zugrunde liegen.

Der hauptsächliche Inhalt des allgemeinen Persönlichkeitsrechts unterteilt sich in vier Aspekte. Sie sind die Eigenständigkeit der Persönlichkeit, Gleichheit der Persönlichkeit, Freiheit der Persönlichkeit, und Würde der Persönlichkeit. Das allgemeine Persönlichkeitsrecht hat die Auslegungsfunktion, Ergänzungsfunktion und Schöpfungsfunktion.

Nun ist wieder zu dem Thema der Videoüberwachung von Arbeitnehmern zurückzukehren.

Es wird bereits am Anfang dieses Kapitels erläutert, dass die Videoüberwachung von Arbeitnehmern am Arbeitsplatz das Recht der Privatheit (oder besser das Recht der Privatsphäre) nicht berührt.

Hierbei stellt sich die Frage, ob bei der Videoüberwachung von Arbeitnehmern am Arbeitsplatz in China eine Bezugnahme auf das allgemeine Persönlichkeitsrecht möglich ist.

Verfassungsrechtlich ist Art. 38 der Verfassung der VR China die Grundlage des allgemeinen Persönlichkeitsrechts. Der Inhalt des allgemeinen Persönlichkeitsrechts findet sich in der Eigenständigkeit der Persönlichkeit, der Gleichheit der Persönlichkeit, der Freiheit der Persönlichkeit und der Würde der Persönlichkeit, wobei es im Grunde genommen um die individuelle Selbstbestimmung geht, wenn die Freiheit der Persönlichkeit zur Diskussion steht. Die Freiheit der Persönlichkeit stimmt daher mit Art 2 I GG (die freie Entfaltung der Persönlichkeit) überein.

Daraus ist zu entnehmen, dass für das Recht am eigenen Bild und Wort sowie das Recht auf informationelle Selbstbestimmung als Ausprägungen des allgemeinen Persönlichkeitsrechts in der Verfassung der VR China ebenfalls eine legislative Grundlage gefunden werden kann. Zivilgesetzlich ist in § 100 AGZ[466] das Recht am eigenen Bild geschützt. Allerdings ist§ 100 AGZ in der Literatur auf Kritik gestoßen, weil das Recht am Bild gem. § 100 AGZ nur im Fall einer Verwendung des Bildes mit Gewinnerzielungsabsicht verletzt ist. Gegen diese

465 Werthwein, Simon: Das Persönlichkeitsrecht im Privatrecht der VR China S. 46, 47.

466 Übersetzung von Münzel, Frank: in: http://www.chinas-recht.de/zivilrecht.htm.

Einschränkung wendet man sich mit dem Argument, das Recht am Bild müsse im Licht des allgemeinen Persönlichkeitsrechts erweiternd ausgelegt, der Schutz also auch auf Verwendungen ohne Gewinnerzielungsabsicht ausgedehnt werden. Der Grundgedanke dieser Auslegung besteht darin, dass man das Recht hat, selbst darüber zu entscheiden, ob sein Bild von den anderen aufgenommen werden oder gegen einen benutzt werden darf. Dieser Grundgedanke korrespondiert mit dem des Art. 38 der Verfassung der VR China, nach dem der Mensch die Freiheit der Persönlichkeit (oder besser die freie Entfaltung der Persönlichkeit) hat.

Allerdings fehlen bislang noch zivilgesetzliche Regelungen für das Recht am eigenen Wort sowie das Recht auf informationelle Selbstbestimmung.

Dennoch kann der Arbeitnehmer zumindest auf das Recht am eigenen Bild zurückgreifen. Des Weiteren hat das allgemeine Persönlichkeitsrecht eine Auslegungsfunktion, eine Ergänzungsfunktion und eine Schöpfungsfunktion. Obwohl es bis dato an zivilgesetzlichen Regelungen für das Recht am eigenen Wort und das Recht auf informationelle Selbstbestimmung mangelt, können durch die Ergänzungsfunktion und die Schöpfungsfunktion des allgemeinen Persönlichkeitsrechts das Recht am eigenen Wort und das informationelle Selbstbestimmungsrecht konstruiert werden. Sie können als die neuen erweiterten Inhalte des allgemeinen Persönlichkeitsrechts bezeichnet werden.

Daher kann geschlussfolgert werden, dass bei der Videoüberwachung von Arbeitnehmern das allgemeine Persönlichkeitsrecht des Arbeitnehmers (Art.38 der Verfassung der VR China) verletzt wird. Es beinhaltet das Recht am eigenen Bild und Wort sowie das informationelle Selbstbestimmungsrecht.

Obwohl das Verfassungsgericht in China nicht existiert, und für die Auslegung der Verfassung der VR China der Ständige Ausschuss des Nationalen Volkskongresses zuständig ist, ist trotzdem die Justizauslegung des Obersten Volksgerichts bezüglich der einfachgesetzlichen Auslegung vorhanden. Die Justizauslegung wird als Setzung richterrechtlicher Normen bezeichnet. Der aus Richtern bestehende Rechtsprechungsausschuss des Obersten Volksgerichts kann von sich aus aktiv werden und durch das wissenschaftliche Büro des Gerichts eine „judikative Rechtsnorm“ vorbereiten lassen. Die Arbeit der Rechtsnorminterpretation selbst wird von der fachlich zuständigen „Rechtsprechungsabteilung (= Senat) des Obersten Volksgerichts übernommen.[467]

467 Eine ausführliche Darstellung über das Auslegungsverfahren findet sich in Däubler, Wolfgang/Wang, Qian: RdA 2008, 141(143).

Daher können das Recht am eigenen Wort und das Recht auf informationelle Selbstbestimmung durch Rechtsfindung des Obersten Volksgerichts bei der Auslegung des zivilrechtlichen allgemeinen Persönlichkeitsrechts gewährleistet werden.

C. Arbeitnehmerschutz bei der Videoüberwachung von Arbeitnehmern am Arbeitsplatz

Während der Arbeitnehmerschutz bei der Videoüberwachung am Arbeitsplatz in Deutschland sowohl kollektiv im Betriebsverfassungsgesetz (BetrVG) als auch individuell im Bundesdatenschutzgesetz (BDSG) gewährleistet wird, ist eine Vorschrift (§ 4 ArbVertrG) im chinesischen Arbeitsrecht auf der kollektiven Ebene für den Arbeitnehmerschutz relevant.

I. Kollektiver Arbeitnehmerschutz bei der offenen Videoüberwachung von Arbeitnehmern am Arbeitsplatz § 4 IIArbVertrG

Nach § 4 II ArbVertrG bedarf es einer Diskussion und Beratung mit der Versammlung der Belegschaftsvertreter oder der ganzen Belegschaft, bei der Vorschläge gemacht und Stellungnahmen abgegeben werden können, wenn der Arbeitgeber Arbeitsregeln aufstellt oder wichtige Entscheidungen trifft, die sich auf Arbeitsvergütungen, Arbeitszeit, Ruhepausen und Urlaub, Arbeitssicherheit und Gesundheit am Arbeitsplatz beziehen. Weitere Themen können Versicherung und Sozialleistungen, Fortbildung der Beschäftigten, Arbeitsdisziplin und Zuteilung der Arbeitsmenge und andere die wesentlichen Interessen des Arbeitnehmers unmittelbar berührende Bereiche sein. Des Weiteren müssen Entscheidungen und Arbeitsregeln auf Grund gleichberechtigter Verhandlungen mit der Gewerkschaft oder den Belegschaftsvertretern erfolgen.[468]

Während in Deutschland Regelungen über Einführung und Anwendung der Videoüberwachung nach § 87 I Nr. 6 BetrVG in Betriebsvereinbarungen festgelegt werden, wobei § 87 BetrVG die sozialen Angelegenheiten im Betrieb bei der Betriebsvereinbarung behandelt, sind sie in China nicht vorhanden. Obwohl keine konkrete Regelung über die Einführung und Anwendung der

468 Däubler, Wolfgang/Wang, Qian: RdA 2008, S. 141(143) Anhang; vgl. Übersetzung von Münzel, Frank: in: http://chinas-recht.de/inhalt.htm, unter 2007 zip, 29.6.07/1 Arbeitsvertragsgesetz.

Videoüberwachung im Betrieb besteht, kann sie durch die Interpretation des § 4 II ArbVertrG abgeleitet werden.

Im Kapitel 4. B. II. 1 wurde bereits erläutert, dass das allgemeine Persönlichkeitsrecht von der Videoüberwachung von Arbeitnehmern am Arbeitsplatz tangiert wird, welches das Recht am eigenen Bild, das Recht am eigenen Wort sowie das Recht auf informationelle Selbstbestimmung umfasst.

Hierbei stellt sich die Frage, ob bei der Einführung und Anwendung deroffenenVideoüberwachung am Arbeitsplatz – als Arbeitsdisziplin – das allgemeine Persönlichkeitsrecht ebenfalls die wesentlichen Interessen des Arbeitnehmers enthält. Somit ist fraglich, ob das Recht am eigenen Bild, das Recht am eigenen Wort sowie das Recht auf informationelle Selbstbestimmung zu den wesentlichen Interessen des Arbeitsnehmers gehören.

1. *Das allgeneine Persönlichkeitsrecht bei der Einführung und Anwendung der offenen Videoüberwachung am Arbeitsplatz*

Die oben aufgeworfene Fragestellung ergibt im deutschen Arbeitsrecht keinen Sinn. Es wurde bereits durch zahlreiche Rechtsprechungendes BAG verdeutlicht, dass das Persönlichkeitsrecht zu den wesentlichen Interessen des Arbeitnehmers gehört. Jedoch ist diese Fragestellung im chinesischen Arbeitsrecht bedeutsam, weil es zurzeit keine Rechtsprechung dafür gibt, dass das allgemeine Persönlichkeitsrecht als „das wesentliche Interesse des Arbeitnehmers" in § 4 II ArbVertrG gilt. Im Falle der Videoüberwachung am Arbeitsplatz – als Arbeitsdisziplin – umfasst es, wie bereits erläutert, das Recht am eigenen Bild, das Recht am eigenen Wort sowie das Recht auf informationelle Selbstbestimmung.

Die wesentlichen Interessen des Arbeitnehmers in § 4 II ArbVertrG sollen mit den Interessen der natürlichen Personen des Privatrechts in Einklang gebracht werden. Die Interessen der natürlichen Personen des Privatrechts setzen sich teilweise aus Rechten der natürlichen Personen des Privatrechts zusammen. Aus dem Wortlaut des § 4 II ArbVertrG ergibt sich, dass die wesentlichen Interessen des Arbeitnehmers nicht nur Vermögensrechte, sondern auch Persönlichkeitsrechte beinhalten. Beispielsweise hat der Gesetzgeber mit „Arbeitssicherheit und Gesundheit am Arbeitsplatz" dem Recht auf Gesundheit Rechnung getragen. Es leuchtet ein, dass die Interpretation des § 4 II ArbVertrG in Richtung des Schutzes von Persönlichkeitsrechten der Person gehen soll. Daher ist es auch möglich, dass das Recht am eigenen Bild und andere Persönlichkeitsrechte unter den „wesentlichen Interessen des Arbeitnehmers" i.S. des § 4 II ArbVertrG zu subsumieren sind.

Das Recht am eigenen Bild werde in § 100 AGZ und durch die vom Obersten Volksgericht dazu entwickelten Interpretationen näher bestimmt. Danach dürfe das Bildnis ohne Einverständnis des betroffenen Bürgers nicht dafür eingesetzt werden, Gewinne zu erzielen. Ein Bildnis erfasse jede Form der visuellen Darstellung einer Person, z.B. durch Foto, Grafik, Zeichnung einschließlich Karikatur, Skulptur oder Video, soweit diese für Dritte identifizierbar sei. Der Wortlaut des § 100 AGZ beschränke das Recht am eigenen Bild auf natürliche Personen. Eine Verletzung des Rechts am eigenen Bild liege nach § 100 unter der Nummer 139, den Ansichten zu AGZ[469] dann vor, wenn das Bildnis ohne Einwilligung des Berechtigten verwendet werde, um Gewinn zu erzielen z.B. zu Werbezwecken, in Markenzeichen oder zur Gestaltung von Auslagen. Obgleich damit sowohl § 100 AGZ als auch die Ansichten zu AGZ übereinstimmend eine Gewinnerzielungsabsicht voraussetzen, verzichte das Oberste Volksgericht zur Vermeidung von Rechtsschutzlücken mittlerweile auf dieses Merkmal.[470] Danach erfasse § 100 AGZ jede Herstellung, Nutzung sowie den bloßen Besitz eines Bildnisses und gehe somit über den Schutzbereich des § 22, welches das Urheberrecht an Werken der bildenden Künste und der Photographie (KunstUrhG) im deutschen Recht betrifft, weit hinaus.[471] Im Kapitel 4. B. II. 2. b) dd) wurde bereits dargestellt, dass in China keine zivilgesetzlichen Regelungen für das Recht am eigenen Wort sowie das Recht auf informationelle Selbstbestimmung besteht.Allerdings existieren bereits einfachgesetzliche Regelungen, die dem allgemeinen Persönlichkeitsrecht zugrunde liegen. Die Wichtigsten sind § 101 AGZ und § 1 der SeelSE – Auslegung[472]. Nach § 101 AGZ wird die Würde der Bürger und juristischen Personen vom Gesetz geschützt. Nach einer Meinung stellt diese Vorschrift eine Grundlage für das allgemeine Persönlichkeitsrecht in der VR China dar.[473] Einer anderen Ansicht zufolge sei dieser Passus des § 101 AGZ von zwei Halbsätzen umgeben, die das Recht am Ruf betreffen, so dass der Eindruck entsteht, die Würde der Persönlichkeit sei lediglich Gegenstand

---

469 Ansichten des Obersten Volksgerichts zu einigen Fragen der Anwendung der Allgemeinen Grundsätze des Zivilrechts der VR China, Übersetzung von Münzel, Frank: in: http://www.chinas-recht.de/zivilrecht.htm.

470 Binding, Jörg: Gesetz der VR China über die deliktische Haftung S. 16; vgl. Zhang, Xinbao: Grundlage des Gesetzes über die deliktische Haftung S. 198; Wang, Liming, Kommentar zum Gesetz der VR China über die deliktische Haftung S. 219 ff.

471 Binding, Jörg: Gesetz der VR China über die deliktische Haftung S. 16.

472 Übersetzung von Münzel, Frank: in: http://www.chinas-recht.de/010308.htm.

473 Ni, Ning: Schutz des Persönlichkeitsrechts vor allem bei Arbeitnehmern in der VR China S. 25.

dieses besonderen Persönlichkeitsrechts.[474] Aus der akademischen Sichtweise ist die Diskussion über § 101 AGZ als Rechtsgrundlage des allgemeinen Persönlichkeitsrechtes bedeutsam, welches in der zivilrechtlichen Gerichtspraxis allerdings keine Anwendung findet. Zu beachten sind diesbezüglich § 1 I Nr. 3 und II der SeelSE – Auslegung als Rechtsgrundlage für den Schutz des allgemeinen Persönlichkeitsrechtes.

§ 1 I Nr. 3 und II der SeelSE– Auslegung schreibt vor:

> *„Wenn eine natürliche Person wegen der rechtswidrigen Verletzung eines der folgenden Persönlichkeitsrechte beim Volksgericht Klage auf Ersatz des seelischen Schaden erhebt: (1) ..., (2) ..., (3) bei Verletzung des Rechts auf Würde der Persönlichkeit und des Recht auf persönliche Freiheit, muss das Volksgericht die Klage nach dem Recht zur Behandlung annehmen.*
> *Wenn jemand unter Verstoß gegen die gesellschaftlichen öffentlichen Interessen oder die gesellschaftliche öffentliche Moral die Privatsphäre oder andere Persönlichkeitsinteressen eines anderen verletzt und der Geschädigte wegen Rechtsverletzung mit einer Klage beim Volksgericht Ersatz des seelischen Schadens verlangt, muss das Volksgericht die Klage nach dem Recht zur Behandlung annehmen*“[475]

In der Erklärung zum Entwurf der „Auslegung des Obersten Volksgerichts zu einigen Fragen der Feststellung der Haftung auf Ersatz seelischer Schäden bei zivilrechtlichen Rechtsverletzung“[476] hat das Oberste Volksgericht die Begründung für die Feststellung des § 1 I Nr. 3 der SeelSE –Auslegung gegeben. Das Recht auf Würde der Persönlichkeit hat der Gesetzgeber erst in § 14 Gesetz der VR China zum Schutz der Rechte und Interessen von Verbrauchern[477] normiert. Die

---

474 Werthwein, Simon: Das Persönlichkeitsrecht im Privatrecht der VR China S. 54.

475 Werthwein, Simon: Das Persönlichkeitsrecht im Privatrecht der VR China S. 54, 55; Übersetzung von Münzel, Frank: in: http://www.chinas-recht.de/010308.htm.

476 Forschungsbüro des Obersten Volksgerichts, Erklärung zum Entwurf der „Auslegung des Obersten Volksgerichts zu einigen Fragen der Feststellung der Haftung auf Ersatz seelischer Schäden bei zivilrechtlichen Rechtsverletzung(ZuigaoRenminFayuanguanyuquedingminshiqinquanjingshensunhaipeichangzeren ruoganwenti de jieshi de qicao shuoming), chinesischer Text in: https://books.google.de/books?id=hOER2pPNw4kC&pg=PP39&lpg=PP39&dq=%E4%B8%80%E8%88%AC%E4%BA%BA%E6%A0%BC%E6%9D%83+%E6%A1%88%E4%BE%8B&source=bl&ots=MatHj48iDC&sig=PljwRwqdm7Pjx1RNQhDQ_SpDxFw&hl=zh-CN&sa=X&ved=0CEUQ6AEwCWoVChMI6v_n4K3eyAIVBlUsCh1hMgY-#v=onepage&q=%E4%B8%80%E8%88%AC%E4%BA%BA%E6%A0%BC%E6%9D%83%20%E6%A1%88%E4%BE%8B&f=false.

477 Revidierte Fassung abgedruckt in: Amtsblatt des Ständigen Ausschusses des Nationalen Volkskongresses 2013, Nr. 6, S. 789, ZChinR 2014, Bd. 21, Nr. 1, S. 69–85.

SeelSE- Auslegung hat den Geltungsbereich dieses Rechts verallgemeinert. Das Recht auf Würde der Persönlichkeit stellt das allgemeine Persönlichkeitsrecht gleich. Es hat u.a. Ergänzungsfunktion zum Schutz von Persönlichkeitsrechten, für die die Gesetzgebung noch fehlt. Die SeelSE-Auslegung hat ermöglicht, dass die Geltendmachung des immateriellen Schadenersatzes nicht nur Anwendung auf die konkreten Persönlichkeitsrechte, sondern auch Anwendung auf das allgemeine Persönlichkeitsrecht finden kann. Sie gilt als ein weiterer wichtiger Fortschritt zum gerichtlichen Schutz von Persönlichkeitsrechten. Allerdings genießen bei der Einzelfallbehandlung die konkreten Persönlichkeitsrechte den Vorrang gegenüber dem allgemeinen Persönlichkeitsrecht. Soweit die konkreten Persönlichkeitsrechte keine Anwendung auf den Einzelfall finden, ist das allgemeine Persönlichkeitsrecht als ergänzende Bestimmung anwendbar.Des Weiteren sind in § 1 II der SeelSE – Auslegung die Persönlichkeitsinteressen als Schutzgut normiert worden. In der Erklärung findet sich die Begründung, dass aus historischen oder anderen Gründen einige Persönlichkeitsinteressen nicht als bürgerliche Rechte beschaffen sind. Jedoch sollen solche Persönlichkeitsinteressen beschützt werden, wenn sie verletzt werden.

Als Beispiel ist in § 1 II der SeelSE– Auslegung das Persönlichkeitsinteresse an dem Schutz von Privatsphäre[478] genannt worden. Einer Ansicht zufolge sei das allgemeine Persönlichkeitsrecht sowohl im Recht auf Würde der Persönlichkeit (§ 1 I Nr. 3 SeelSE – Auslegung) als auch in den „Persönlichkeitsinteressen" (§ 1 II SeelSE – Auslegung) verortet. Das Recht auf Würde der Persönlichkeit beinhaltet die in § 1 I Nr. 1 bis 3 aufgezählten konkreten Persönlichkeitsrechte.[479]

Weiterhin hat der Gesetzgeber das Persönlichkeitsinteresse an der Privatsphäre im Jahr 2009 in § 2 GdH als das Recht auf Privatsphäre normiert. Daraus ist zu entnehmen, dass das allgemeine Persönlichkeitsrecht alle Persönlichkeitsrechte zum Schutz von Menschenwürde und auch die Persönlichkeitsinteressen an

---

478 Am 26.12.2009 wurde das Gesetz der VR China über die deliktische Haftung verabschiedet. Das Recht auf Privatsphäre hat der Gesetzgeber in § 2 GdH niedergeschrieben. Die Rechtsprechung zog zum Schutz der Privatsphäre das Recht am guten Ruf heran. Dieser indirekte Schutz des Persönlichkeitsrechts durch eine weite Auslegung des Rechts am guten Ruf, führt zu zahlreichen Unklarheiten bei der Rechtsanwendung. Der fehlende explizite gesetzliche Schutz der Privatsphäre entsprach nicht mehr dem heutigen chinesischen Rechtsverständnis. Die Anerkennung des Rechts auf Privatsphäre im GdH stellt damit zweifellos ein Höhepunkt des neuen Gesetzes dar. Für eine ausführliche Darstellung s. Binding, Jörg: Gesetz der VR China über die deliktische Haftung, S. 18f.

479 Werthwein, Simon: Das Persönlichkeitsrecht im Privatrecht der VR China S. 55.

Menschenwürde umfasst. Hierbei stellt sich die Frage, welche Persönlichkeitsinteressen zu gewährleisten sind. Bei der Prüfung, welche Persönlichkeitsinteressen vor Verletzung zu beschützen sind, gelten „die gesellschaftlichen öffentlichen Interessen oder die gesellschaftliche öffentliche Moral" als Bewertungsmaßstab, die aus § 7 AGZ[480] abgeleitet werden. Die Persönlichkeitsinteressen der Einzelperson sollen den gesellschaftlichen öffentlichen Interessen oder der gesellschaftlichen öffentlichen Moral entsprechen. Jedoch ist hier wichtig, was als Persönlichkeitsinteressen definiert wird. Persönlichkeitsinteressen zu konkretisieren, ist die Aufgabe der chinesischen Volksgerichte. Durch diesbezogene Rechtsprechungen können die Persönlichkeitsinteressen konkretisiert und typisiert werden. Ein gutes Beispiel ist die Auslegung des Persönlichkeitsinteresses an der Privatsphäre in § 1 der SeelSE –Auslegung. Durch die Rechtsprechungen der Volksgerichte wird es konkretisiert und typisiert. Im Jahr 2005 hat der Gesetzgeber das Recht auf Privatsphäre erstmals in § 42 der neuen Fassung des FrauenSchG normiert, woraufhin es der Gesetzgeber in § 2 GdH anerkannt hat. Insoweit kann man sagen, dass chinesische zivilrechtliche Richter die richterliche Rechtsfortbildung vornehmen dürfen. Hier bleibt aber abzuwarten, ob Rechtsprechungen und Wissenschaft die Persönlichkeitsinteressen an dem eigenen Wort und der informationellen Selbstbestimmung den „gesellschaftlichen öffentlichen Interessen oder der gesellschaftlichen öffentlichen Moral" im Hinblick auf die fortschreitende gesellschaftliche Entwicklung Chinas zuordnen.

Schließlich kann man sagen, dass bei der Interpretation der wesentlichen Interessen des Arbeitnehmers in § 4 II ArbVertrG u.a. auf § 100 AGZ, § 1 der SeelSE – Auslegung zurückgegriffen werden soll. Bei der Videoüberwachung am Arbeitsplatz sind das Recht am eigenen Bild (§ 100 AGZ, § 1 I Nr. 2 SeelSE – Auslegung) und das allgemeine Persönlichkeitsrecht (§ 101 AGZ, § 1 I Nr. 3 und II SeelSE – Auslegung) als Arbeitnehmerrechte betroffen.

2. *Zwischenergebnisse*

Soweit der Arbeitgeber als Arbeitsdisziplin die Einführung und Anwendung der Videoüberwachung von Arbeitnehmern am Arbeitsplatz vornimmt, berührt er das Recht am eigenen Bild des Arbeitnehmers(§ 100 AGZ), und das allgemeine Persönlichkeitsrecht (§ 101 AGZ und § 1 SeelSE – Auslegung). Beide gehören zu den „wesentlichen Interessen des Arbeitnehmers" i. S. des § 4 II ArbVertrG.

---

480 Übersetzung von Münzel, Frank: in: http://www.chinas-recht.de/zivilrecht.htm.

§ 4 II ArbVertrG ist die Rechtsgrundlage auf der kollektiven Ebene für den Arbeitnehmerschutz bei der Videoüberwachung von Arbeitnehmern am Arbeitsplatz.

Aus § 4 II ArbVertrG ist zu entnehmen, dass eine Betriebsgewerkschaft in der Regel die Arbeitnehmerinteressen eines Unternehmens vertritt. Sie verfügt über eine vergleichbare Funktion wie die eines Betriebsrates in Deutschland. Sofern eine Betriebsgewerkschaft nicht vorhanden ist, werden die Arbeitnehmerinteressen durch die Belegschaftsversammlung oder die Belegschaftsvertreter vertreten. Gem. § 4 II, III ArbVertrG müssen Regelungen und wesentliche Entscheidungen des Arbeitgebers, die die Interessen der Arbeitnehmer unmittelbar betreffen, durch die Betriebsgewerkschaft, die Belegschaftsversammlung oder die Arbeitnehmervertreterversammlung diskutiert und in Verhandlungen mit ihnen festgelegt werden. Während der Durchführung der Regelungen und Entscheidungen kann die Gewerkschaft oder die Belegschaft vom Arbeitgeber verlangen, über verbesserungsbedürftige Umstände zu verhandeln. Regelungen und wesentliche Entscheidungen sind nach § 4 IV ArbVertrG bekannt zu machen.[481]

Allerdings ist diese Vorschrift hinsichtlich der einzelnen Maßnahmen unklar. So sieht sie zwar vor, dass die Arbeitnehmervertretung umfassend in den Entscheidungsprozess einzubinden ist, umstritten bleibt aber, ob sich der Arbeitgeber mit der Arbeitnehmervertretung einigen und eine entsprechende schriftliche Vereinbarung abschließen muss oder ob sich die Mitwirkung der Arbeitnehmervertretung auf ein Anhörungsrecht beschränkt. Betroffen sind zudem bisherige Vereinbarungen, die nicht dem künftig geltenden Rechtsstand entsprechend abgeschlossen wurden, so dass sich insoweit ein Anpassungsbedarf ergeben kann.[482] Weiterhin wird u.a. interessant sein, ob den chinesischen Gewerkschaften gelingen wird, sich vom „Transmissionsriemen" der Kommunistischen Partei zu einer Arbeitnehmervertretung zu entwickeln.[483] Es ist unwahrscheinlich, dass die Entwicklung parallel zu derjenigen in Europa verläuft, stößt doch das neue Arbeitsvertragsgesetz auf das traditionell gewachsene und vor allem in lokale Regelungen aufgesplitterte chinesische Recht. Für den deutschen Arbeitsrechtler bleibt außerdem spannend, was die chinesische Wissenschaft und Rechtsprechung aus dem Arbeitsvertragsgesetz machen, werden doch zahlreiche

---

481 Li, Guang/Frik, Roman: NZA 2008, 86(91); vgl. Übersetzung von Münzel, Frank: in: http://chinas-recht.de/inhalt.htm, unter 2007.zip, 29.6.07/1 Arbeitsvertragsgesetz.

482 http://www.bdo.de/dateien/user_upload/chinadesk/Neues_chinesisches_Arbeitsvertragsgesetz.pdf.

483 Schucher, Günter: China aktuell 4/2006, 62.

Regelungen den deutschen bzw. europäischen Vorbildern entsprechend gestaltet,[484] wobei u.a. das deutsche Betriebsverfassungsgesetz in Betracht kommt.

II. Ersatz für den immateriellen Schaden bei Verletzung des allgemeinen Persönlichkeitsrechts und des Rechts am eigenen Bild durch die verdeckte Videoüberwachung am Arbeitsplatz

Hier wird untersucht, ob die Rechtsanspruchsgrundlage dem einzelnen Arbeitnehmer bei der verdeckten Videoüberwachung am Arbeitsplatz zusteht, wenn seine Rechte (Recht am eigenen Bild und das allgemeine Persönlichkeitsrecht) von seinem Arbeitgeber verletzt werden.

Nach § 1 der SeelSE – Auslegung kann der Arbeitnehmer Klage auf Ersatz des immateriellen Schaden erheben, wenn seine in § 1 I Nr. 1 bis 3 aufgezählten Persönlichkeitsrechte oder seine Persönlichkeitsinteressen in § 1 II von seinem Arbeitgeber verletzt werden. Das Volksgericht muss diese Klage nach dem Recht zur Behandlung annehmen. Am 26.02.2001 hat das Oberste Volksgericht die SeelSE – Auslegung erlassen. Jedoch hat der Gesetzgeber im Jahr 2009 den Ersatz für den immateriellen Schaden im GdH ausdrücklich geregelt. Die Fälle zum Ersatz für den immateriellen Schaden sind zurzeit nach dem GdH und der SeelSE – Auslegung zu behandeln. Das Oberste Volksgericht erlässt zwar gesetzliche Auslegungen für einige Gesetze, um die Probleme, die bei der Durchführung solcher chinesischen Gesetze in der Praxis auftreten, zu erklären und aufzulösen, aber die rechtliche Wirkung ist niedriger als alle chinesischen Gesetze. Daher befindet sich die Rechtsanspruchsgrundlage für den immateriellen Schadensersatz wegen Verletzung der persönlichen Rechten und Interessen erst im GdH. Bei der Entscheidungsfindung können Richter bei der Anwendung des GdH ebenso die SeelSE – Auslegung berücksichtigen.

§ 2 GdH sieht vor, dass derjenige nach Maßgabe dieses Gesetzes die Haftung für das Delikt übernehmen muss, wenn erzivilrechtliche Rechte und Interessen verletzt. Die zivilrechtlichen Rechte und Interessen im Sinne dieses Gesetzes umfassen das Recht auf Leben, das Recht auf Gesundheit, das Namenrecht, das Recht am guten Ruf, das Recht am eigenen Bild, das Recht auf Privatsphäre, die Ehefreiheit, das Vormundschaftsrecht, das Recht am Eigentum, Nießbrauch, dingliche Sicherungsrechte, das Urheberrecht, das Patentrecht, das Markennutzungsrecht, das Recht an der Entdeckung, das Aktienrecht, das Erbrecht sowie

484 Li, Guang/Frik, Roman: NZA 2008, 86(91).

andere persönliche und vermögenbezogene Rechte und Interessen.[485] Allerdings kann aus dem Wortlaut des § 2 II GdH weder auf die Anerkennung noch im Umkehrschluss auf die Ablehnung eines allgemeinen Persönlichkeitsrechts geschlossen werden. Immerhin findet dieses in § 1 I Nr. 3 und II der SeelSE – Auslegung Erwähnung.[486]

1. *Ersatz für den immateriellen Schaden bei Verletzung des allgemeinen Persönlichkeitsrechts[487] (§ 101 AGZ, § 1 I Nr. 3 und II der SeelSE – Auslegung)*

Nach h. M. müssen die folgenden Voraussetzungen bei Verletzungen des allgemeinen Persönlichkeitsrechts erfüllt werden, um den Ersatz für den immateriellen Schaden als eine Rechtsfolge berücksichtigen zu können.

a) *Voraussetzungen für den immateriellen Schaden*

Das Opfer muss einen Anspruch auf Ersatz für den immateriellen Schaden erheben. Das Gericht darf nicht vom Opfer fordern, einen Anspruch auf Ersatz für den immateriellen Schaden zu erheben. Das System des Ersatzes für den immateriellen Schaden lässt dem Gericht einen großen Ermessensspielraum. Um einem Missbrauch dieser Befugnisse seitens des Gerichts vorzubeugen, fordert der Gesetzgeber, dass der Ersatz für den immateriellen Schaden anhand von Rechtsvorschriften beschränkt wird. Des Weiteren müssen die anderen Haftungsformen

---

485 Binding, Jörg: Gesetz der VR China über die deliktische Haftung S. 116, Anlage des Gesetzeskontextes; vgl. Übersetzung von Münzel, Frank: in: http://www.chinas-recht.de/inhalt.html, unter 2009.zip, 26.12.09/1 Gesetz über die Haftung für Verletzungen von Rechten.

486 Binding, Jörg: Gesetz der VR China über die deliktische Haftung S. 30; vgl. Wang, Liming: Die chinesische Prägung des Gesetzes über die deliktische Haftung, http://117.28.242.66/media/020712/content/kzxx/ydwz/08.pdf.

487 Eine ausführliche Darstellung über den Ersatz für den immateriellen Schaden bei Verletzung des allgemeinen Persönlichkeitsrechtes findet sich in Ni, Ning: Schutz des Persönlichkeitsrechts vor allem bei Arbeitnehmern in der VR China S. 28 – 38; vgl. Yang, Lixin: Erklärung über das Gesetz des Persönlichkeitsrechts S. 267; Yang, Lixin: Gesetze über die Persönlichkeitsrechte S. 88 ff.; Wang, Liming/Yang, Lixin/Yao, Hui: Das Gesetz zu den Persönlichkeitsrechten S. 199, 243 ff.. Hierbei wird das Thema nur zusammenfassend überblickt, um herauszuziehen, dass bei der Verletzung des allgemeinen Persönlichkeitsrechts durch die verdeckte Videoüberwachung am Arbeitsplatz eine Rechtsanspruchsgrundlage dem einzelnen Arbeitnehmer möglicherweise zusteht. Es bleibt aber noch offen, wie die Volksgerichte die Fälle der verdeckten Videoüberwachung am Arbeitsplatz beurteilen.

bereits ausgeschöpft worden sein. Das System des Ersatzes für den immateriellen Schaden hat vor allem die Funktion der Wiedergutmachung der psychischen Schäden der Opfer. Allerdings können dieser Funktion auch andere Haftungsformen genügen. Nach den Bestimmungen des § 134 AGZ können die Opfer in Fällen der Beeinträchtigung des Persönlichkeitsrechts durch die Einstellung der Verletzung und eine offizielle Entschuldigung Wiedergutmachungerfahren. Wenn die seelischen Interessen der Opfer durch solche Haftungsformen bereits ausreichend kompensiert werden können, besteht keine Notwendigkeit, Ersatz für den immateriellen Schaden anzuwenden.[488]

b) Freies Ermessen der Richter bei der Berechnung von Entschädigungsbeträgen

§ 8 I der SeelSE – Auslegung sieht vor, dass der Anspruch des Geschädigten auf den Ersatz für den immateriellen Schaden in der Regel nicht unterstützt wird, wenn durch die Verletzung der persönlichen Rechte und Interessen dem Geschädigten ein immaterieller Schaden entsteht, dieser aber keine schwerwiegenden Folgen nach sich zieht. Volksgerichte können den Schädiger verurteilen, die Verletzung einzustellen, die Verletzungsauswirkung zu beseitigen, den guten Ruf des Geschädigten wiederherzustellen, und sich offiziell zu entschuldigen. § 8 II der SeelSE – Auslegung schreibt vor, dass Volksgerichte den Schädiger zur Einstellung der Verletzung, Beseitigung der Verletzungsauswirkung, Wiederherstellung des guten Rufes und offiziellen Entschuldigung verurteilen, wenn durch die Verletzung der persönlichen Rechte und Interessen dem Geschädigten ein erheblicher immaterieller Schaden entsteht, und dieser Schaden schwerwiegende Folgen hat. Des Weiteren kann aufgrund des Antrags des Geschädigten der Schädiger dazu verurteilt werden, dem Geschädigten ein angemessenes Entschädigungsgeld als Kompensation zu zahlen.[489]

Aus § 8 der SeelSE – Auslegung ist zu entnehmen, dass den Richtern das Recht gewährt wird, die konkrete Höhe des Ersatzes für den immateriellen Schaden nach freiem Ermessen festlegen zu können. Das freie Ermessen bedeutet, dass nach dem Gesetz die Richter in gesetzlich zulässigem Umfang die Möglichkeit haben, die Fälle flexibel zu behandeln. Über das Prinzip des freien Ermessens der Richter sind zwar keine Regelungen in den Zivilrechtsgrundsätzen zu finden,

488 Ni, Ning: Schutz des Persönlichkeitsrechts vor allem bei Arbeitnehmern in der VR China S. 30, 31.

489 Vgl. Übersetzung von Münzel, Frank: in: http://www.chinas-recht.de/010308.htm.; chinesischer Text in: Guojiasifakaoshifalüfaguihuibian, Beijing 2008, S. 643ff.

jedoch sieht Nr. 150 der „vorläufigen Ansichten des chinesischen Obersten Volksgerichts zu einigen Fragen der Anwendung der Zivilrechtsgrundsätze“ vor, dass die Volksgerichte die Entschädigungshöhe nach dem Verschulden des Täters, dem Ausmaß, den Umständen und den Auswirkungen des Beeinträchtigungsverhaltens selbstständig bestimmen. Nr. 10 der „Antworten des chinesischen Obersten Volksgerichtes auf Fragen von Ehrverletzungsfällen“ (am 15.06.1993) erläutert weiter, dass die Volksgerichte nach dem Verschulden des Schädigers, den Umständen des Beeinträchtigungsverhaltens, den Auswirkungen der seelischen Schäden für die Opfer über die Höhe der Entschädigung nach eigenem Ermessen entscheiden, wenn die Opfer den Ersatz für den immateriellen Schaden verlangen. Nach h.M. bedeutet dieses „eigene Ermessen“ das freie Ermessen der Richter.[490]

c) Kriterien für die Bemessung der Höhe des immateriellen Schadensersatzes

Die Kriterien finden sich in § 10 der SeelSE – Auslegung.[491] § 10 I der SeelSE-Auslegung sieht vor, dass der Ersatzbetrag für seelische Schäden aufgrund folgender Faktoren bestimmt wird: 1. nach dem Grad des Verschuldens des Rechtsverletzers, soweit das Gesetz nicht anderes bestimmt; 2. nach den konkreten Umständen, insbesondere Methoden, Ort und Form der rechtsverletzenden Handlung; 3. nach den konkreten Folgen der rechtsverletzenden Handlung; 4. nach dem Nutzen, den der Rechtsverletzer erlangt hat; 5. nach der wirtschaftlichen Fähigkeit des Rechtsverletzers, Haftung zu übernehmen; 6. nach dem Lebenshaltungsniveau am Orte des Gerichts, das die Klage angenommen hat. Nach § 10 II der SeelSE-Auslegung gelten Gesetze und Verwaltungsrechtsnormen, soweit diese klare Vorschriften für die Versehrungsentschädigung und den Ersatz für den Tod eines Menschen enthalten.

Obwohl die Richter nach dem Prinzip des freien Ermessens im gesetzlich zulässigen Umfang die Möglichkeit haben, die Fälle flexibel zu behandeln, sollen sie im konkreten Einzelfall die folgenden Elemente bei der Bestimmung der Höhe des Entschädigungsgelds berücksichtigen.[492]

---

490 Ni, Ning: Schutz des Persönlichkeitsrechts vor allem bei Arbeitnehmern in der VR China S. 33; Yang, Lixin: Erklärung über das Gesetz des Persönlichkeitsrechts S. 267.

491 Übersetzung von Münzel, Frank: in: http://www.chinas-recht.de/010308.htm.; chinesischer Text in: Guojiasifakaoshifalüfaguihuibian, Beijing 2008, S. 643ff.

492 Ni, Ning: Schutz des Persönlichkeitsrechts vor allem bei Arbeitnehmern in der VR China S. 34ff.; vgl. Binding, Jörg: Gesetz der VR China über die deliktische Haftung S. 53.

Erstens wird die Schuld des Schädigers beachtet. Im Zivilrecht ist die Schuld lediglich ein Standard zur Bestimmung der Anwesenheit oder Abwesenheit der Verantwortung. Nach h.M ist es entscheidend, den Vorsatz von Fahrlässigkeit beim Ersatz für den immateriellen Schaden zu unterscheiden. In der Regel führt eine vorsätzliche oder grob fahrlässige Verletzung zu schwereren psychischen Schäden. Eine normale oder leicht fahrlässige Verletzung verursacht dagegen leichtere seelische Schäden, und der Täter kann leichter Vergebung vom Opfer erlangen. Die Schuld ist ein Gradmesser für die negative Bewertung des Verhaltens des Täters im Hinblick auf Gesetz und Moral in der Gesellschaft.

Zweitens sind die konkreten Umstände der Beeinträchtigungshandlungen relevant. Sie umfassen in der Regel die Art und Weise der Begehung, den Ort und die Häufigkeit der Verletzungen, die Dauer von Verletzungen usw. Sie beziehen sich auf die soziale Gefährlichkeit des Verhaltens und unterschiedliche Bösartigkeit des Täters.

Drittens kommen die Gewinne des Täters und seine Belastungsfähigkeit in Betracht. In der Regel sollen die Gerichte bei allen Verletzungen der Persönlichkeitsrechte durch Personen mit Gewinnerzielungsabsicht und dem Gewinn des Täters entsprechend über die Höhe des Entschädigungsgeldes befinden. In Fällen ohne Gewinnerzielungsabsicht sollen die Richter die wirtschaftlichen Verhältnisse der Täter berücksichtigen. Bei besseren wirtschaftlichen Verhältnissen sollen die Täter mit höheren Beträgen, bei schlechteren wirtschaftlichen Verhältnissen können die Täter mit niedrigeren Beträgen belastet werden.

Viertens sind die Folgen der Beeinträchtigungshandlungen zu beachten. Die Folgen durch die Beeinträchtigungshandlungen sind ebenfalls ein Element bei der Bestimmung der Höhe von Entschädigungsgeld. In einigen Fällen können trotz tückischer Beweggründe und rücksichtslosem Vorgehen des Täters die unmittelbaren Folgen dieser Verletzung weniger schwerwiegend sein. In solchen Fällen können die Richter bei der Bestimmung der Höhe des Entschädigungsgelds nicht ausschließlich nach dem Verhalten des Täters verfahren.

Anschließend ist das Verhalten des Täters zur Anerkennung der Schuld beachtlich. Wenn die Begehung der Beeinträchtigung sehr schlecht und rau ist und der Täter keine Reue zeigt oder sogar beabsichtigt die Rechtsverletzung fortzusetzen, kann diese Haltung des Täters kaum die psychischen Leiden des Opfers verringern, sondern die berechtigten Interessen des Opfers weiter beschädigen. Unter diesen Umständen muss die Sanktion für den Täter verschärft werden. Wenn im Gegensatz dazu der Täter nach Begehung der Rechtsverletzung diese klar anerkennt und sich aufrichtig beim Opfer entschuldigt und Reue zeigt, kann das Opfer daraus eine psychische Beruhigung erlangen und seine seelischen

Leiden verringern. Aus diesem Grund kann die Höhe des Entschädigungsgeldes in diesen Fällen angemessen reduziert werden.

Abschließend sind die konkreten Umstände des Opfers entscheidend. Die konkreten Umstände des Opfers umfassen hauptsächlich die individuellen Merkmale, also dessen Publizität, den sozialen Status, das Geschlecht, das Alter, den Beruf, den Familienstand und die wirtschaftlichen Verhältnisse. Je höher der soziale Status, der Beruf und die Publizität des Opfers sind, desto größere psychische Schäden können diese erleiden. Die Aspekte Geschlecht, Alter, Familienstand sowie die wirtschaftlichen Verhältnisse sollen auch bei der Bewertung der psychischen Schäden Berücksichtigung finden.

d) *Andere gesetzliche Haftungsformen bei der Verletzung des allgemeinen Persönlichkeitsrechts*

In § 8 der SeelSE – Auslegung hat das Oberste Volksgericht außer dem Ersatz für den immateriellen Schaden auch andere Haftungsformen festgeschrieben: die Einstellung der Verletzung, die Beseitigung der Verletzungsauswirkung, die Wiederherstellung des guten Rufes, und eine öffentliche Entschuldigung.

aa) Einstellung der Verletzung

Der Geschädigte kann nach dem Gesetz vor dem Volksgericht verlangen, dass der Schädiger die Verletzung einstellt, wenn er die Verletzungshandlung weiter fortsetzt. Einstellung der Verletzung setzt naturgemäß das Andauern der Verletzung voraus. Auf noch nicht eingetretene aber möglicherweise bereits beabsichtigte, vorbereitete oder vollständig abgeschlossene Rechtsverletzungen kann nach h.M.[493] die Einstellung der Verletzung jedoch nicht angewendet werden. Die Einstellung der Verletzung erzielt die zukünftige Unterlassung.

bb) Beseitigung der Verletzungsauswirkung und Wiederherstellung des guten Rufes

Die Beseitigung der Verletzungsauswirkung bedeutet, dass der Schädiger die negativen Folgen der Verletzungshandlung innerhalb der Grenzen seines Einflusses beseitigen muss. Unter Wiederherstellung des guten Rufes ist zu verstehen, dass der Schädiger den verletzten guten Ruf des Geschädigten innerhalb der Grenzen seines Einflusses wieder auf das Niveau vor Begehung der Tat bringen soll. In der Praxis ist der Bereich der Beseitigung der negativen Auswirkungen relativ breit.

---

493 Ni, Ning: Schutz des Persönlichkeitsrechts vor allem bei Arbeitnehmern in der VR China S. 37.

Die Wiederherstellung des guten Rufes kann nur bei der Verletzung des Rechts auf guten Ruf und bei der Verletzung des allgemeinen Persönlichkeitsrechts angewendet werden. Der konkrete Inhalt des Beseitigungsanspruches wird nach dem Verletzungsverhalten, seiner Auswirkung und den Folgen der Verletzung des guten Rufes bemessen.[494]

cc) Die offizielle Entschuldigung

Der Schädiger muss seinen Fehler einsehen und sich entschuldigen. Die offizielle Entschuldigung bezweckt die Beruhigung und Heilung des immateriellen Schadens der Geschädigten. Sie hat zwei Formen, entweder mündlich oder schriftlich. Die mündliche Entschuldigung wird von dem Schädiger direkt an den Geschädigten gerichtet. Die schriftliche Entschuldigung kann in öffentlicher Form in einer Zeitung oder Zeitschrift, in einem entsprechenden öffentlich zugänglichen Bereich, etwa im Bereich der Gemeinde des Geschädigten veröffentlicht werden oder als Brief an den Geschädigten gerichtet werden. Wenn der Schädiger nicht die zivilrechtliche Haftung der offiziellen Entschuldigung umsetzt, kann das Volksgericht diese gemäß der im Urteil bestimmten Form verwirklichen. Die Kosten der Entschuldigung müssen vom Schädiger getragen werden.[495]

2. Immaterieller Schadensersatz bei der Verletzungen des Rechts am eigenen Bild durch die verdeckte Videoüberwachung am Arbeitsplatz

Im Kapitel 4. B. II. 2. b). dd) wurde bereits erörtert, dass bei der Videoüberwachung am Arbeitsplatz u.a. das Recht am eigenen Bild von Arbeitnehmern betroffen ist. Das Recht am eigenen Bild ist zuerst in § 100 AGZ geregelt. Nach § 100 AGZ genießt der Bürger ein Recht an seinem Bildnis. Ohne sein Einverständnis darf das Bildnis eines Bürgers nicht mit dem Ziel verwandt werden, Gewinn zu erzielen. Nach § 120 AGZ ist der Bürger berechtigt, die Einstellung der Verletzung, die Wiederherstellung seines Rufes, die Beseitigung der Auswirkung und Entschuldigung sowie Schadensersatz zu verlangen, sofern das Recht

---

494 Ni, Ning: Schutz des Persönlichkeitsrechts vor allem bei Arbeitnehmern in der VR China S. 38, vgl. Yang, Lixin: Gesetze über die Persönlichkeitsrechte S. 89, https://books.google.de/books?id=gp7kpGerFjUC&printsec=frontcover&hl=de&source=gbs_ge_summary_r&cad=0#v=onepage&q&f=false.

495 Ni, Ning: Schutz des Persönlichkeitsrechts vor allem bei Arbeitnehmern in der VR China S. 38; Wang, Liming/Yang, Lixin/Yao, Hui: Das Gesetz zu den Persönlichkeitsrechten S. 199 ff.; Yang, Lixin: Gesetze über die Persönlichkeitsrechte S. 89, https://books.google.de/books?id=gp7kpGerFjUC&printsec=frontcover&hl=de&source=gbs_ge_summary_r&cad=0#v=onepage&q&f=false.

des Bürgers an seinem Bildnis verletzt wird.[496] Wie im Kapitel 4. B. II. 2. b). dd). bereits dargestellt, hat der damalige Gesetzgeber den Schutzbereich des Rechts am eigenen Bild zu eng festgelegt. In der Rechtspraxis besteht die Rechtsschutzlücke. Die Gewinnerzielungsabsicht soll keine Voraussetzung für die Verletzung des Rechts am eigenen Bild sein. Das Oberste Volksgericht soll bei der Interpretation des Rechts am eigenen Bild in § 100 AGZ zur Vermeidung von Rechtsschutzlücken auf eine Gewinnerzielungsabsicht verzichten. § 100 AGZ soll jede Herstellung, Nutzung sowie auch bloßen Besitz eines Bildnisses erfassen.[497] Im Antwortbrief des Obersten Volksgerichts vom 26.01.1991 an das Volksgericht der Oberstufe in Shanghai[498] hat das Oberste Volksgericht von der Gewinnerzielungsabsicht als Haftungsvoraussetzung gesprochen. Auf den Zweck der Handlung kommt es für die Bejahung der Rechtsverletzung nicht an. Diese ist heute in der Literatur allgemein anerkannt.[499]

Allerdings bleibt offen, ob die Volksgerichte in der Rechtspraxis davon ausgehen, dass bei der verdeckten Videoüberwachung am Arbeitsplatz u.a. das Recht am eigenen Bild von Arbeitnehmern verletzt wird, weil ohne Einverständnis von Arbeitnehmern ein Bild vom Arbeitgeber erstellt wird. Weiterhin bleibt ungeklärt, ob der einzelne Arbeitnehmer bei der Verletzung des Rechts am eigenen Bild durch die verdeckte Videoüberwachung einen Rechtsanspruch auf den immateriellen Schadensersatz haben soll.

---

496 Übersetzung von Münzel, Frank: in: http://www.chinas-recht.de/zivilrecht.htm.

497 Eine ausführliche Darstellung über das Recht am eigenen Bild findet sich in Werthwein, Simon: Persönlichkeitsrecht im Privatrecht der VR China S. 70–72; Binding, Jörg: Gesetz der VR China über die deliktische Haftung S. 16; Feuerstein, Mario: Grundlagen und Besonderheiten des außervertraglichen Haftungsrechtes der VR China S. 97.

498 Dieser Brief beinhaltet die Antwort auf die Frage des Volksgerichts der Oberstufe Shanghai, ob die Veröffentlichung zweier Krankenbilder in einer Fachzeitschrift mit dem Ziel, über die Behandlungserfahrungen zu berichten, das Recht des Patienten an seinem Bild verletze. Das Oberste Volksgericht hat dies verneint. Es ist der Auffassung, dass die Veröffentlichung zweier Krankenbilder die Verbreitung der Behandlungserfahrung bezweckt. Dies ist nützlich für die Gesellschaft, auch hat die Handlung keine ernsten negativen Folgen verursacht, (die Handlung) stellt keine Verletzung des Rechts am eigenen Bild dar. Allerdings ist dieser Antwortbrief in den zeitnahen Sammlungen der justiziellen Auslegungen durch das Oberste Volksgericht nicht enthalten. Chinesischer Text in: http://123.57.172.207/laws/63719.

499 Feuerstein, Mario: Grundlagen und Besonderheiten des außervertraglichen Haftungsrechtes der VR China S. 98; Wang, Liming/Yang, Lixin/Yao, Hui: Das Gesetz zu den Persönlichkeitsrechten S. 109; Zhang, Xinbao: Chinesisches Deliktsrecht S. 198.

Obwohl bisher keine Rechtsprechung für die verdeckte Videoüberwachung am Arbeitsplatz besteht, kann sich hier folgende Denkweise in den Rechtstreitigkeiten über die verdeckte Videoüberwachung am Arbeitsplatz anbieten.

In dieser Arbeit wird davon ausgegangen, dass das Recht am eigenen Bild in § 100 AGZ bei der Auslegung teleologisch erweitert werden soll. Es soll jede Herstellung, Nutzung sowie auch bloßen Besitz eines Bildnisses erfassen. Ohne Einverständnis des Bürgers darf sein Bild nicht hergestellt, genutzt oder bloß besessen werden. Bei der Verletzung des Rechts am eigenen Bild des Bürgers ist er nach § 120 AGZ berechtigt, die Einstellung der Verletzung, die Wiederherstellung seines Rufes, die Beseitigung der Auswirkung und Entschuldigung und auch Schadensersatz zu verlangen. Bei der Anwendung des § 120 AGZ verwies das Oberste Volksgericht damals auf §§ 1, 8, 10 der SeelSE – Auslegung, weil sie § 120 AGZ konkretisiert haben[500], bevor das GdH im Jahr 2010 in Kraft getreten ist. Nach Inkrafttreten des GdH im Jahr 2010 kommen §§ 2, 15, 22 GdH in Betracht, weil die Rechtswirkung der Auslegung des Obersten Volksgerichts niedriger ist als jene des Gesetzes.

§ 2 GdH schreibt vor, dass derjenige, der zivilrechtliche Rechte und Interessen verletzt, nach Maßgabe dieses Gesetzes die Haftung für das Delikt übernehmen muss. Die zivilrechtlichen Rechte und Interessen im Sinne dieses Gesetzes umfassen u.a. das Recht am eigenen Bild sowie andere persönliche Rechte und Interessen. Im Folgenden werden die Haftungstatbestandsmerkmale bei der verdeckten Videoüberwachung von Arbeitnehmern am Arbeitsplatz erörtert.

500 Bevor der Ersatz für seelische Schäden gesetzlich ausdrücklich geregelt war, leiteten sich die Ansprüche auf Ersatz des seelischen Schadens aus § 120 AGZ i.V.m. Nr. 150 Ansichten AGZ, § 44 Produktqualitätgesetz und § 42 Verbraucherschutzgesetz ab. Sie dürfen nicht über die genannten Bereiche hinausgehen. Daher verabschiedete das Oberste Volksgericht die Auslegung des Obersten Volksgerichts zu einigen Fragen der Feststellung der Haftung auf Ersatz seelischer Schäden bei zivilrechtlichen Rechtsverletzungen. Ausdrücklich erklärter Zweck der Auslegung des Obersten Volksgerichts ist, dass bei der korrekten Feststellung der Ersatzpflicht für seeliche Schäden auf den Gedanken von Genugtuung oder Präventionswirkung eingegangen wird. Der sachliche Anwendungsbereich ist in §1 SeelSE-Auslegung geregelt. Die Rechtsfolgen sind in § 8 SeelSE-Auslegung normiert. § 10 SeelSE-Auslegung legt einige Kriterien fest, die bereits in den letzten Jahren aus der Gerichtspraxis herausgebildet wurden. Eine ausführliche Darstellung findet sich in Reim, Regine: ZChinR 2001 Heft 4 S. 182ff., in: http://www.dcjv.org/upload/28/News-01-4.pdf.

a) *Haftungstatbestandsmerkmale bei der verdeckten Videoüberwachung von Arbeitnehmern am Arbeitsplatz*

aa) Verschulden des Arbeitgebers bei der verdeckten Videoüberwachung von Arbeitnehmern am Arbeitsplatz gem. § 6 I GdH

In der chinesischen Zivilrechtswissenschaft besteht Einigkeit darüber, dass das Verschulden in Form von Vorsatz und Fahrlässigkeit erscheint. Definitionen der beiden Verschuldensformen finden sich zwar nicht im GdH, aber die Legaldefinitionen in §§ 14 und 15 StG können entsprechend herangezogen werden.

Vorsatz bedeutet nach § 14 I StG, dass eine Person trotz Kenntnis, dass ihre Handlung Rechtsgüter anderer schädigt, den Eintritt des Verletzungserfolges erhofft (direkter Vorsatz) oder ihm gleichgültig gegenübersteht (indirekter Vorsatz).[501] Bei der Videoüberwachung von Arbeitnehmern am Arbeitsplatz hat der Arbeitgeber beabsichtigt, Bilder von Arbeitnehmern aufzunehmen. Daher liegt der direkte Vorsatz vor.

Hierbei stellt sich zugleichdie Frage nach der Verschuldensfähigkeit des Arbeitgebers. Das GdH enthält keine Regung zur Deliktsfähigkeit juristischer Personen. Die §§ 38, 43 AGZ ordnen indes die Haftung juristischer Personen für ihre gesetzlichen Vertreter und anderes Personal an. Damit setzt das Gesetz implizit die Deliktsfähigkeit juristischer Personen voraus.[502]

bb) Rechtswidrigkeit der verdeckten Videoüberwachung von Arbeitnehmern am Arbeitsplatz

(1) Tatbestand der Rechtswidrigkeit

In der chinesischen zivilrechtswissenschaftlichen Literatur wird etwas als rechtswidrig definiert, das gegen das Gesetz oder die guten Sitten verstößt. Grundsätzlich entspricht diese Definition der Lehre dem Erfolgsunrecht im deutschen Recht. Danach ist rechtswidrig, was dem Recht widerspricht.[503] Wird § 100 AGZ teleologisch erweitert interpretiert, darf ohne Einverständnis des Bürgers sein Bild nicht hergestellt, genutzt oder bloß besessen werden.Folglich ist die verdeckte Videoüberwachung von Arbeitnehmern am Arbeitsplatz rechtswidrig.

---

501 Binding, Jörg: Gesetz der VR China über die deliktische Haftung S. 42; vgl. Ni, Ningjun/Simon, Oliver: in Shao, Jiandong/Drewes, Eva: Chinesisches Zivil- und Wirtschaftsrecht S. 83.

502 Binding, Jörg: Gesetz der VR China über die deliktische Haftung S. 45.

503 Binding, Jörg: Gesetz der VR China über die deliktische Haftung S. 40.

(2) Rechtfertigung

Die §§ 30 1, 31 1 GdH sehen vor, dass eine Haftung ausgeschlossen ist, wenn der Schaden Folge einer gerechtfertigten Notwehr oder Notstand ist.[504] Daraus ist zu entnehmen, dass die Rechtswidrigkeit einer unerlaubten Handlung entfällt, wenn ein Rechtsfertigungsgrund eingreift. Als Rechtfertigungsgründe normiert das chinesische Recht Notwehr (§128 AGZ) und Notstand (§129 AGZ). Während Notwehr tatbestandlich dem deutschen Recht entspricht, ist der Tatbestand des Notstandes umfassend formuliert und deckt tatbestandlich die §§ 228, 904 BGB, §§ 34, 35 StGB ab.[505] Die verdeckte Videoüberwachung von Arbeitnehmern am Arbeitsplatz ist im deutschen Recht durch eine Notwehrsituation oder eine notwehrähnliche Lage gerechtfertigt. Hierbei ist hervorzuheben, dass die Herangehensweise der chinesischen Juristen in diesem Fall mit der Herangehensweise der deutschen Rechtswissenschaftler bei der Zulässigkeit der verdeckten Videoüberwachung am Arbeitsplatz vergleichbar ist. Nach der Auffassung des BAG ist eine verdeckte Videoüberwachung von Arbeitnehmern am Arbeitsplatz insofern zulässig, als sich der Arbeitgeber in einer Notwehrsituation oder einer notwehrähnlichen Lage befindet.[506] Danach ist die verdeckte Videoüberwachung eines Arbeitnehmers zulässig, wenn der konkrete Verdacht einer strafbaren Handlung oder einer anderen schweren Verfehlung zu Lasten des Arbeitgebers besteht, weniger einschneidende Mittel zur Aufklärung des Verdachts ergebnislos ausgeschöpft sind, die verdeckte Videoüberwachung damit praktisch das einzig verbleibende Mittel darstellt und sie insgesamt nicht unverhältnismäßig ist. Der Verdacht muss in Bezug auf eine konkrete strafbare Handlung oder andere schwere Verfehlung zu Lasten des Arbeitgebers gegen einen zumindest räumlich und funktional abgrenzbaren Kreis von Arbeitnehmern bestehen. Er darf sich nicht auf die allgemeine Mutmaßung beschränken, es könnten Straftaten begangen werden, er muss sich jedoch nicht zwingend nur gegen einen einzelnen, bestimmten Arbeitnehmer richten.[507]

Nach § 128 AGZ wird für den durch Notwehr verursachten Schaden keine zivilrechtliche Haftung übernommen. Wenn die Notwehr die Grenze des Erforderlichen übersteigt und zu unnötigen Schäden führt, soll eine angemessene zivilrechtliche Haftung übernommen werden.[508] Obwohl § 128 AGZ im Gegensatz

504 Binding, Jörg: Gesetz der VR China über die deliktische Haftung S. 122.

505 Binding, Jörg: Gesetz der VR China über die deliktische Haftung S. 40.

506 BAG v. 27.03.2003 – 2 AZR 51/02 Rn. 27.

507 BAG v. 21.06.2012 – 2 AZR 153/11 Rn. 30.

508 Übersetzung von Münzel, Frank: in: http://www.chinas-recht.de/zivilrecht.htm.

zu § 227 BGB keine Definition der Notwehr enthält, wird unter dem Begriff das gleiche verstanden wie im deutschen Recht.[509] Daher ist es auch möglich, dass § 128 AGZ (Notwehr) analog auf die verdeckte Videoüberwachung von Arbeitnehmern am Arbeitsplatz Anwendung findet. Die Frage, wann die Verteidigung die Grenze des Erforderlichen überschreitet, wird von der h. M. mit Hilfe des Verhältnismäßigkeitsgrundsatzes gelöst.[510] Daraus ist zu entnehmen, dass die Richter im gesetzlich zulässigen Umfang großen Entscheidungsspielraum haben, um unter Berücksichtigung der konkreten Umstände die Grenze des Erforderlichen heraus zu finden. Bei der Rechtfertigung der verdeckten Videoüberwachung am Arbeitsplatz können daher die chinesischen Richter die Methoden ihren deutschen Kollegen in diesem Fall vergleichbar anwenden. Die verdeckte Videoüberwachung am Arbeitsplatz ist zwar ein Eingriff in das Recht am eigenen Bild des Arbeitnehmers, doch kann dieser durchaus gerechtfertigt sein. Das Recht am eigenen Bild wird nicht schranklos gewährleistet. Der Eingriff in das Recht am eigenen Bild kann durch die Wahrnehmung überwiegender schutzwürdiger Interessen des Arbeitgebers gerechtfertigt sein. Bei einer Kollision des Rechts am eigenen Bild mit den Interessen des Arbeitgebers ist durch eine Güterabwägung unter Berücksichtigung der Umstände des Einzelfalls zu ermitteln, ob das Recht am eigenen Bild den Vorrang verdient. Das zulässige Maß eines Eingriffs in das Recht am eigenen Bild des Arbeitnehmers bestimmt sich nach dem Grundsatz der Verhältnismäßigkeit. Danach ist die verdeckte Videoüberwachung eines Arbeitnehmers zulässig, wenn der konkrete Verdacht einer strafbaren Handlung oder einer anderen schweren Verfehlung zu Lasten des Arbeitgebers besteht, weniger einschneidende Mittel zur Aufklärung des Verdachts ergebnislos ausgeschöpft sind, die verdeckte Videoüberwachung damit praktisch das einzig verbleibende Mittel darstellt und sie insgesamt nicht unverhältnismäßig ist. Der Verdacht muss in Bezug auf eine konkrete strafbare Handlung oder andere schwere Verfehlung zu Lasten des Arbeitgebers gegen einen zumindest räumlich und funktional abgrenzbaren Kreis von Arbeitnehmern bestehen. Er darf sich nicht auf die allgemeine Mutmaßung beschränken, es könnten Straftaten begangen werden, er muss sich jedoch nicht zwingend nur gegen einen einzelnen, bestimmten Arbeitnehmer richten.

509 Feuerstein, Mario: Grundlagen und Besonderheiten des außervertraglichen Haftungsrechtes der VR China S. 51; Zhang, Xinbao: Chinesisches Deliktsrecht S. 388.

510 Feuerstein, Mario: Grundlagen und Besonderheiten des außervertraglichen Haftungsrechtes der VR China S. 51.

cc) erheblicher seelischer Schaden gem. § 22 GdH

Richter haben große Entscheidungsspielräume. Im konkreten Einzelfall sollen sie jedoch u.a. konkrete Folgen der rechtsverletzenden Handlung bei der Bestimmung der Höhe des Entschädigungsgelds berücksichtigen. Bei der Bewertung von konkreten Folgen der rechtsverletzenden Handlung ist auf die konkreten Umstände (insbesondere Methoden, Ort und Form der rechtsverletzenden Handlung) zurückzugreifen. Unter Rücksichtnahme auf die konkreten Umstände (insbesondere Methoden, Ort und Form der rechtsverletzenden Handlung) kann der Richter davon ausgehen, dass sich ein erheblich seelischer Schaden aus eine rechtsverletzenden Handlung erschließt. Mit dieser Herangehensweise kann geschlussfolgert werden, dass der Richter unter Berücksichtigung der konkreten Umstände bei der verdeckten Videoüberwachung von Arbeitnehmern am Arbeitsplatz einen erheblichen seelischen Schaden feststellen kann.

dd) Kausalität zwischen der Videoüberwachung und seelischen Schäden

Im chinesischen Recht kommt die aus dem deutschen Recht bekannte Äquivalenztheorie ebenfalls zur Anwendung. Danach ist eine Handlung kausal, wenn ohne sie der Erfolg nicht eingetreten wäre.[511] Die verdeckte Videoüberwachung am Arbeitsplatz durch den Arbeitgeber muss daher im Allgemeinen erhebliche seelische Schäden des Arbeitnehmers verursacht haben. Die verdeckte Videoüberwachung verletzt das Arbeitnehmerrecht am eigenen Bild. Bei der verdeckten Videoüberwachung ist zwar dem Arbeitnehmer nicht bewusst, dass sein Recht am eigenen Bild vom Arbeitgeber verletzt wird, jedoch wird der Arbeitnehmer unter Anpassungsdruck gesetzt, wenn die verdeckte Videoüberwachung entdeckt wird. Dementsprechend muss er sich bei jeder seiner Bewegungen kontrolliert fühlen. Dieser Anpassungsdruck bewirkt den erheblichen seelischen Schaden. Daher ist die Kausalität gegeben. Ohne verdeckte Videoüberwachung fühlt sich der Arbeitnehmer bei seiner Arbeit nicht kontrolliert. Mithin betrifft ihn kein Anpassungsdruck. Ohne Anpassungsdruck kommt kein erheblicher seelischer Schaden zustande.

b) Immaterieller Schadensersatz wegen Verletzungen des Arbeitnehmerrechts am eigenen Bild gem.§ 22 GdH

Wenn der Richter nach seinem Richterrecht feststellt, dass der Arbeitgeber durch die verdeckte Videoüberwachung das Arbeitnehmerrecht am eigenen Bild schuldhaft verletzt, prüft er weitergehend, ob der Arbeitnehmer Recht auf den

---

511 Binding, Jörg: Gesetz der VR China über die deliktische Haftung S. 37.

immateriellen Schadenersatz wegen Verletzung seines Recht am eigenen Bild gemäß § 22 GdH hat.

Bei der Untersuchung sind die Schuld des Arbeitgebers, die konkreten Umstände der verdeckten Videoüberwachung, die präzisen Folgen der Videoüberwachung, Nutzung der aufgenommenen Bilder, die der Arbeitgeber durch die verdeckte Videoüberwachung erlangt hat, die wirtschaftliche Fähigkeit des Arbeitgebers, Haftung zu übernehmen sowie das Lebenshaltungsniveau am Ort des Gerichts, das die Klage angenommen hat, zu berücksichtigen.[512] Die Darstellung über Kriterien für die Bemessung der Höhe des immateriellen Schadensersatzes wurde bereits im Kapitel 4. C. II. 1. c). ausführlich vorgestellt. Weiterhin hat sich das Kapitel 4. C. II. 2. a). aa). mit der Schuld des Arbeitgebers, der konkreten Umstände der verdeckten Videoüberwachung und konkreten Folgen der Videoüberwachung auseinandergesetzt. Über Nutzung der Bilder, Haftungsfähigkeit des Arbeitgebers, und Lebenshaltungsniveau am Ort des Gerichts zu entscheiden, ist in der Praxis vom Einzelfall abhängig.

c) Sonstige Haftungsformen

§ 15 GdH schreibt vor, dass die wesentlichen Formen der deliktischen Haftung die Einstellung der Verletzung, die Behebung der Behinderung, die Beseitigung der Gefahr, die Rückerstattung der Vermögensgüter, die Wiederherstellung des ursprünglichen Zustandes, der Schadensersatz, die Entschuldigung, die Beseitigung von Auswirkungen und die Wiederherstellung des guten Rufes sind. Die oben genannten Formen der deliktischen Haftung können allein oder kombiniert Anwendung finden.[513] Grundsätzlich sind alle Haftungsformen untereinander gleichrangig. Kein gesetzlicher Vorrang der Naturalrestitution steht vor dem Schadensersatz. Der Geschädigte kann damit grundsätzlich auch Schadensersatz verlangen, wenn eine Wiederherstellung ohne weiteres möglich wäre.[514] Jedoch ergibt sich die Zuordnung der Haftungsformen regelmäßig aus den zugrundeliegenden Haftungstatbeständen.[515] Bei der Zuordnung der Haftungsformen wegen der Verletzung des Rechts am eigenen Bild ist auf §§ 1 I Nr. 1, 8 der SeelSE – Auslegung zurückzugreifen. Daraus ist zu entnehmen, dass der Arbeitnehmer(Geschädigte) vom Arbeitgeber(Schädiger) die Einstellung der

512 Binding, Jörg: Gesetz der VR China über die deliktische Haftung S. 53.

513 Binding, Jörg: Gesetz der VR China über die deliktische Haftung S. 119.

514 Binding, Jörg: Gesetz der VR China über die deliktische Haftung S. 37; Wang, Liming: Kommentar zum Gesetz der VR China über die deliktische Haftung S. 69 ff.

515 Binding, Jörg: Gesetz der VR China über die deliktische Haftung S. 46.

Verletzung, die Beseitigung der Verletzungsauswirkung, die Wiederherstellung des guten Rufes und eine offizielle Entschuldigung verlangen kann, wenn der Arbeitgeber die Arbeitnehmer am Arbeitsplatz ohne Grund heimlich mit Videokameras überwacht. Daneben kann der Arbeitnehmer vom Arbeitgeber auch den immateriellen Schadenersatz wegen der Verletzung seines Rechts am eigenen Bild durch eine verdeckte Videoüberwachung am Arbeitsplatz verlangen (§ 8 II SeelSE – Auslegung). Es bleibt jedoch offen, wie die Richter in Rechtsprechungen die Haftungsformen bei der verdeckten Videoüberwachung von Arbeitnehmern am Arbeitsplatz zuordnen werden.

d) Ergebnisse

Der Arbeitnehmer hat gegenüber dem Arbeitgeber einen Anspruch auf den Ersatz für den immateriellen Schaden aus § 22 GdH wegen derVerletzung des Rechts am eigenen Bild (§ 2 GdHi.V.m. § 100 AGZ) bei der verdeckten Videoüberwachung am Arbeitsplatz, wenn der Arbeitgeber beabsichtigt, Bilder von Arbeitnehmern aufzunehmen, obwohl er weiß, dass durch seine Handlung das Recht seines Arbeitnehmers am eigenen Bild verletzt wird. Verdeckte Videoüberwachung von Arbeitnehmern am Arbeitsplatz ist rechtswidrig nach § 100 AGZ, da § 100 AGZ den Schutz von jeder Herstellung, Nutzung sowie auch den bloßen Besitz eines Bildnisses gewährleistet. Allerdings kann die Rechtswidrigkeit der verdeckten Videoüberwachung gerechtfertigt werden, wenn ein Rechtsfertigungsgrund auftritt. Als Rechtfertigungsgründe werden Notwehr (§128 AGZ) und Notstand (§129 AGZ) verstanden. Der Richter kann unter Berücksichtigung der konkreten Umstände bei der verdeckten Videoüberwachung von Arbeitnehmern am Arbeitsplatz einen erheblichen seelischen Schaden feststellen. Kausalität besteht zwischen der verdeckten Videoüberwachung und dem erheblichen seelischen Schaden, da sich der Arbeitnehmer ohne verdeckte Videoüberwachung nicht fühlt, als würde seine Arbeit kontrolliert. Mithin hat er keinen Anpassungsdruck. Ohne Anpassungsdruck kommt weiterhin kein erheblicher seelischer Schaden zustande. Der Richter hat nach der gesetzlichen Auslegung vom chinesischen Obersten Volksgericht über den Ersatz für den immateriellen Schaden das Recht, die konkrete Höhe des Ersatzes für den immateriellen Schaden nach freiem Ermessen zu bestimmen. Dabei gehört auch die Beurteilung, ob der seelische Schaden erheblich ist, zu seinen Aufgaben. Soweit der Richter in Ausübung seines Richterrechts feststellt, dass der Arbeitgeber durch die verdeckte Videoüberwachung das Arbeitnehmerrecht am eigenen Bild schuldhaft verletzt, prüft er weitergehend die konkrete Höhe des Ersatzes für den immateriellen Schaden. Bei der Berechnung sind der Schuld des Arbeitgebers, den konkreten Umständen der verdeckten Videoüberwachung, den expliziten Folgen der Videoüberwachung, der Nutzung der aufgenommenen Bilder, die der Arbeitgeber durch die verdeckte Videoüberwachung erlangt hat, der wirtschaftlichen Fähigkeit des Arbeitgebers, Haftung zu übernehmen, und dem Lebenshaltungsniveau am Ort des Gerichts, das die Klage angenommen hat, Rechnung zu tragen.

Des Weiteren kann der Arbeitnehmer(Geschädigte) vom Arbeitgeber(Schädiger) auch die Einstellung der Verletzung, die Beseitigung der Verletzungsauswirkung, die Wiederherstellung des guten Rufes und eine öffentliche Entschuldigung verlangen. Dies kann auch mit dem immateriellen Schadensersatz kombiniert werden (§ 8 II SeelSE – Auslegung), oder allein ohne Schadensersatz Anwendung finden (§ 8 I SeelSE- Auslegung).

D. Zusammenfassung und Stellungnahme

Bei der Videoüberwachung von Arbeitnehmern am Arbeitsplatz handelt es sich grundsätzlich nicht um den Rechtsschutz von Privatheit, es sei denn, dass dabei der absolute Kernbereich privater Lebensgestaltung betroffen ist. Beispielhaft ist hier die Videoüberwachung von betrieblichen Toiletten oder Umkleidungsräumen, die zu dem Schutzbereich von Privatheit gehören. Bei solcher Videoüberwachung wird das Recht der Privatheit berührt.

Verfassungsrechtlich ist Art. 38 der Verfassung der VR China die Grundlage des allgemeinen Persönlichkeitsrechts.In der Literatur ist man sich darüber einig, dassderInhalt des allgemeinen Persönlichkeitsrechts in vier Aspekte zu unterteilen ist, nämlich die Eigenständigkeit der Persönlichkeit, die Gleichheit der Persönlichkeit,die Freiheit der Persönlichkeit unddie Würde der Persönlichkeit. Die Freiheit der Persönlichkeit stimmt mit Art 2 I GG (die freie Entfaltung der Persönlichkeit) überein. Die individuelle Selbstbestimmung ist der Kernpunkt der Freiheit der Persönlichkeit. Daraus ist zu entnehmen, dass das Recht am eigenen Bild und Wort sowie das Recht auf informationelle Selbstbestimmung als Ausprägungen des allgemeinen Persönlichkeitsrechts in der Verfassung der VR China ihre legislative Grundlage gefunden haben. Die chinesische Verfassung findet jedoch keine Anwendung auf Rechtsprechungen. Des Weiteren bestehen auch einfachgesetzliche Regelungen, die dem allgemeinen Persönlichkeitsrecht zugrunde liegen. Die Wichtigsten sind § 101 AGZ und § 1 der SeelSE – Auslegung. In der SeelSE – Auslegung hat das Oberste Volksgericht das allgemeine Persönlichkeitsrecht zum Ausdruck gebracht. Aus akademischer Perspektive ist die Diskussion über § 101 AGZ als Rechtsgrundlage des allgemeinen Persönlichkeitsrechtes von Bedeutung. Jedoch sind in der Praxis § 1 I Nr. 3 und

II der SeelSE – Auslegung als Rechtsgrundlage für den Schutz des allgemeinen Persönlichkeitsrechtes zu beachten. Die zivilgesetzliche Regelung für das Recht am eigenen Bild findet sich in § 100 AGZ. Es fehlen aber noch zivilgesetzliche Regelungen für das Recht am eigenen Wort sowie das Recht auf informationelle Selbstbestimmung.

Soweit der Arbeitgeber als Arbeitsdisziplin die Einführung und Anwendung der Videoüberwachung von Arbeitnehmern am Arbeitsplatz regelt, sind in diesem Fall das allgemeine Persönlichkeitsrecht des Arbeitnehmers § 101 AGZ, § 1 I Nr. 3 und II der SeelSE – Auslegung und das Recht am eigenen Bild des Arbeitnehmers § 100 AGZ betroffen. Sie gehören zu den „wesentlichen Interessen des Arbeitnehmers" i. S. des § 4 II ArbVertrG.

§ 4 II ArbVertrG ist die Rechtsgrundlage auf der kollektiven Ebene für den Arbeitnehmerschutz bei der offenen Videoüberwachung von Arbeitnehmern am Arbeitsplatz. Gem. § 4 II ArbVertrG vertritt eine Betriebsgewerkschaft in der Regel die Arbeitnehmerinteressen eines Unternehmens. Sie verfügt über vergleichbare Funktion eines Betriebsrates in Deutschland. Besteht keine Betriebsgewerkschaft im Betrieb, werden die Arbeitnehmerinteressen durch die Belegschaftsversammlung oder die Belegschaftsvertreter vertreten. Gem. § 4 II, III ArbVertrG lassen sich Regelungen und wesentlichen Entscheidungen des Arbeitgebers, die die Interessen der Arbeitnehmer unmittelbar betreffen, durch die Betriebsgewerkschaft, die Belegschaftsversammlung oder die Arbeitnehmervertreterversammlung diskutieren und in Verhandlungen mit ihnen festlegen. Jedoch ist diese Vorschrift hinsichtlich der einzelnen Maßnahmen unklar. So sieht es zwar vor, dass die Arbeitnehmervertretung umfassend in den Entscheidungsprozess einzubinden ist, umstritten bleibt aber, ob sich der Arbeitgeber mit der Arbeitnehmervertretung einigen und eine entsprechende schriftliche Vereinbarung abschließen muss oder ob sich die Mitwirkung der Arbeitnehmervertretung auf ein Anhörungsrecht beschränkt. Für die Mitwirkung der Arbeitnehmervertretung müssen daher zahlreiche Regelungen gestaltet werden, wobei das deutsche Betriebsverfassungsgesetz im deutschen Arbeitsrecht als Vorbild zu nehmen ist. Bei der Regelung für die Videoüberwachung von Arbeitnehmern am Arbeitsplatz ist § 87 I Nr. 6 BetrVG im deutschen Arbeitsrecht mit Modifikation anzuwenden. Damit können Arbeitnehmer bei der offenen Videoüberwachung am Arbeitsplatz geschützt werden, indem der Arbeitgeber mit der Betriebsgewerkschaft oder Belegschaftsversammlung/Arbeitnehmervertretung eine schriftliche Betriebsvereinbarung über die Videoüberwachung am Arbeitsplatz abschließt. Dadurch kann der Rechtsschutz von Arbeitnehmern bei der offenen Videoüberwachung am Arbeitsplatz in öffentlich zugänglichen Raum und nicht öffentlich zugänglichen Raum gewährleistet werden. Auf der kollektiven Ebene ist gegenwärtig der Rechtsschutz von Arbeitnehmern bei der offenen Videoüberwachung am Arbeitsplatz aufgrund fehlender Klarheit der Regelung des ArbVertrG nicht möglich.

Bei der verdeckten Videoüberwachung am Arbeitsplatz steht dem einzelnen Arbeitnehmer die Rechtsanspruchsgrundlage zu. Der einzelne Arbeitnehmer kann theoretisch nach § 1 der SeelSE – Auslegung Klage auf den immateriellen Schadensersatz wegen der Verletzung des allgemeinen Persönlichkeitsrechts (§ 1 I Nr.3 und II SeelSE -Auslegung) erheben, wenn sein Arbeitgeber am Arbeitsplatz heimlich Videokameras eingeführt hat und anwendet. Außerdem stehen dem Arbeitgeber auch andere gesetzliche Haftungsformen bei der Verletzung des allgemeinen Persönlichkeitsrechts von Arbeitnehmern zur Verfügung. Sie beinhalten die Einstellung der Verletzung, die Beseitigung der Verletzungsauswirkung, die Wiederherstellung des guten Rufes, und die öffentliche Entschuldigung. Sie können entweder mit dem immateriellen Schadensersatz kombiniert (§ 8 II SeelSE – Auslegung), oder allein ohne Schadensersatz angewendet werden (§ 8 I SeelSE- Auslegung). Des Weiteren hat der Arbeitnehmer gegenüber dem Arbeitgeber einen Anspruch auf den immateriellen Schadensersatz aus § 22 GdH wegen der Verletzung des Rechts am eigenen Bild (§ 2 GdH i.V.m. § 100 AGZ) bei der verdeckten Videoüberwachung am Arbeitsplatz, wenn der Arbeitgeber beabsichtigt, Bilder von Arbeitnehmern aufzunehmen. Hier soll § 100 AGZ teleologisch erweitert interpretiert werden. § 100 AGZ soll jede Herstellung, Nutzung sowie jeglichen Besitz eines Bildnisses erfassen. Es darf nicht ohne Einverständnis der Bürgers hergestellt, genutzt und bloß besessen werden. Danach ist die verdeckte Videoüberwachung am Arbeitsplatz rechtswidrig. Jedoch kann die Rechtswidrigkeit der verdeckten Videoüberwachung gerechtfertigt werden, wenn Notwehr (§128 AGZ) im Betrieb auftritt. Hierbei können die chinesischen Richter die Methoden ihrer deutschen Kollegen in diesem Fall vergleichbar anwenden. Darüber hinaus kann der Arbeitnehmer vom Arbeitgeber auch die Einstellung der Verletzung, die Beseitigung der Verletzungsauswirkung, die Wiederherstellung des guten Rufes und die Entschuldigung nach § 15 I Nr. 1, 7 und 8 GdHverlangen. Diese können entweder mit dem immateriellen Schadensersatz kombinieren, oder allein ohne Schadensersatz angewendet werden (§ 15 II GdH).

www.ingramcontent.com/pod-product-compliance
Ingram Content Group UK Ltd.
Pitfield, Milton Keynes, MK11 3LW, UK
UKHW021904290926
8980IPUK00015B/1056

9 783631 708217